烟台市乡村振兴蓝皮书
（2019）

吕建军　王　涛　刘振晓　主编
中国农业大学
烟台市·中国社科院农村发展研究中心　组编

中国农业大学出版社
·北京·

内 容 简 介

本书在对烟台市各县市区乡村振兴评价指标体系进行构建的基础上，对烟台市2019年以来乡村振兴整体现状和存在问题进行分析，探索进一步推进实施乡村振兴战略的对策措施；对烟台市乡村振兴中的产业振兴、人才振兴、文化振兴、生态振兴、组织振兴等专门领域进行理论探讨，并对党支部领办合作社典型案例东院头村、统分结合经营制度典型案例大户陈家合作社、产业集群典型案例葡萄酒产业、“四德”工程、移风易俗典型案例西张家村等各领域实例进行调研分析，对烟台市农村农业生产经营发展政策文件、烟台市2019年乡村振兴发展大事记进行概括总结。本书对烟台市乡村振兴战略进行评价总结，并提炼出各领域的成功经验，以期为我国其他地区实施乡村振兴战略提供帮助。

图书在版编目(CIP)数据

烟台市乡村振兴蓝皮书．2019/吕建军，王涛，刘振晓主编；中国农业大学，烟台市·中国社科院农村发展研究中心组编．—北京：中国农业大学出版社，2020.7

ISBN 978-7-5655-2405-9

Ⅰ．①烟…　Ⅱ．①吕…②王…③刘…④中…⑤烟…　Ⅲ．①农村-社会主义建设-研究报告-烟台-2019　Ⅳ．①F327.523

中国版本图书馆CIP数据核字(2020)第140142号

书　　名　烟台市乡村振兴蓝皮书(2019)

作　　者　吕建军　王　涛　刘振晓　主编

策划编辑　潘晓丽　　**责任编辑**　潘晓丽　刘彦龙

封面设计　郑　川

出版发行　中国农业大学出版社

社　　址　北京市海淀区圆明园西路2号　　**邮政编码**　100193

电　　话　发行部 010-62733489，1190　　读者服务部 010-62732336

编辑部 010-62732617，2618　　出　版　部 010-62733440

网　　址　http://www.caupress.cn　　**E-mail** cbsszs@cau.edu.cn

经　　销　新华书店

印　　刷　涿州市星河印刷有限公司

版　　次　2020年8月第1版　　2020年8月第1次印刷

规　　格　787×1 092　　16开本　　15.5印张　　245千字

定　　价　98.00元

本书编委会

主　编　吕建军　王　涛　刘振晓

参　编　李兴佐　林富强　姜希玉　廖　波　孙雪雁　丛　磊
吴继辉　王立杰　曾梦杰　高笑宇　郭书颖　蔡雪琪
蔡云龙　袁福静　王天琦　韩雅茹　孙　璐　王雨璇
程小珂　姜梓涵　薄雨馨　李光毅　郝信波　孙文颖
高青青　王彦波　刘芳园　朱祚均　王艳火　史一珺
姜雪娇　孙茂昌

前　言

党的十九大报告指出，实施乡村振兴战略，要坚持农业农村优先发展，按照"产业兴旺、生态宜居、乡风文明、治理有效、生活富裕"的总要求，建立健全城乡融合发展体制机制和政策体系，加快推进农业农村现代化。实施乡村振兴战略是全面建成小康社会、全面建设社会主义现代化强国的必然要求。乡村振兴战略，是习近平总书记治国方略的重要组成部分，是面向新时代的重要战略。深入理解乡村振兴战略的总要求，才能科学制定战略规划，走好中国特色社会主义乡村振兴道路。

2017年山东省烟台市委、市政府出台《烟台市乡村振兴战略规划（2018—2022年）》，规划期限为2018—2022年，远景谋划到2050年。在发展目标中明确指出，到2020年，高质量高水平全面建成小康社会，高起点高标准推进乡村振兴，全市33%的村庄基本实现农业、农村现代化；到2022年，乡村振兴的烟台特色、烟台样板、烟台亮点基本形成，乡村振兴的制度框架和政策体系基本成熟，全市40%的村庄基本实现农业、农村现代化。此外，规划要求全市坚持统筹城乡融合发展，统筹城乡国土空间开发格局，建立健全多规合一的编制机制，提升乡村风貌品质，优化乡村生产生活生态空间，构建乡村振兴发展新格局。

本书系统梳理了烟台市乡村振兴战略的政策逻辑线索，以习近平新时代中国特色社会主义思想为根本宗旨，以乡村振兴的相关理论以及农业、农村发展的基本规律为理论基础，详细阐述了以产业兴旺、生态宜居、乡风文明、治理有效和生活富裕为核心的“五位一体”总体布局思路，形成了中国乡村振兴指标体系的理论框架。

在此基础上，本书构建了完备的乡村振兴评价指标体系，包括22个细分指标，用于综合比较烟台各县市区的乡村振兴发展水平。本书进一步对烟台市12个县市区的乡村振兴发展水平进行综合分析，比较了各县市区之间乡村振兴发展水平的差距。本书通过梳理领先地区的发展特点，厘清落后地区的发展误区，有针对性地对烟台市“产业兴旺、生态宜居、乡风文明、治理有效、生活富裕”5个方面进行专题研究，并总结了烟台市实施乡村振兴的典型案例。这些典型案例为编制乡村振兴规划和从供给侧结构性改革的视角推动乡村振兴战略落地提供了科学依据和实践方向。此外，本书采用了县市区层面的乡村振兴指标体系，以期为各级党委和政府推进区域乡村振兴进程提供量化决策依据。

吕建军

2020年3月

目 录

第3篇　烟台市乡村振兴典型案例研究

第 1 篇

烟台市各县市区乡村振兴评价

第 1 章

烟台市乡村振兴评价的基本理论与依据

1.1 乡村振兴评价的相关概念

乡村振兴战略是习近平同志 2017 年 10 月 18 日在党的十九大报告中提出的战略。党的十九大报告指出农业农村农民问题是关系国计民生的根本性问题，必须始终把解决好“三农”问题作为全党工作的重中之重，提出坚持农业农村优先发展，实施乡村振兴战略。

2018 年 1 月 2 日，国务院公布了 2018 年中央一号文件，即《中共中央 国务院关于实施乡村振兴战略的意见》。2018 年 3 月 5 日，国务院总理李克强在《政府工作报告》中讲到，要大力实施乡村振兴战略。2018 年 5 月 31 日，中共中央政治局召开会议，审议《国家乡村振兴战略规划(2018—2022 年)》。2018 年 9 月，中共中央、国务院印发了《乡村振兴战略规划(2018—2022 年)》，并发出通知，要求各地区各部门结合实际认真贯彻落实。

乡村振兴的具体要点如下。

1. 实施原则

实施乡村振兴战略，要坚持党管农村工作，坚持农业农村优先发展，坚持农民主体地位，坚持乡村全面振兴，坚持城乡融合发展，坚持人与自然和谐共生，坚持因地制宜、循序渐进；要巩固和完善农村基本经营制度，保持土地承包关系稳定并长久不变，第二轮土地承包到期后再延长三十年；要确保国家粮食安全，把中国人的饭碗牢牢端在自己手中；要加强农村基层基础工作，培养造就一支懂农业、爱农村、爱农民的“三农”工作队伍。

2. 实施意义

实施乡村振兴战略，是解决新时代我国社会主要矛盾、实现“两个一百年”奋斗目标和中华民族伟大复兴的中国梦的必然要求，具有重大的现实意义和深远的历史意义。实施乡村振兴战略是建设现代化经济体系的重要基础，是建设美丽中国的关键举措，是传承中华优秀传统文化的有效途径，是健全现代社会治理格局的固本之策，是实现全体人民共同富裕的必然选择。

3. 实施关键

中国共产党是领导我国事业发展的核心。毫不动摇地坚持和加强党对农村工作的领导，确保党在农村工作中始终总揽全局、协调各方，为乡村振兴提供坚强有力的政治保障，是乡村振兴战略成功的关键。

消除贫困、改善民生、逐步实现共同富裕，是中国特色社会主义的本质要求。2019 年中央经济工作会议指出，要坚决打好三大攻坚战，确保脱贫攻坚任务如期全面完成，集中兵力打好深度贫困歼灭战，政策、资金重点向“三区三州”等深度贫困地区倾斜，落实产业扶贫、易地搬迁扶贫等措施，严把贫困人口退出关，巩固脱贫成果。要建立机制，及时做好返贫人口和新发生贫困人口的监测和帮扶。

4. 实施时间

按照党的十九大提出的决胜全面建成小康社会、分两个阶段实现第二个百年奋斗目标的战略安排，中央农村工作会议明确了实施乡村振兴战略的目标任务：

——到 2020 年，乡村振兴取得重要进展，制度框架和政策体系基本形成；

——到 2022 年，乡村振兴的制度框架和政策体系初步健全；

——到 2035 年，乡村振兴取得决定性进展，农业农村现代化基本实现；

——到 2050 年，乡村全面振兴，农业强、农村美、农民富全面实现。

5. 实现路径

中央提出了七条中国特色社会主义乡村振兴道路实现路径：

——必须重塑城乡关系，走城乡融合发展之路；

——必须巩固和完善农村基本经营制度，走共同富裕之路；

——必须深化农业供给侧结构性改革，走质量兴农之路；

——必须坚持人与自然和谐共生，走乡村绿色发展之路；

——必须传承发展提升农耕文明，走乡村文化兴盛之路；

——必须创新乡村治理体系，走乡村善治之路；

——必须打好精准脱贫攻坚战，走中国特色减贫之路。

6. 实施方案

推进农业供给侧结构性改革。促进农林牧渔业创新发展，加快建设现代农业产业园和特色农产品优势区，稳定和优化粮食生产。新增高标准农田 8 000 万亩以上、高效节水灌溉面积 2 000 万亩。培育新型经营主体，加强面向小农户的社会化服务。发展“互联网＋农业”，多渠道增加农民收入，促进农村一二三产业融合发展。

全面深化农村改革。落实第二轮土地承包到期后再延长 30 年的政策。探索宅基地所有权、资格权、使用权分置改革。改进耕地占补平衡管理办法，建立新增耕地指标、城乡建设用地增减挂钩节余指标跨省域调剂机制，所得收益全部用于脱贫攻坚和支持乡村振兴。深化粮食收储、集体产权、集体林权、国有林区林场、农垦、供销社等改革，使农业农村充满生机活力。

推动农村各项事业全面发展。改善供水、供电、信息等基础设施，新建改建农村公路 20 万千米。稳步开展农村人居环境整治三年行动，推进“厕所革命”。促进农村移风易俗。健全自治、法治、德治相结合的乡村治理体系。坚持走中国特色社会主义乡村振兴道路，加快实现农业农村现代化。

7. 实施目的

坚持农业农村优先发展，按照产业兴旺、生态宜居、乡风文明、治理有效、生活富裕的总要求，建立健全城乡融合发展体制机制和政策体系，统筹推进农村经济建设、政治建设、文化建设、社会建设、生态文明建设和党的建设，加快推进乡村治理体系和治理能力现代化，加快推进农业农村现代化，走中国特色社会主义乡村振兴道路，让农业成为有奔头的产业，让农民成为有吸引力的职业，让农村成为安居乐业的美丽家园。

1.2 乡村振兴评价的内容

1.2.1 产业振兴评价体系

（1）农产品供给能力和质量。主要从农产品供给总量和供给质量方面进行评价。一是农产品供给总量情况，包括粮食、油料、蔬菜、水果、肉类、蛋类、奶类等主要农产品供给总量。二是农产品供给质量情况，包括绿色农产品、有机农产品、无公害农产品、地理标志保护农产品等“三品一标”认证农产品生产情况。

（2）农产品市场竞争力。主要从农产品加工、销售、出口及产业化发展等方面进行评价。一是农产品加工情况，包括农产品初加工、农副产品深加工，农产品冷链物流建设等方面。二是农产品销售、出口情况，包括农产品销售量及收入、出口量及出口创汇、出口农产品检验合格率等方面。三是农产品品牌建设情况，包括品牌分布、各类品牌商标注册、获得及品牌销售收入、市场占有率等方面。四是农业产业化发展情况，包括产业化龙头企业、农业园区、农业产业化示范基地建设、土地流转等农业产业化水平等方面。五是农业生产经营体系建设情况，包括设施农业生产、家庭农场、农民合作社、农业专业协会等方面。

（3）农业生产安全水平。主要从土壤、农产品质量安全等方面进行评价。一是土壤保护情况，包括耕地轮作轮休、秸秆还田、沼液沼渣还田、病虫害绿色防控、化肥施用、农药使用、农用塑料薄膜和地膜等方面。二是土壤污染治理与修复情况，包括土壤污染治理与修复、水土流失治理、畜禽粪便排污达标率、水产养殖污染治理等方面。三是农产品质量安全情况，包括农产品质量安全检测机构、人员配备，各类质量体系认证获得情况等方面。

（4）农业创新能力和水平。主要从农业生产物质装备、农业创新驱动投入、良种化建设等方面进行评价。一是物质装备情况，包括有效灌溉面积、旱涝保收面积、高标准农田面积、农作物耕种收综合机械化率、农机总动力、用电量等物质装备情况。二是农业创新驱动投入，包括农业科技进步贡献、农业研发机构、研发人员、知识产权、科技特派员、农业技术服务机构、农业技术人员等方面。三是农业生产良种化水平，包括主要农产品良种生产、名特优新农产品生产等方面。

(5)一二三产业融合发展。主要从新型经营主体、新型经营模式等农业产业链延伸方面进行评价。一是农业多功能发展情况，包括休闲农业、会展农业、创意农业、循环农业、种子农业、文化传承、农耕体验等农业多功能性发挥。二是提供支持情况，包括农村电商、耕种收作业服务、农产品冷链物流、农技推广和政府、金融、社会资金投入等方面。

1.2.2 人才振兴评价体系

(1)政策建立和落实情况。包括人才流向乡村政策措施建立落实、城市各类人才流向乡村、大学生回农村创业等方面。

(2)职业技能教育培训情况。包括农村实用新型技术培训、家庭农场主培训、农民合作社带头人培训、各类线上教育培训开展等方面。

(3)农业专业人才队伍建设情况。包括新型职业农民队伍、农业经理人或职业经纪人、乡村工匠、文化能人、非遗传承人、农民技术人员等方面。

1.2.3 文化振兴评价体系

(1)弘扬社会主义核心价值观建设情况。包括社会主义核心价值观宣传活动开展，禁止乱办滥办酒席，爱国主义教育、道德素养教育培训，五好家庭、文明村(居)创建，村宣传板或宣传栏目建设等方面。

(2)乡村优秀文化遗产保护和文化产业建设情况。包括红色文化、历史文化、民俗文化、农耕文化、优秀传统文化等资源、遗产保护建设，创意、民族、民俗等文化产品保护和建设，乡村文化品牌培育、“互联网＋”文化产品营销等方面。

(3)城乡基本公共文化服务均等化建设情况。包括文艺工作者、文化科技卫生

“三下乡”、文艺演出进农村、农民文体活动团队等建设和活动情况，村（社区）文化院、村文化站（图书室）、镇（街）综合性文化服务中心、村级活动中心建设，文明村镇创建，道德风尚宣传活动、农民文化艺术活动、文化惠民活动等开展情况，文化及相关产业建设人财物投入等方面。

1.2.4 生态振兴评价体系

（1）农村生态环境建设。从制度建设、全域绿化三年行动落实和生态系统保护等方面进行评价。一是生态环境制度建立和完善情况，主要包括：农村自然灾害（气象）预防体系、耕地“三位一体”保护、环保红线和基本农田保护控制线划定方面。二是全域绿化三年行动落实情况，包括城市（郊）森林公园湿地公园建设，农村道路、居民点、房前屋后、休闲地绿化情况，古树名木保护，森林人家建设，森林绿色防控，生态队伍、生态修复专业队伍建设等方面。三是农村生态系统保护建设情况，包括农村饮用水源保护、水生态恢复治理、小流域生态治理、湿地生态屏障及湿地保护恢复工程等建设，废弃农膜回收、农作物秸秆综合利用等方面。

（2）农村人居环境建设。主要从农村人居环境建设、美丽乡村建设、特色小镇建设、农村环境整治等方面进行评价。

（3）农村基础设施保障。包括进村道路、村内道路硬化建设，农村道路亮化建设，畜禽粪便无害化处理建设，农村自来水普及，通公共交通、通光纤（通宽带）、4G覆盖村等方面。

1.2.5 组织振兴评价体系

（1）农村基层党组织建设。包括农村基层党组织队伍构成、发挥作用、党员培养、党员培训、党员引领致富和帮扶等方面。

（2）农村基层民主管理。包括农村居民选举参与率、村民理事会或监事会建立、村民自治制度建立、乡村社区公共服务综合平台建设、民主管理满意度等方面。

（3）农村法治、德治建设。包括“雪亮工程”建设、村规民约创建、居民公约创建、乡村诚信文化建设、民主法治示范村建设、农村治安防控体系建设、村级人民调解委员会建设，道德讲堂开办，法律法规知识培训，德孝主题文化活动开展，农村刑事和治安纠纷发生率等方面。

(4)农村居民收入和消费。包括农村居民人均可支配收入，农村居民恩格尔系数、城乡居民收入差距，精准贫困人口及脱贫人口、相对贫困人口数量，农民家庭家用电器拥有量，农村居民交通通信和文教娱乐支出占家庭消费支出比重等方面。

(5)农村社会化保障建设情况。包括农村教育均衡化、农村基本医疗卫生保障、农村社会保障建设等方面。

1.3 构建烟台市乡村振兴评价体系的基本原则

乡村振兴内涵丰富，如何选取、选取哪些指标成为科学评价乡村振兴水平的关键。指标体系构建应遵循以下三个基本原则。第一，对接国家战略原则。以乡村振兴战略提出的5个维度为基础，结合理论分析，把握每个度的主要内容，遴选具有代表性的指标。第二，抓住关键环节原则。指标选择尽量聚焦国家粮食安全、农业绿色发展、农村精准扶贫、全面小康等关键领域与重点环节。第三，便于实际操作原则，应考虑数据的可获得性，尽可能选取可以获得、具有权威性的指标，尽量选取比值类指标，避免规模差异对评价结果的影响。

实施乡村振兴战略的评价体系必然是按照党中央和国务院乡村振兴战略“产业兴旺、生态宜居、乡风文明、治理有效、生活富裕”的目标设定，主要原则包括以下几个方面。

导向性与综合性相结合。导向性是指通过对乡村振兴战略实施工作的动态监测、综合评价，将乡村治理逐步引导到乡村振兴战略实施的轨道上来。而综合性是指要考虑到评价体系是一个综合体系，各项指标之间有着千丝万缕的联系，因此，必须多层次、多方面、多角度地反映乡村振兴战略实施的实际情况。导向性代表着激励和发展，综合性代表着责任和承担。

典型性与可比性相结合。典型性是指评价体系应具有的代表性。作为评价体系，应尽可能准确地反映出上级党委政府对发展目标的要求，反映出人民群众对乡村治理的真正意愿。而可比性是指评价体系应具有的比较性。评价体系是建立在现有的统计制度之上，故所选指标必须是可度量的，既要便于操作，易于采集，又要有可比性，可用来做比较，并确保其准确性。

创新性与历史性相结合。创新性是指评价体系要与众不同。因为对乡村振兴战略实施进行监测评价是一项全新的工作，国内目前还没有一套成熟统一的办法，没有经验可借鉴，因此需要我们不断尝试，大胆创新。历史性是指评价体系要尊重历史、注重传承。任何社会评价都必须历史地、发展地、全面地看问题。对于乡村振兴战略实施而言，其评价体系也必须与传统的评价体系联系起来看，吸收其先进、可用的养分，去除其过时、落后的成分，以保持其先进性。

硬指标与软指标相结合。硬指标是指评价体系中比较刚性的指标，包括物质激励、经济发展、人均收入、基础设施、社会保障等，这些指标往往是可以直接量化的。而软指标是指评价体系中比较柔性的指标，比如文化、道德、社会建设、生态保护、乡村文化遗产保护、乡村人才保护等指标是定性的，无法直接量化，需要进行一定的计算和转换。在以往的一些评价体系中，人们往往比较重视便于量化统计的硬性指标，而不重视定性的软指标，这需要进行纠正。

1.4 构建烟台市乡村振兴评价体系的依据

1.4.1 指导思想

深入贯彻习近平新时代中国特色社会主义思想及党的十九大和十九届二中、三中全会精神，加强党对“三农”工作的全面领导，坚持稳中求进工作总基调，牢固树立新发展理念，落实高质量发展要求，紧紧围绕统筹推进“五位一体”总体布局和协调推进“四个全面”战略布局，坚持把解决好“三农”问题作为全党工作的重中之重。

1.4.2 基本依据

——坚持党管农村工作。毫不动摇地坚持和加强党对农村工作的领导，健全党管农村工作方面的领导体制机制和党内法规，确保党在农村工作中始终总揽全局、协调各方，为乡村振兴提供坚强有力的政治保障。

——坚持农业农村优先发展。把实现乡村振兴作为全党的共同意志、共同行动，做到认识统一、步调一致，在干部配备上优先考虑，在要素配置上优先满足，在资金投入上优先保障，在公共服务上优先安排，加快补齐农业农村短板。

——坚持农民主体地位。充分尊重农民意愿，切实发挥农民在乡村振兴中的主体作用，调动亿万农民的积极性、主动性、创造性，把维护农民群众根本利益、促进农民共同富裕作为出发点和落脚点，促进农民持续增收，不断提升农民的获得感、幸福感、安全感。

——坚持乡村全面振兴。准确把握乡村振兴的科学内涵，挖掘乡村的多种功能和价值，统筹谋划农村经济建设、政治建设、文化建设、社会建设、生态文明建设和党的建设，注重协同性、关联性，做到整体部署，协调推进。

——坚持城乡融合发展。坚决破除体制机制弊端，使市场在资源配置中起决定性作用，更好地发挥政府作用，推动城乡要素自由流动、平等交换，推动新型工业化、信息化、城镇化、农业现代化同步发展，加快形成工农互促、城乡互补、全面融合、共同繁荣的新型工农城乡关系。

——坚持人与自然和谐共生。牢固树立和践行绿水青山就是金山银山的理念，落实节约优先、保护优先、自然恢复为主的方针，统筹山水林田湖草系统治理，严守生态保护红线，以绿色发展引领乡村振兴。

——坚持改革创新、激发活力。不断深化农村改革，扩大农业对外开放，激活主体、激活要素、激活市场，调动各方力量投身乡村振兴。以科技创新引领和支撑乡村振兴，以人才汇聚推动和保障乡村振兴，增强农业农村自我发展动力。

——坚持因地制宜、循序渐进。科学把握乡村的差异性和发展走势分化特征，做好顶层设计，注重规划先行、因势利导，分类施策、突出重点，体现其特色和丰富多彩。既尽力而为，又量力而行，不搞层层加码，不搞一刀切，不搞形式主义和形象工程，要久久为功，扎实推进。

1.4.3 发展目标

到2020年，乡村振兴的制度框架和政策体系基本形成，各地区各部门乡村振兴的思路举措得以确立，全面建成小康社会的目标如期实现。到2022年，乡村振兴的制度框架和政策体系初步健全。国家粮食安全保障水平进一步提高，现代农业体系初步构建，农业绿色发展全面推进；农村一二三产业融合发展格局初步形成，乡村产业加快发展，农民收入水平进一步提高，脱贫攻坚成果得到进一步巩固；农村基础设施条件持续改善，城乡统一的社会保障制度体系基本建立；农村人居环境显著改善，生态宜居的美丽乡村建设扎实推进；城乡融合发展体制机制初步建立，农村基本公共服务水平进一步提升；乡村优秀传统文化得以传承和发展，农民精神文化生活需求基本得到满足；以党组织为核心的农村基层组织建设明显加强，乡村治理能力进一步提升，现代乡村治理体系初步构建。探索形成一批各具特色的乡村振兴模式和经验，乡村振兴取得阶段性成果。

1.5 构建烟台市乡村振兴评价体系的重要意义

构建适应性强、科学简便、功能完善的乡村振兴评价体系，有利于各级政府推进乡村振兴实施进程并采取针对性的政策，有利于充分发挥广大干部群众的积极性、主动性和创造性。

(1)目标和要求具体化。乡村振兴战略靶向是乡村，乡村作为一个有机整体，是一个极其复杂的特大系统，它包含生态、经济、社会等多方面的内容。这要求将党中央和国务院乡村振兴战略总要求“产业兴旺、生态宜居、乡风文明、治理有效、生活富裕”的目标具体化，并具备操作性。构建实施乡村振兴战略的评价体系有利于对乡村振兴建设动态进行直观描述，对乡村振兴的未来愿景进行蓝图绘制，给乡村振兴的决策者和建设者指出明确的努力方向和奋斗目标，并提高对乡村振兴战略的前瞻性认识。

(2)有效监测和纠偏。运用实施乡村振兴战略的评价体系,可以监测乡村振兴战略实施的进程,如是否在“产业兴旺、生态宜居、乡风文明、治理有效、生活富裕”5个方面取得了重要进展?哪些方面进展相对缓慢?等等。通过评价体系对乡村振兴进程的监测,可以及时发现乡村振兴进程中存在的问题,如产业空心化、生态环境破坏、农村教育缺失等问题,从而采取针对性的措施,纠正发展中的偏差,保障乡村振兴战略沿着正确的轨道前进。

(3)立足现状,分类指导。要保障乡村振兴战略取得预期效果,必须从各地实际出发,需要因地制宜、分类推进。有效地实施乡村振兴战略评价体系可根据各地的评价指数对现有农村状况进行定级,从而科学地度量乡村振兴建设的进展和水平,掌握各地乡村振兴的实际情况,为分类指导各地乡村振兴战略的实施提供量化管理依据。

第 2 章

烟台市各县市区乡村振兴水平测度及评价

乡村振兴战略是党的十九大报告提出的核心战略之一，是党中央、国务院重大战略部署，也是我国到 2050 年建成社会主义现代化强国的重要支撑。山东省烟台市积极响应国家和山东省的号召，努力推进乡村振兴战略的部署和实施。要突出烟台特色、形成烟台亮点，努力打造乡村振兴齐鲁样板中的烟台篇章。本章对烟台市各县市区乡村振兴进行了水平测度衡量及效果评价，全面衡量了烟台市乡村振兴发展水平，以期为我国其他地区乡村振兴评价提供参考。

2.1　烟台市各县市区乡村振兴评价

2.1.1　评价指标的选择

本书参考国家出台的《乡村振兴战略规划（2018—2022 年）》（以下简称《规划》）中的乡村振兴指标体系，《规划》围绕农业农村现代化的总目标，坚持农业农村优先发展的总方针，按照分 3 个阶段实施乡村振兴战略的部署，设定了阶段性目标，明确了今后 5 年的重点任务，提出了 22 项具体指标，其中约束性指标 3 项、预期性指标 19 项，首次建立了乡村振兴指标体系(表 2-1)。

表 2-1 乡村振兴战略规划主要指标

分类	序号	主要指标	单位	2020 年目标值	属性
产业兴旺	1	粮食综合生产能力	亿吨	＞6	约束性
	2	农业科技进步贡献率	%	60	预期性
	3	农业劳动生产率	万元/人	4.7	预期性
	4	农产品加工产值与农业总产值比	—	2.4	预期性
	5	休闲农业和乡村旅游接待人次	亿人次	28	预期性
生态宜居	6	畜禽粪污综合利用率	%	75	约束性
	7	村庄绿化覆盖率	%	30	预期性
	8	对生活垃圾进行处理的村占比	%	90	预期性
	9	农村卫生厕所普及率	%	85	预期性
乡风文明	10	村综合性文化服务中心覆盖率	%	95	预期性
	11	县级及以上文明村和乡镇占比	%	50	预期性
	12	农村义务教育学校专任教师本科以上学历比例	%	65	预期性
	13	农村居民教育文化娱乐支出占比	%	12.6	预期性
治理有效	14	村庄规划管理覆盖率	%	80	预期性
	15	建有综合服务站的村占比	%	50	预期性
	16	村党组织书记兼任村委会主任的村占比	%	35	预期性
	17	有村规民约的村占比	%	100	预期性
	18	集体经济强村比重	%	8	预期性
生活富裕	19	农村居民恩格尔系数	%	30.2	预期性
	20	城乡居民收入比	—	2.69	预期性
	21	农村自来水普及率	%	83	预期性
	22	具备条件的建制村通硬化路比例	%	100	约束性

注：1. 本指标体系和规划中非特定称谓的“村”均指村民委员会和涉农居民委员会所辖地域。

2. 后续专栏中定量指标未说明年份的均为 2022 年目标值。

2.1.2 评价指标权重的确定

本研究采用 AHP 确定各指标权重，第一步是构建层次结构模型，其包含 2 个指标层次的烟台市乡村振兴评价指标体系，利用专家咨询法确定相对重要性程度，引入评价指标重要性程度标度。第二步是构造判断矩阵，在此邀请了中国农业大学 10 位乡村振兴战略研究领域的专家进行综合分析评判两两比较的矩阵。第三步是通过计算矩阵的特征值及其正交化特征向量，并进行一致性检验，当 $CR<0.1$ 时，认为该判断矩阵通过一致性检验，反之则不通过，需要对该判断矩阵加以修正重试。一级指标判断矩阵的构造如表 2-2 所示，其余二级指标的计算依此类推，且在一级指标中，$CR=0.013<0.1$，通过一致性检验。最后得到的烟台市乡村振兴评价指标体系权重。AHP 层次分析结果见表 2-3。

表 2-2　一级指标判断矩阵

项目	产业兴旺	生态宜居	乡风文明	治理有效	生活富裕
产业兴旺	1	2	2	2	0.5
生态宜居	0.5	1	1	1	0.5
乡风文明	0.5	1	1	1	0.5
治理有效	0.5	1	1	1	0.5
生活富裕	2	2	2	2	1

表 2-3　AHP 层次分析结果

AHP 层次分析结果				
项目	特征向量	权重值	最大特征值	*CI* 值
产业兴旺	1.246	24.921%		
生态宜居	0.706	14.127%		
乡风文明	0.706	14.127%	5.058	0.015
治理有效	0.706	14.127%		
生活富裕	1.635	32.698%		

从表 2-3 可知，针对产业兴旺，生态宜居，乡风文明，治理有效，生活富裕总共 5 项构建出 5 阶判断矩阵进行 AHP 层次法研究，分析得到特征向量为（1.246，0.706，0.706，0.706，1.635），并且 5 项对应的权重值分别是：24.921%、14.127%、14.127%、14.127%、32.698%。除此之外，结合特征向量可计算出最大特征值（5.058），接着利用最大特征值计算得到 *CI* 值（0.015）[*CI*＝（最大特征值－*n*）/（*n*－1）]，*CI* 值用于下述的一致性检验。

表 2-4 随机一致性 *RI* 表格

n 阶	3	4	5	6	7	8	9
RI 值	0.52	0.89	1.12	1.26	1.36	1.41	1.46
n 阶	10	11	12	13	14	15	16
RI 值	1.49	1.52	1.54	1.56	1.58	1.59	1.594 3
n 阶	17	18	19	20	21	22	23
RI 值	1.606 4	1.613 3	1.620 7	1.629 2	1.635 8	1.640 3	1.646 2
n 阶	24	25	26	27	28	29	30
RI 值	1.649 7	1.655 6	1.658 7	1.663 1	1.667 0	1.669 3	1.672 4

本次研究构建出 5 阶判断矩阵，对应着表 2-4 可以查询得到随机一致性 *RI* 值为 1.120，*RI* 值用于下述一致性检验计算使用（表 2-5）。

表 2-5 一致性检验结果汇总

最大特征值	*CI* 值	*RI* 值	*CR* 值	一致性检验结果
5.058	0.015	1.120	0.013	通过

通常情况下 *CR* 值越小，则说明判断矩阵一致性越好，如果 *CR* 值小于 0.1，则判断矩阵满足一致性检验；如果 *CR* 值大于 0.1，则说明不具有一致性，应该对判断矩阵进行适当调整之后再次进行分析。本次针对 5 阶判断矩阵计算得到 *CI* 值为 0.015，针对 *RI* 值查表为 1.120，因此计算得到 *CR* 值为 $0.013<0.1$，意味着本次研究判断矩阵满足一致性检验，计算所得权重具有一致性。

同理可得，烟台市乡村振兴评价指标体系权重如表 2-6 所示。

表 2-6　烟台市乡村振兴评价指标体系权重

一级指标	一级指标权重	二级指标	指标类型	二级指标权重	最大特征值	*CI* 值
产业兴旺	24.92%	粮食综合生产能力	正	22.88%	5.20%	0.049
		农业科技进步贡献率	正	14.69%		
		农业劳动生产率	正	26.05%		
		农产品加工产值与农业总产值比	正	17.19%		
		休闲农业和乡村旅游接待人次	正	19.19%		
生态宜居	14.13%	畜禽粪污综合利用率	正	33.81%	4.06%	0.02
		村庄绿化覆盖率	正	16.91%		
		对生活垃圾进行处理的村占比	正	20.48%		
		农村卫生厕所普及率	正	28.81%		
乡风文明	14.13%	村综合性文化服务中心覆盖率	正	28.18%	4.06%	0.02
		县级及以上文明村和乡镇占比	正	14.09%		
		农村义务教育学校专任教师本科以上学历比例	正	24.01%		
		农村居民教育文化娱乐支出占比	正	33.73%		
治理有效	14.13%	村庄规划管理覆盖率	正	18.49%	5.12%	0.029
		建有综合服务站的村占比	正	16.49%		
		村党组织书记兼任村委会主任的村占比	正	21.57%		
		有村规民约的村占比	正	32.54%		
		集体经济强村比重	正	10.91%		
生活富裕	32.69%	农村居民恩格尔系数	逆	16.94%	4.06%	0.02
		城乡居民收入比	逆	19.72%		
		农村自来水普及率	正	39.44%		
		具备条件的建制村通硬化路比例	正	23.89%		

2.1.3 烟台市各县市区乡村振兴评价

以国家2020年目标值为依据，再结合各县市区提供的整体数据，10位专家进行讨论打分后得出二级指标评分标准如表2-7所示。

表2-7 二级指标评分标准

二级指标	指标类型	评分标准
粮食综合生产能力	正	由于各县市区情况不同，该指标用2018、2019年变动比率来衡量。以变动比率0.1为100分进行换算，大于0.1按比率减分
农业科技进步贡献率	正	以指标值60为80分来进行换算
农业劳动生产率	正	以指标值3.3为80分来进行换算
农产品加工产值与农业总产值比	正	以指标值1.4为85分进行换算
休闲农业和乡村旅游接待人次	正	由于各县市区情况不同，该指标用2018、2019年变动比率来衡量。以变动比率0.1为100分进行换算，大于0.1按比率减分
畜禽粪污综合利用率	正	分值等于各地区该指标值
村庄绿化覆盖率	正	以指标值30为90分来进行换算
对生活垃圾进行处理的村占比	正	分值等于各地区该指标值
农村卫生厕所普及率	正	分值等于各地区该指标值
村综合性文化服务中心覆盖率	正	分值等于各地区该指标值
县级及以上文明村和乡镇占比	正	以指标值50为60分来进行换算
农村义务教育学校专任教师本科以上学历比例	正	分值等于各地区该指标值
农村居民教育文化娱乐支出占比	正	以指标值9为85分来进行换算
村庄规划管理覆盖率	正	以指标值70为80分来进行换算
建有综合服务站的村占比	正	分值等于各地区该指标值

续表 2-7

二级指标	指标类型	评分标准
村党组织书记兼任村委会主任的村占比	正	以指标值 35 为 80 分来进行换算
有村规民约的村占比	正	分值等于各地区该指标值
集体经济强村比重	正	以指标值 8 为 90 分来进行换算
农村居民恩格尔系数	逆	30.2 为 100 分计算，大于 30.2 按此标准换算后扣分
城乡居民收入比	逆	2.69 为 100 分计算，小于 2.69 按此标准换算后加分
农村自来水普及率	正	分值等于各地区该指标值
具备条件的建制村通硬化路比例	正	分值等于各地区该指标值

说明：①最终分值为百分制；②各级指标分值超出 100 分按 100 分进行计算；③各区县特别优秀突出事项经专家统一认定后可进行适当加分，加分标准由 10 位专家进行协商。

烟台市委、市政府全面贯彻党的十九大和十九届二中、三中全会精神，深入贯彻落实习近平总书记视察山东、视察烟台时的重要讲话精神及实施乡村振兴战略的重要指示，坚持“走在前列”的目标定位，突出烟台特色、形成烟台亮点，努力打造乡村振兴齐鲁样板中的烟台篇章。评价结果表明，烟台市各县市区按照党中央统一部署，全面贯彻落实习近平新时代中国特色社会主义思想，按照“产业兴旺、生态宜居、乡风文明、治理有效、生活富裕”的总要求深入推进乡村振兴战略的全面实施，烟台各县市区均圆满完成党中央对乡村振兴战略的要求与任务，走在了乡村振兴工作的前列。通过代入各县市区数据进行计算，最终得出烟台市 22 项指标中的 13 项指标：农业科技进步贡献率、畜禽粪污综合利用率、对生活垃圾进行处理的村占比、农村卫生厕所普及率、村综合性文化服务中心覆盖率、县级及以上文明村和乡镇占比、建有农业综合服务站的乡镇占比、农村义务教育学校专任教师本科以上学历比例、村党组织书记兼任村委会主任的村占比、有村规民约的村占比、城乡居民收入比、农村自来水普及率、具备条件的建制村通硬化路比例均提前达到国家 2020 年目标值，根据分析结果，各区县 2019 年指标值与 2018 年、

2017 年相比均有较大提升，获得了卓有成效的工作成绩。

根据实际情况，烟台市辖芝罘区、经济技术开发区、高新技术开发区由于城市化水平较高，提供乡村振兴方面数据困难，因此不对这 3 个区进行数据上的分析及评价。3 个区具体情况如下：

芝罘区完善现代经营体系和农业支持保护制度，打造特色农业品牌，推进居民区人居环境整治三年行动，深入实施新时代美丽乡村“双百工程”，加快提升居民区公共服务水平，提升水资源保障能力。创新引才用才育才体制机制，因地制宜编制居民区土地利用规划，发挥好财政资金的引导和杠杆作用，吸引带动更多金融和社会资本投向居民区，形成多元化投入格局。芝罘区已全面完成村改居工作，村党组织书记兼任村委会主任的村占比达到 56%，有村规民约的村占比达到 100%，集体经济强村比重达到 56%，经济发展能力较强，城市化水平高。

烟台市经济技术开发区不断推进农业“新六产”发展，发展特色高效农业，推进乡村旅游发展，构建集约化、专业化、组织化、社会化的现代农业经营体系，加强农产品质量品牌建设，推动乡村产业振兴，加强乡村本土人才队伍建设、持续优化乡村人才发展环境，培育农村多层次人才，推动乡村人才振兴。经济技术开发区以弘扬和践行社会主义核心价值观为引领，开展乡村精神文明创建、强化乡村公共文化服务、弘扬乡村优秀传统文化。改善乡村人居环境，全域提升魅力乡村内涵；推进绿色循环农业进程，促进可持续发展；“山水林田”协同治理，全面优化生态格局，推动乡村生态振兴。坚持自治为基、法治为本、德治为先，强化农村基层党组织的领导核心地位，建设法治乡村，推进乡村德治建设，推动乡村组织振兴。经济技术开发区村庄规划管理覆盖率达到 100%，建有综合服务站的村占比持续增加，从 2018 年的 73.68%上升到 76.92%，村党组织书记兼任村委会主任的村占比与 2018 年持平，稳定在 51.49%，有村规民约的村占比维持在 100%，集体经济强村比重为 8.79%，高于 8%的国家标准值。经济技术开发区城市化进程较快，产业基础强，对外贸易发展迅速。

烟台高新技术开发区成长了一批具有自主知识产权和良好发展前景的高新技术企业，依托高校资源为企业发展提供有力的人才智力支持，区域经济化水平高，发展能力强，城市化程度高。

2.2　烟台市各县市区乡村振兴5个维度的评价

2.2.1　产业兴旺维度评价

近年来，烟台市积极响应国家产业振兴号召，龙头企业带头拉动一二三产业联合发展，形成“龙头企业带领，产业集群聚集，农业生产基础夯实，科学技术创新，区域品牌打造”五个维度的产业建设，延长纵深产业链，提升产品附加值，打造出一批富有市场竞争力的优质品牌，为实现农业增效、农民增收、农村增绿三大目标，促进农业产业兴旺取得良好成效，推动了烟台市全市农业现代化深入发展。

1. 龙头企业拉动，发挥产业领头羊优势

烟台市把深化农业产业化经营、加快现代农业发展作为富民强市的战略。各县市区通过各种方式促进农业龙头企业发展，实施“龙头”带动战略，不断提升产业发展活力，实现了农业产业的快速发展。以葡萄及葡萄酒产业为例，烟台蓬莱市引进了中粮长城、烟台张裕、天津王朝、新天国际、华东百利等国内葡萄酒业“巨头”，以及法国拉菲特、法国瑞枫奥塞斯、意大利罗迪、英国登龙红、菲律宾康达等国外知名企业入驻蓬莱市投资建厂，引进和培育世界优质酿酒葡萄品种，形成集农户种植、葡萄酒生产、酒庄观光旅游为一体的产业链，以龙头企业带动整个葡萄酒产业链的发展。截至目前，烟台市国家级农业产业化龙头企业达到13家、省级以上72家。在这些龙头企业的拉动下，推动了农业一二三产业融合，带动了农民就业增收，培育了农业农村新动能，进一步推动了乡村振兴战略的实施。

2. 支柱产业支撑，形成加工产业集群

近年来，烟台市的农业产业化水平不断提升，培育起了以优质粮油、品牌果品、品质蔬菜、生态畜牧、现代水产为五大支柱的产业结构，形成了粮油加工、果品加工贮藏、蔬菜加工、畜牧加工、水产品加工、粉丝加工、葡萄酒酿造的七大绿色加工产业集群。[①] 这对延长烟台地区的农业产业链条，提高农产品附加值和带动烟台现代农业发展具有重要意义，也是烟台地区农民增收、产业振兴的重要举措。

农产品加工业横跨农业、工业和服务业三大领域，具有投资少、周期短、效益好的特点，根据2018—2019年烟台全市农产品加工产值与农业总产值比例的数据可知，2019年烟台平均的加工产值与农业总产值比为2.27%，与2018年相比减少了0.2%，烟台各县市区的农产品加工产值与农业总产值比例如图2-1所示。

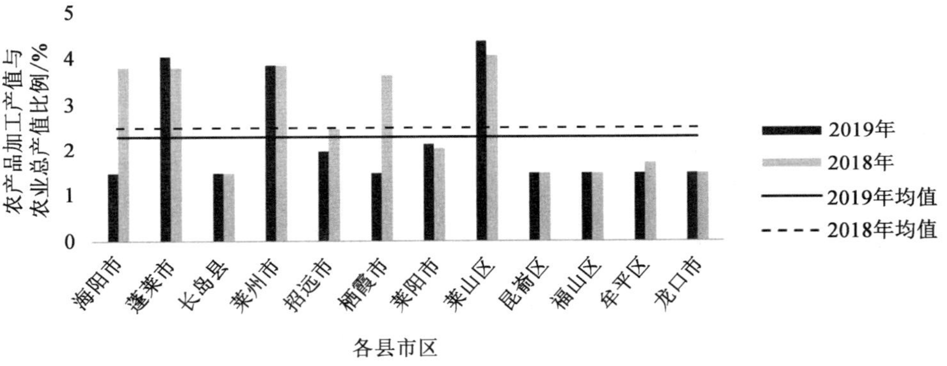

图2-1 2018—2019年烟台市各县市区的农产品加工产值与农业总产值比

如图2-1所示，烟台各县市区中，2019年农产品加工产值与农业总产值比不高于1.5%的占58.33%，1.5%以上的占41.67%。蓬莱市、莱州市和莱山区在农产品加工、深加工方面成果突出。

3. 夯实农业综合生产基础，聚焦农业“新六产”发展

农业综合生产能力是衡量一个地区农业生产总体水平和农村经济实力的主要评判标准，体现该地区的农业综合产出水平和农业竞争力。烟台市加速转换农业发展动能，农业发展水平显著增强，2019年全市农林牧渔业生产总值达到550.42亿元，按可比价格计算，比上年增长2.6%，第一产业比重提高0.1个百分点，农业综合生产能力稳步提升。

粮食问题是全球农业领域关注的重点话题，而粮食综合生产能力是衡量粮食

① 打造乡村振兴齐鲁样板中的烟台篇章——《烟台市乡村振兴战略规划(2018—2022年)》解读之一。

安全、农业综合生产能力的重要指标。根据烟台市相关数据显示，2018 年烟台市粮食综合生产能力总体为 180.947 万吨，占 2020 年山东全省粮食综合生产 5 000 万吨目标[①]的 3.62%，2019 年粮食综合生产能力指标为 170.944 万吨，占 2020 年山东省目标的 3.42%。烟台市粮食综合生产能力数据体现着烟台地区耕地保护能力、生产技术水平、政策保障能力、科技服务能力和抵御自然灾害能力，2019 年整体能力略有下滑。各县市区的具体数据如图 2-2 所示。

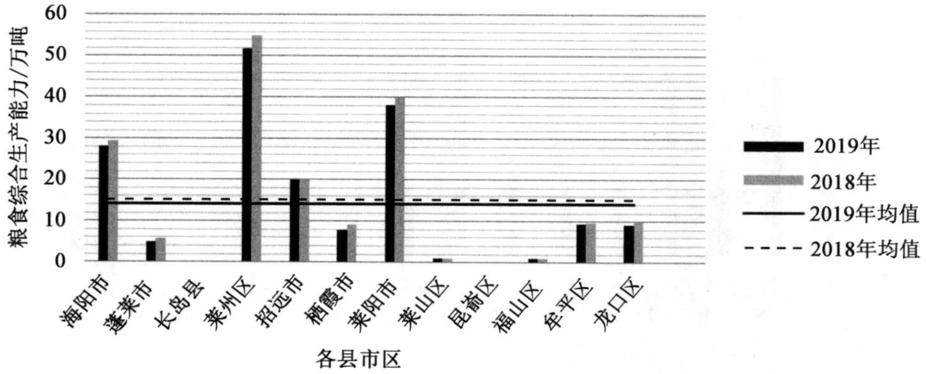

图 2-2　2018—2019 年烟台市各县市区的粮食综合生产能力

如图 2-2 所示，烟台各县市区中，2019 年粮食综合生产能力不高于 10 万吨的占 66.67%，10 万～20 万吨的占 8.33%，20 万～30 万吨的占 8.33%，30 万吨以上的占 16.67%。莱阳市和莱州市为烟台粮食作物的主产区，同比上一年分别缩减了 5.26 个和 5.98 个百分点。

以莱州市夏邱镇东草村为例，该村依托“互联网＋”发展农产品加工业，流转土地 50 亩，种植高筋小麦、有机玉米，建成手工馒头作坊，加工制作石廓面粉、玉米胚芽粉、手工馒头、面塑等一系列农产品，采取自身运营、协议合作等方式，通过与小农梁生、农散人、山东聚威农机、张小锄贸易有限公司等电商和微店合作，将农产品销往北京、济南等城市，实现一二三产业全产业链融合发展，提升了经济效益。[②]同时，烟台市通过各种方式鼓励、支持农民对林果、菌菜、养殖等特色农业全产业链

① 山东省委、省政府《关于加快推进生态文明建设的实施方案》。

② 中共烟台市委党校 2019 年第 11 期咨政参考：关于我市乡村产业振兴的调查及建议。

开发,推动终端型、体验型、智慧型、循环型新产业新业态发展,构建全环节提升、全链条升值、全产业融合的现代农业产业体系、生产体系和经营体系,推进"新六产"发展。

烟台市的休闲旅游业也在不断发展。烟台市有丰富的自然资源,从保护生态环境出发,打造渔业与文化生态休闲旅游融合发展。为推进休闲渔业加快发展,市发改委印发《烟台市休闲渔业发展规划(2019—2025 年)》,提出促进休闲渔业持续健康发展的政策体系、打造休闲渔业规范管理的制度创新标杆、增强休闲渔业发展的内生动力、促进捕捞渔民转产转业、提升休闲渔业综合服务能力、推进休闲渔业全产业链融合发展、突出特色经营做强休闲渔业品牌、开展休闲渔业试点示范项目创建、坚持环境保护与休闲渔业开发协调发展、完善休闲渔业的基础信息管理等 10 项主要任务。其他如农家乐、生态旅游等休闲旅游业也日益蓬勃发展。

根据相关数据,2018 年烟台市休闲农业和乡村旅游共接待 2 845.1 万人次,2019 年增加到 3 018.8 万人次。各县市区情况如图 2-3 所示。烟台各县市区中,2019 年休闲农业和乡村旅游接待人次不超过 300 万人次的占 75%,300 万~600 万人次的占 16.67%,600 万人次以上的为 8.33%。各县市区中,牟平区旅游业接待人次最多,达到 747 万人次。

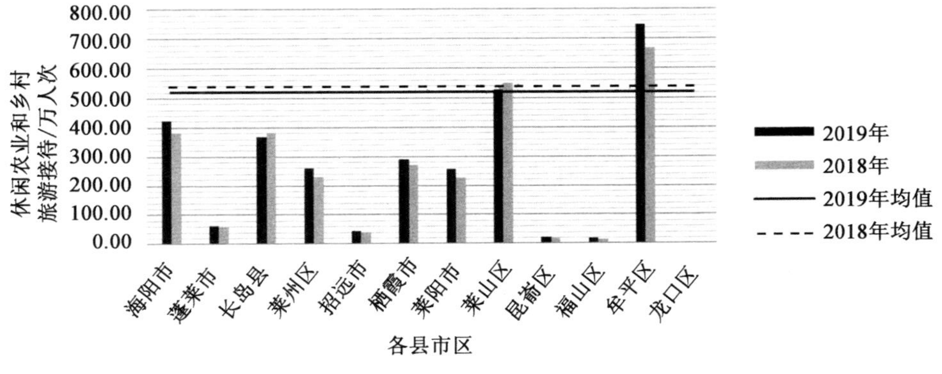

图 2-3　2018—2019 年烟台市各县市区的休闲农业和乡村旅游接待人次

4. 推动科技创新,提升农业劳动生产率

烟台市委、市政府明确提出坚持以农业供给侧结构性改革为主线,以科技兴农、质量兴农为支撑,创办产业园、科技园和创业园区,依托市内智力资源密集和邻

近高校院所的区位优势，深入推进高校院所、企业、村居之间多形式合作，鼓励院校科研人员在生产一线开展科学研究和技术服务，为农村产业发展提供坚实智力支撑。目前烟台全市拥有国家农业科技园区 2 处、省级农业高新技术产业示范园区 2 处，省级农业科技园 9 处。

鲁东大学与烟台市多个村居建立了帮扶联系，其中在朱唐夼村利用瀑拉谷农业开发有限公司提供的 260 亩土地资源，建设乡村振兴巾帼行动科技示范园，培育高产、优质、抗逆的小麦、大豆、玉米、甘薯等高产作物，研究引种红肉苹果、软枣猕猴桃等新型果树品种和白蜡、柽柳等耐盐树种，摸索绿色、生态型的种植模式，实现研究成果快速产业化。

龙口市生态茂源也从事科技生态种植，从传统种植行业转型打造生态农业科技园，整个园区成立航天育种基地，进行土壤改良，确保种植的不同果蔬都能有最合适的土壤，实现农产品高产、优质、无公害的绿色种植。以打造生态循环农业为目标，以建立无公害绿色产品为宗旨，实现经济效益、生态效益的有机统一。

根据相关数据，2018 年烟台市总体农业科技进步贡献率的平均水平为 61.93%，2019 年增加了 0.1 个百分点，达到 62.03%。各县市区情况如图 2-4 所示。烟台各县市区中，2019 年农业科技进步贡献率不超过 60%的占 66.67%，60%以上（不含 60%）的占 33.33%。蓬莱市农业科技进步贡献率突出，同比上一年增长了 1 个百分点。

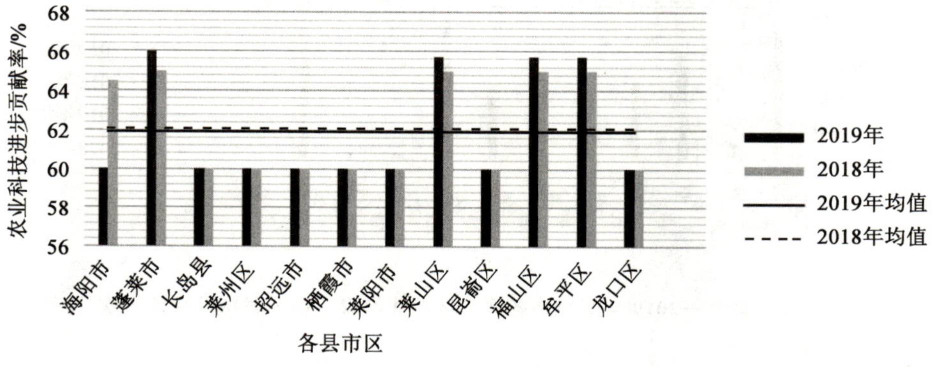

图 2-4　2018—2019 年烟台市各县市区的农业科技进步贡献率

与此同时，科技创新也推动着烟台地区的农业劳动生产率不断提高。2018 年烟台各县市区的农业劳动生产率平均水平达到 4.61%，2019 年上升至 4.77%。各县区具体情况如图 2-5 所示。烟台各县市区中，2019 年农业劳动生产率不超过 4%的占 66.67%，4%以上的占 33.33%。蓬莱市农业劳动生产率最为突出，同比上一年增长 11.11 个百分点。

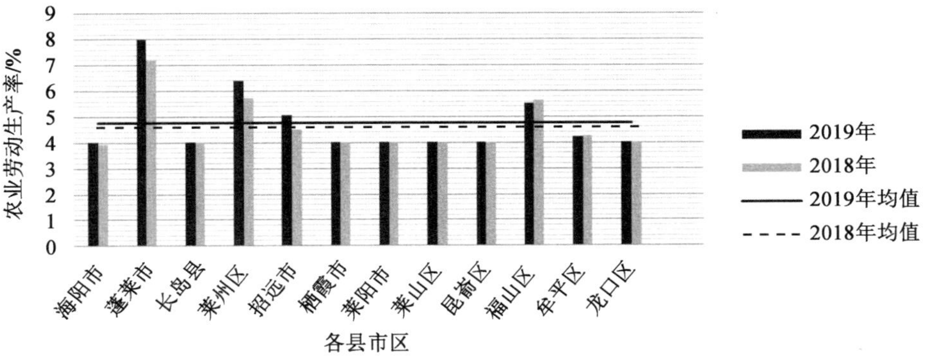

图 2-5　2018—2019 年烟台市各县市区的农业劳动生产率

5. 区域品牌建设，打造品牌烟台

烟台市以质量提高、品牌提升为重点，加强高效农产品质量品牌建设，着力培育烟台品牌，全市品牌建设取得突出成效：烟台先后获评“2019 中国品牌城市”“质量魅力城市”荣誉称号；“烟台苹果”品牌价值达到 141.48 亿元，连续 11 年稳居中国果品区域公用品牌价值榜首，获得“2019 中国农业品牌建设学府奖十佳品牌案例奖”“2019 中国地理标志农产品品牌声誉十强”“2019 年度中国果业最受欢迎的苹果区域公用品牌十强”，并入选全国特色农产品优势区名单；“烟台大樱桃”获得“2019 年度中国果业最受欢迎的名优果品区域公用品牌十强”“烟台苹果”和“烟台大樱桃”入选农业农村部“2019 中国农业品牌目录”，入选数量占全省的 12%。在品牌交流方面，举办、参加国内外展会 15 个，荣获“青岛亚博会”和“全国农交会”最佳组织奖等。①

另外，“山东名片”品牌影响力 TOP 榜中，张裕等 5 家企业入选企业品牌，烟台苹果、招远龙口粉丝入选区域品牌，蓬莱市入选城市品牌。在 2019 中国品牌

① 烟台市农业农村局 2019 年《政府工作报告》政府工作报告事项。

价值信息发布榜中，烟台有 17 家企业上榜，烟台葡萄酒、烟台苹果均连续第 4 次进入中国区域品牌价值评价前十，全国唯一。在 2019 年山东民营企业品牌价值百强和制造业高端品牌培育企业榜单中，烟台分别有 12 家、17 家企业上榜。由世界品牌实验室发布的中国 500 家最具价值品牌，烟台市有 5 家企业上榜，位居山东省第三。

烟台全市培育了一批有全国影响力的农业区域公用品牌、农业企业品牌和特色农产品品牌，做强了一批区域性优势特色产业，质量兴农、品牌强农、绿色富农的行动实施取得重大成果，为实现乡村振兴奠定了坚实的产业基础。

2.2.2　生态宜居维度评价

为改善农村人居环境、提升生态宜居水平，烟台市开展以农村垃圾处理、村庄绿化、畜禽粪污综合利用和农村卫生厕所普及等为重点的环境整治行动，取得了显著成效，加快推进了全市农业绿色发展和美丽乡村建设进程，夯实了乡村振兴的生态环境基础，有力地促进了城乡融合发展。

1. 农村生活垃圾处理加快推进

要实现生态振兴，让农村成为安居乐业的美丽家园，垃圾处理是改善农村生态环境和人居环境的必要举措。相比城市而言，受基础设施、自然环境、思想观念等因素制约，农村垃圾治理任务更重、难度更大。烟台市委市政府和市内各县市区负责人加强引导，全力推进农村垃圾处理工作。

各地因地制宜，积极探索，制定符合本地实际的农村生活垃圾处理方法，建立多种生活垃圾收运处置体系，探索出一批可复制的垃圾分类处理模式和途径，极大地改善了生态农村建设。

2019 年以来，莱州市围绕农村人居环境综合整治，狠抓环卫一体化运行质量，完善垃圾收运处置，强化村庄环卫管理，取得显著成效。莱州市组织各镇街、村庄及托管企业全面开展集中整治活动，对村庄开展“地毯式”排查，对村庄大街小巷、村庄四周、进出村路两侧及河塘沟渠等进行全面清理，全面清除生产、生活及建筑垃圾，保持环境干净整洁。截至目前，已清理各类垃圾 2 100 余吨。莱州市还统筹城乡生活垃圾收运处理设施布局，完善“户集、村收、镇运、市处理”的城乡环卫一体化体系，确保垃圾清运设施规范运转，垃圾中转站要及时对相关设备进行检查、维护和保养，垃圾压缩车严格按照“定时、定点、定路线”的标准运行，确保生活垃圾及时清运；加大“机清队”巡查力度，扎实开展农村环境卫生清查，确保发现一处垃圾清理一处，维护辖区沿线清洁。同时积极构建村庄保洁长效机制，加大对镇街及环卫托管公司的管理、督导和考核工作，做到规范运行、管理有序，特别是做好积存垃圾的收运、清理工作，确保垃圾日产日清；落实保洁员职责，发挥好片区管理员的督导、考核作用。莱州市治理农村生活垃圾的管理机制大大提升了管辖区域内人居环境质量，提升了该区域美丽乡村的内涵。

根据相关数据，烟台市内各县市区的行政村都对垃圾进行统一收集、运输和处理，从 2018 年就已经完成对各村的垃圾处理的全覆盖，完成度均为 100%，如图 2-6 所示。下一步将进行科学有效的生活垃圾分类，有步骤地形成政府推动、全民参与、公共机构率先垂范的生活垃圾分类回收管理体系和常态化机制，节约能源资源，保护生态环境，实现可持续发展。

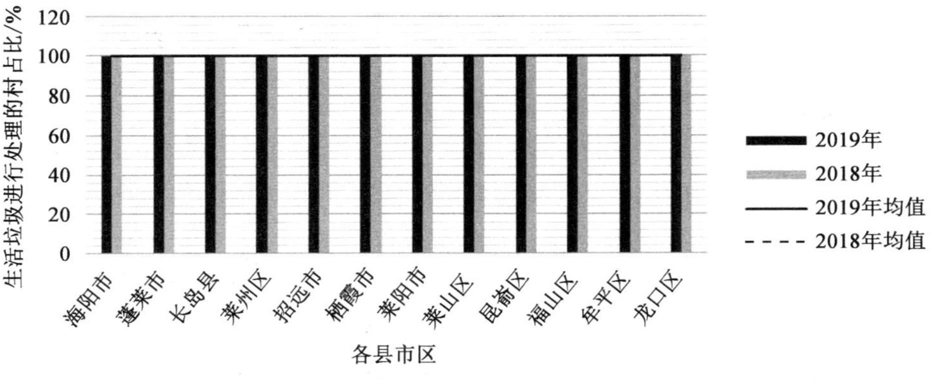

图 2-6　2018—2019 年烟台市各县市区对生活垃圾进行处理的村占比

畜禽粪污综合利用也是农村生活垃圾处理的重要部分。根据相关数据，2018 年烟台市各县市区畜禽粪污综合利用率平均为 91.96%，2019 年增加了 1.77 个百分点，达到 93.73%。各县市区情况如图 2-7 所示。烟台各县市区中，2019 年畜禽粪污综合利用率不高于 80%的占 8.33%，80%～90%的占 25%，90%～95%的占 16.67%，95%以上的占 50%。蓬莱区、莱山区、莱阳市、福山区、龙口区和昆嵛区畜禽粪污综合利用最为突出，100%完成目标。

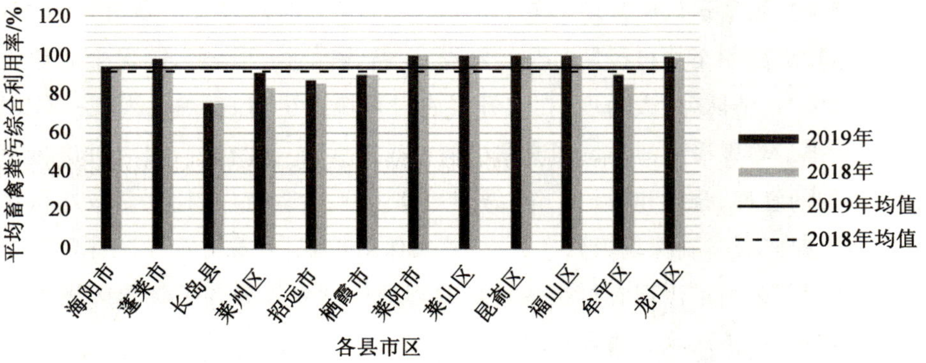

图 2-7　2018—2019 年烟台市各县市区平均畜禽粪污综合利用率

2. 乡村“厕所革命”方兴未艾

厕所是衡量文明的重要标志，改善厕所卫生状况直接关系到人民的健康和环境状况。烟台市高度重视农村改厕工作，将农村改厕作为美丽乡村和乡村振兴战略实施的重要工作。各县市区因地制宜，探索出一些好做法。栖霞市西城镇计划建设农村生活污水沼气化集中处理工程，项目产出的沼气用于发电，沼渣沼液可制作生物肥料。目前，项目已完成招标。昆嵛山成立了专门的清运队伍，负责粪便的日常抽取和设备维修工作，并着手建设储粪池一座，用于存放集中抽取的粪便。储粪池位置已经选定，正在进行设计。长岛县农厕粪污通过污水管网运至污水处理设施进行处理，财政支付设施运营费，企业进行市场化管理。莱阳市鼓励各乡镇（街道）通过建设有机肥厂等方式对粪渣粪液进行无害化处理，实行市场化运作，扩大粪污资源再利用规模。莱州市则采用“委托专业公司统筹运行”的后续管护模式，抽吸、运输、处理和维护等后续管护工作，全部托管给公司运行，按照“谁受益、谁付费”的原则收费。目前，试点已经基本结束，正在进行扩面工作。蓬莱市部分群体自行购买了吸粪车，专门从事农村抽粪工作。

自 2016 年启动农村无害化卫生厕所改造以来，至 2018 年全市共完成乡镇农村无害化卫生厕所改造 39.4 万户。据统计，2019 年前 9 个月，又改造了 2.9 万户，累计惠及农户 42.3 万户，全力让“厕所革命”政策惠及每村每户。“厕所革命”改变的不仅是农村人居环境，还推进了乡村旅游的发展。昆嵛山保护区军石村于 2017 年起借助农村改厕好政策率先对自家房屋进行改造，居住环境大大改善；借助昆嵛山“森林氧吧”和居住卫生条件的改善，农家乐的收益也得到了大幅度的提高。[①] 烟台市农村改厕的推进，使农村地区环境卫生状况明显好转，有力地补齐了这块影响农民生活品质的短板，推动了美丽乡村建设和乡村振兴战略的实施。

根据相关数据，2018 年烟台市各县市区农村卫生厕所普及率平均水平为 81.48%，2019 年增加了 11.79 个百分点，平均普及率为 93.27%，各县市区情况如图 2-8 所示。烟台县市区中，2019 年农村卫生厕所普及率低于 90%的占 25%，90%～95%的占 41.67%，95%以上的占 33.33%。莱山区农村卫生厕所普及工作比较突出，普及率同比上一年增长了 11.11 个百分点。

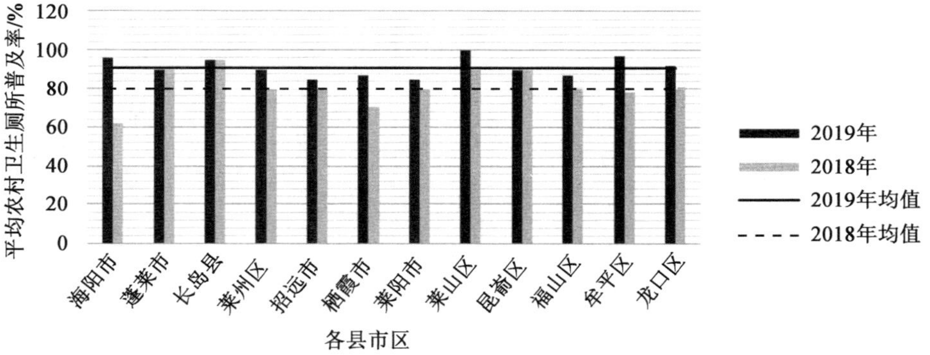

图 2-8 2018—2019 年烟台市各县市区农村卫生厕所普及率

下一步的改厕工作，烟台市将在扩大覆盖面和规范升级上下功夫。根据山东省农村改厕规范升级和后续管护长效机制工作现场会议，烟台市明确了改厕规范升级路径，即因地制宜推行“4＋N”方式。方式之一，对于城市近郊、集体经济强的村，厕所粪污通过铺设生活污水管网，纳入城镇管网进行处理。如牟平区蛤堆后村，之前污水管网与城区连在一起，于是在该村建立沉淀池，收集厕所污水，村集体出资并入主污水管网，粪污问题彻底解决。其他 3 类方式分别为：农业“新六产”发展较好、发展旅游的村，将厕所粪污并入污水处理设施，进行集中处理；有一定集体

① 烟台改革再出发·民生改革篇⑤ 农村改厕：“小角落”里的“大民生”。

收入、对粪肥需求不大的村，通过建设单户或多户的分布式、分散式污水处理设施进行处理；采取三格、双瓮、粪尿分集式改厕模式的村，实施厕所改造提升和粪污资源化利用。除了上述 4 种方式，还鼓励“4＋N”管护方式多样化。

3. 农村基础设施逐步完善

完善高质的农村基础设施是美丽乡村建设的重要内容，也是乡村振兴的重要物质支撑。烟台各县市区政府不断加大以水利、道路、能源、信息化等为重点的民生工程投入，农村基础设施全面改善与提质。

(1)农村交通设施加快提质。烟台制定了《烟台市农村公路“三年集中攻坚”专项行动实施方案》，推进“四好农村路”建设，集中组织开展农村公路“三年集中攻坚”专项行动，实施路网提档升级、自然村庄通达、路面状况改善、运输服务提升“四大工程”，截至 2019 年 12 月，已完成 1 580 千米农村公路改造工程，建设客运站点 1 000 个。另一方面，烟台压缩公路货物运输量，推进“公转铁”“公转水”，加大多式联运货物运输量，进一步提升重点港口水路及铁路集疏港运量。截至 2019 年 6 月，烟台市铁路货物运输量为 1 036.06 万吨，同比增长 1.7%。2018 年渤海湾陆海联运甩挂运输完成 3.25 万辆次，同比增长 40.16%。加快推进城乡交通运输一体化建设，不断优化城乡客运货运线网布局，以交通促扶贫，以交通促发展，把农村公路、铁路建好管好护好运营好，让便捷的交通为乡村振兴提供强有力的交通保障。

(2)全力保障农村饮水安全。烟台市印发《农村饮水安全两年攻坚行动工作方案》，明确年内 277 个省级贫困村和 200 个市级扶贫重点村及建档立卡贫困户饮水不安全问题实现全部销号，彻底解决了 524 个无公共供水设施村通水、141 个管网老化、155 个村水质水量不达标等问题，全面提速农村饮水安全两年攻坚，即两年任务一年完成。目前，攻坚行动已完成，列入攻坚任务的 4 956 户贫困户饮水条件得到全面改善和提升。烟台市按照“同源、同质”的标准，实施全市城乡供水一体化建设，让农村群众吃上与城市一样的安全水、放心水。到 2020 年，烟台全市目标规模化供水覆盖率达到 50%，2021 年基本实现全覆盖，全面提升城乡供水保障能力，为打赢脱贫攻坚战提供水利支撑和保障。

(3)农村信息化基础设施进一步完善。海阳市上马山村是烟台市扶贫工作重点村之一，前期通过国家电信普遍服务基塔上更换新的信号设备，增强了中基站信号，村庄通上了4G网络。但在村庄周边、苗圃大棚信号较弱，基层群众现场观看、现场操作的困难逐渐展现。为了支持上马山新农村建设，烟台市协调移动公司解决扩大、增强信号覆盖面的问题。通过积极配合，多次实地勘察、选址定位，移动公司破例为一个小村建设微基站，确保基层群众能在田间地头4G畅通，提高了群众的信息化应用水平，培植出农村"互联网＋农业"新业态，助力基层群众收入不断提高。

4. 绿化建设硕果累累

生态振兴是基础，要扎实推进农村人居环境整治，坚持保护性开发，让村庄有一个清洁干净的环境，就必须推进绿化建设。近年来，烟台市先后实施三年大造林、三年水系绿化、三年森林城市建设和全域绿化三年行动等重大工程，累计完成造林200余万亩，造林成活率连续多年达到90%以上。截至2020年3月，全市林地面积820万亩，森林覆盖率达到36.35%，均位居山东省首位。林业生态服务价值达到578亿元，烟台市荣获全国绿化模范城市、国家森林城市称号。

推进乡村绿化美化是贯彻落实生态振兴战略和农村人居环境整治系列重要指示精神的具体行动，是乡村生态振兴的先手棋，是乡村振兴战略的重要内容。村庄绿化覆盖率是衡量林草治理的重点考核指标，根据相关数据，2018年烟台市各县市区村庄绿化覆盖率平均为30.63%，2019年增加了0.41个百分点，达到31.04%。各县市区情况如图2-9所示。烟台各县市区中，2019年村庄绿化覆盖率

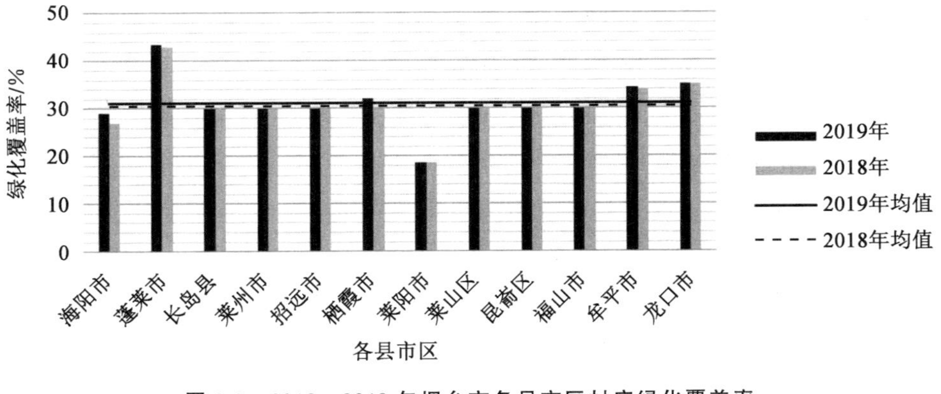

图2-9 2018—2019年烟台市各县市区村庄绿化覆盖率

低于25%的占8.33%，25%～30%的占58.34%，30%以上的占33.33%。蓬莱市村庄绿化覆盖率普及工作比较突出，同比上一年增长了1.16个百分点。

2.2.3 乡风文明维度评价

乡村振兴，乡风文明是保障。推动乡村振兴，必须坚持物质文明和精神文明一起抓，大力开展乡村文化建设，培育乡村文明新风，为实现乡村振兴提供文化支撑。近年来，烟台市着力推进乡村文明建设，强化乡村思想政治引领、弘扬优秀传统文化、丰富乡村文化生活。

1. 加强农村思想道德建设

强化乡村思想政治引领，以社会主义核心价值观为引领，突出思想道德内涵，组织实施“思想强农”工程，把工作着力点放在培养时代新农民上，把成风化俗作为贯穿始终的重要任务，培育淳厚乡风、敦化民风、培育新风，不断提升农民文明素质。

2. 培育和践行社会主义核心价值观

蓬莱市持续开展爱国主义和形势政策宣传教育，选派各级党校骨干教师、优秀理论工作者和新乡贤等先进人物组成宣讲团赴基层镇村进行宣讲。

长岛县现已建成新时代文明实践中心2处，8个乡镇各建成一处新时代文明实践分中心，40个渔村实现新时代文明实践站全覆盖。2019年蓬莱市加强文化基础设施建设，重点建设60个标杆农家书屋，提升60个村级综合性文化服务中心，同时在全市镇街推进建设文化馆、图书馆分馆一期工程。

村综合性文化服务中心，是为满足群众游园、阅读等各项文娱活动需求所建立的服务中心。村民可以充分利用服务中心享受丰富多彩的文化生活。村综合性文化服务中心为村民休闲娱乐提供了好去处，满足了群众日常文化活动的需求。烟台市各县区市的村综合性文化服务中心覆盖率情况如图2-10所示。在被调查的烟台市区县中，2019年村综合性文化服务中心覆盖率明显高于2018年，已经达到99.58%，远高于国家制定的2020年95%的目标值，多个区县都已达到100%。这说明烟台市在培育和践行社会主义核心价值观方面积极实践，为农村文化振兴赋能助力。

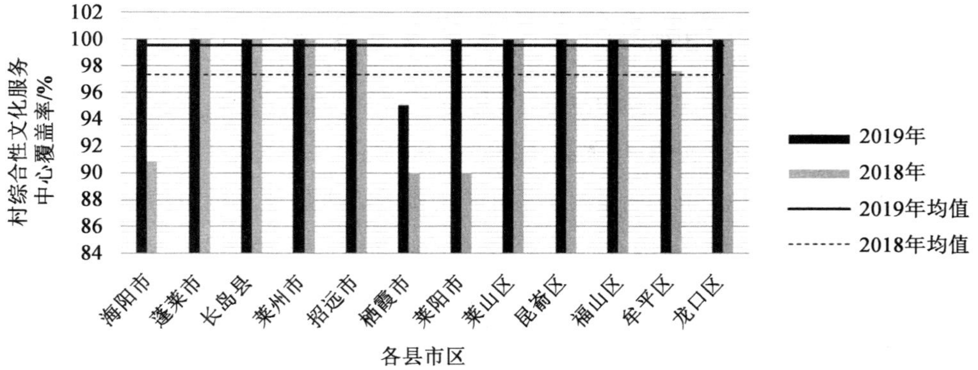

图 2-10 2018—2019 年烟台市各县市区的村综合性文化服务中心覆盖率

3. 推进农村公民道德建设

烟台市深入开展“四德”工程建设，培育孝悌和睦家风，深化农村诚信建设。招远市推进善行义举“四德”榜建设，实现 724 个村居“四德”榜建榜全覆盖，80%的村居建成优榜。深入挖掘农村先进典型，12 名农村典型入选金都好人，评选“五美家庭”1 000 户、“金都最美家庭”30 户，评选村级“好媳妇好婆婆”9 000 余名，评选镇级“好媳妇好婆婆”1 800 余名；开展“新农村新生活”培训，全市 14 个镇街举办培训 84 场、培训人数 4 000 余人次，有力推动了基层文明素质提升。

蓬莱市 2019 年开展“好媳妇好婆婆”“星级文明户”“身边好人”“文明家庭”等各类评选 300 余场次，评选先进典型 200 余人次。

4. 提升农民文明素质

实施移风易俗提升工程。龙口市健全完善红白理事会，提出婚事新办“六提倡、六反对”，丧事简办“八提倡、八反对”。市财政拿出 600 万元作为补助基金，推动丧事简办工作落实，取得良好效果，丧事简办比例逐月提升。

招远市大力推进移风易俗，利用宣传栏、标语横幅、墙体绘画、电子显示屏等形式进行宣传，发放移风易俗宣传明白纸 5 万多张，大力推行婚事新办、丧事简办，推行免费颁证和婚礼式颁证服务，进一步提高红白理事会规范运作及服务群众能力，从源头上遏制陈规陋习，抵制封建迷信活动。

实施新农村新生活培训提升工程。烟台市开展家居生活培训、开展伦理道德培训和亲子教育培训、实施农民科学素质提升行动，实施农村青少年科学素质提升行动。

扎实推进农村精神文明创建。2019 年蓬莱市“村规民约”和“四会”覆盖率达 100％，县级及县级以上文明村、文明乡镇占比达到 80％。

文明镇是以提高城镇文明程度、居民素质和生活质量为目标，经济发展、风尚良好、环境优美、秩序优良、服务优质、管理优化，两个文明建设有机结合、协调发展的先进城镇，是经自我考评、申报，各级精神文明建设委员会考核评选，由县级以上党委、政府批准命名的综合性荣誉称号。

文明村是以提高农民素质和文明程度，创造良好的农村社会与生活环境，提高农民的富裕程度和生活质量，加快实现农业农村现代化步伐为目标，以广泛开展群众性精神文明创建活动为基本特征，物质文明、政治文明、精神文明有机结合协调发展的先进村，是由同级党委、政府命名的综合性最高荣誉。

烟台市各县区市中县级及以上文明村和文明乡镇占比情况如图 2-11 所示。2019 年烟台市各区县中县级及以上文明村和文明乡镇占比明显高于 2018 年，由 2018 年的均值 63.86％变为 2019 年的 85.09％，远高于国家制定的 2020 年的目标（50％）。这说明 2019 年烟台市文明村镇建设工作了有了显著效果。烟台市正扎实推进农村精神文明创建，按乡村振兴规划要求，深化文明村镇创建。

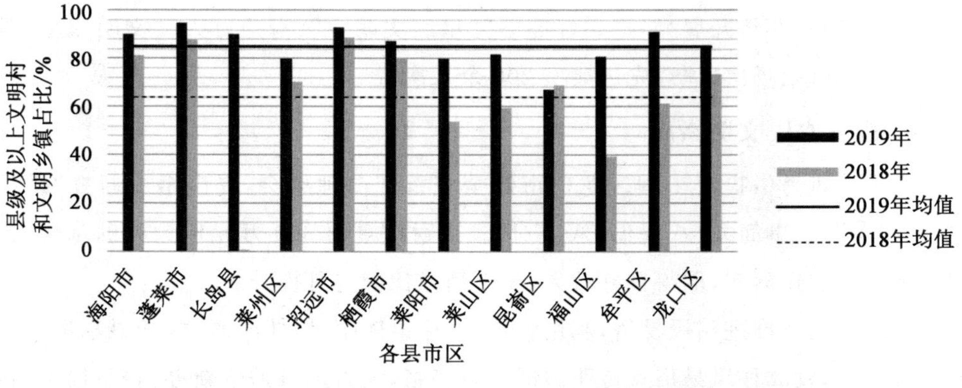

图 2-11　2018—2019 年烟台市各县市区中县级及以上文明村和乡镇占比

图 2-12 是 2018—2019 年烟台市各县区市农村义务教育学校专任教师本科以

上学历比例。如图 2-12 所示，2019 年烟台市各区县中农村义务教育学校专任教师本科以上学历占比明显高于 2018 年，由 2018 年的均值 74%变为 2019 年的 82.3%，远高于国家制定的 2020 年目标值(65%)。这说明 2019 年烟台市农村教育工作有明显进展，教师队伍学历稳步提升。

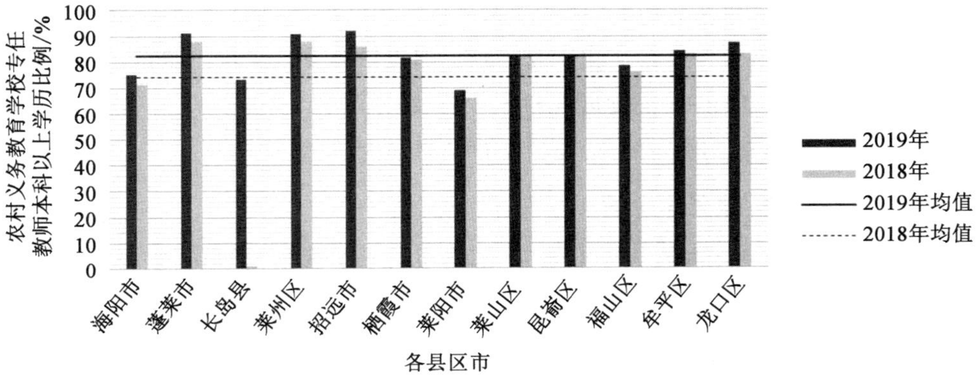

图 2-12 2018—2019 年烟台市各县市区中农村义务教育学校专任教师本科以上学历比例

5. 传承创新优秀传统文化

栖霞市为加强农村公共文化建设，2019 年投入近 400 万元对 305 个村级综合性文化服务中心进行改造提升，全市村(社区)综合性文化服务中心建设率达 90%。

长岛县 2019 年着力保护传统文化，拥有国家级非物质文化遗产保护名录 1 项，省级 4 项，市级 6 项。长岛砣矶砚入选烟台市首批十大县域特色文化产品。实施北庄遗址保护与展陈、猴矶岛灯塔、庙岛显应宫及沙门寨城墙遗址等一批重点文物保护工程。

截至 2019 年上半年，莱山区基层综合性文化服务中心达标率 100%。

6. 发展乡村特色文化产业

栖霞市先后投资 6 000 万元拍摄 30 集电视连续剧《苹果熟了》，于 2018 年年底杀青，目前已完成后期剪辑制作，正在配合投资方开展样片送审工作，预计 2019 年在央视播出；电影《苹果村的喜事儿》已完成拍摄，计划在 2019 年 10 月 1 日前公映，为新中国成立 70 周年献礼；电影《决不言弃》取得放映许可证，正在申请龙标；

以衣家村为原型，吕剧团编排的吕剧新剧目《衣家人》，已正式上演。

磨石嘴村依托其光荣历史建成了渔村红色文化陈列馆。长岛县将“长岛渔号”“大秧歌”“踩高跷”“舞龙舞狮”等海岛特色文化表演搬进文明实践中心、实践站。

长岛县加快推进乡村文化产业发展。推动乡村文化与科技、互联网、旅游融合，通过创新提升乡村文化内涵，探索开发乡村文化新产品，培育乡村文化新业态，打造乡村文化品牌，催生乡村文化产业链条。加快培育乡村文化消费市场，通过举办文化惠民消费季活动，加快发展乡村大众性文化消费。开展送电影、送图书、送展览等文化下乡活动，引导农村群众的文化消费观念。

7. 丰富乡村精神文化生活

海阳市辛安镇向阳村投入 100 余万元，升级打造村级活动场所，新建 2 000 平方米的文化广场，配备了娱乐健身器材，打造了党建文化墙 400 平方米，刊板 31 块，整合各类资源，采取“讲、评、帮、乐、庆”等村民喜闻乐见的形式，打通了宣传群众、教育群众、服务群众的“最后一公里”

2019 年栖霞市先后举办了群众文化节、社区文化节等群众性大型活动 190 多场。开展关爱空巢老人、帮助困难学生、关爱残疾人等志愿服务活动 50 余次。

长岛县建成农家书屋 40 个，覆盖面达到 100%，2 个渔家书屋被评为省级示范农家书屋。开展送戏下乡活动，让渔村群众和驻岛官兵在家门、军营里就能欣赏到专业院团的文艺演出。开展“一村一年一场戏”“一村一月一场电影”的文化惠民活动，满足渔村群众的文化需求。

2019 年上半年，莱山区深入村居开展一期基层文艺骨干培训班，培训学员 500 人以上，村居文化队伍自主开展文化活动 600 场次以上。

招远市组织开展文化下乡活动，文化馆、吕剧团、电影公司送戏下乡 200 余场、送电影下乡 8 000 余场，开设书法、国画、声乐、摄影、戏曲等多个班次免费艺术培训，培训学员 700 余人。

图 2-13 是 2018—2019 年烟台市各县区市中农村居民教育文化娱乐支出占比情况。如图 2-13 所示，2019 年烟台市各区县中农村居民教育文化娱乐支出均值为 8.83%，与 2018 年的均值 8% 相比几乎持平，略低于国家目标值。

烟台市应继续推进文化娱乐建设，均衡配置公共文化资源，提高公共文化服务能力，推动城镇公共文化服务向农村延伸，使更多资源向农村和农民倾斜。要继续实施文化惠民、服务群众办实事工程，强化文化惠民项目与农民群众文化需求的对接。

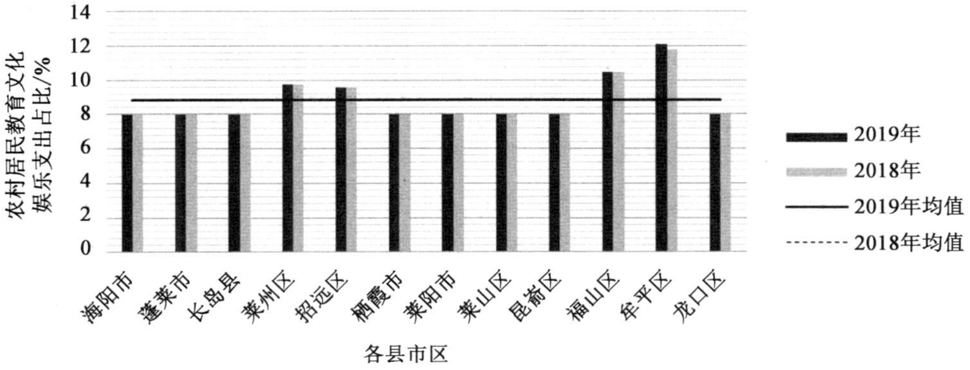

图 2-13　2018—2019 年烟台市各县市区中农村居民教育文化娱乐支出占比

2.2.4　治理有效维度评价

乡村振兴，治理有效是基础。解决乡村治理新课题，必须依靠自治、德治、法治三大机制实现乡村善治。实现乡村“治理有效”，是国家有效治理的基石，也是我国社会建设的基石。近年来，烟台市坚持农业农村优先发展，实施乡村振兴战略，加强农村基层基础工作，健全自治、法治、德治相结合的乡村治理体系。

1. 加强农村基层党组织建设

“治理有效”要以强化基层党组织建设为抓手。“一个村子建设的好，关键要有一个好党支部。”加强农村基层党组织建设是实现治理有效、乡村振兴的必然选择。

烟台依托蓬莱市委党校建设了烟台市乡村振兴学院，已先后对 100 多批次 3 000 多名市区镇村干部进行了专题培训，接待省外各地 1 500 多名学员来校学习。打造现场教学基地，依托乡村振兴示范村，让参训学员在项目现场接受教育、学习本领。

莱阳市根据村级班子综合研判和年度考核结果，将 784 个村从好到差划分出 4 类村庄，将培训线路划分为省外“精英线”、省内“精品线”、市内“优质线”等 8 条线路，分期分类组织学习培训。持续抓好农村党支部书记培训的跟踪问效，确保把思想上的热度转化为落地见效的速度。

招远市进一步挖掘发扬“老支书”精神，健全落实农村党员定期培训制度，把村党组织书记培训纳入年度培训计划，每年举办农村党组织书记培训班。海阳市实施“一对一”帮带制度，跟踪培养、动态调整，组织党支部书记参加浙江大学、深圳大学培训班，提高农村“带头人”的素质能力。蓬莱市推进村干部队伍整体优化提升，采取村居党组织书记全员进党校提能力、重点村党组织外出参观拓视野等方式，全面提升村居党组织带头人队伍整体素质。

加强农村基层党组织对乡村振兴的全面领导，不断夯实基层党组织在乡村治理中的领导核心作用，确保乡村振兴战略稳步推进。党支部要担负好直接教育党员、管理党员、监督党员和组织群众、宣传群众、凝聚群众、服务群众的职责，引导广大党员发挥先锋模范作用，推进乡村治理与公共服务能力建设。烟台各县市区2018—2019年的村党委书记兼任村委会主任的村占比情况如图2-14所示。2019年烟台市各县市区中村党委书记兼任村委会主任的村占比与2018年基本保持一致，由2018年的均值50.58%变为2019年的52.1%，远高于国家制定的2020年目标（35%）。这说明2019年烟台市不断加强基层党组织建设，把打造过硬党组织书记队伍作为提升村党组织组织力的重中之重。

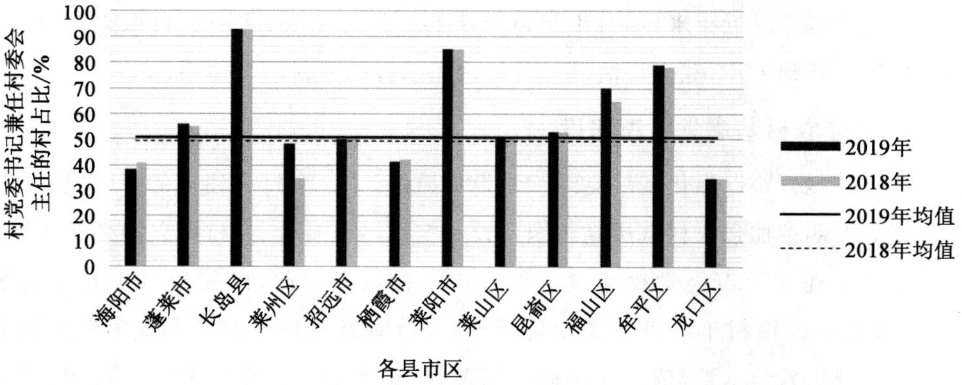

图2-14　2018—2019年烟台市各县市区村党委书记兼任村委会主任的村占比

2. 健全“三治”结合乡村治理体系

自治、法治、德治相结合的乡村治理体系，为更好地解决乡村治理出现的问题指明了方向，为实现乡村治理体系现代化，满足乡村人民美好生活，加强基层民主法治建设，坚持乡村自治制度提供了有效路径。

海阳市建立完善村民自治制度体系。建立完善村务监督委员会，以及人民调解、治安保卫、公共卫生等委员会和配套组织，加强对村务决策、执行、公开情况的监督，保障村民管理村事的合法权益。

蓬莱市加强规范村民自治组织制度化建设，2019 年印发了《关于认真做好村规民约和居民公约制定修订工作的指导意见》《关于修订调整〈蓬莱市村务公开目录〉的通知》和《关于加强和完善城乡社区治理的实施意见》等一系列政策文件，推动制度化、规范化、程序化建设，打牢基层基础，健全乡村治理体系。

如图 2-15 所示，烟台市 2019 年有村规民约的村占比均值达到 100%，实现了全覆盖。在这个善治的体制中，制定和实施村规民约便是“公众参与”的一种有效形式。

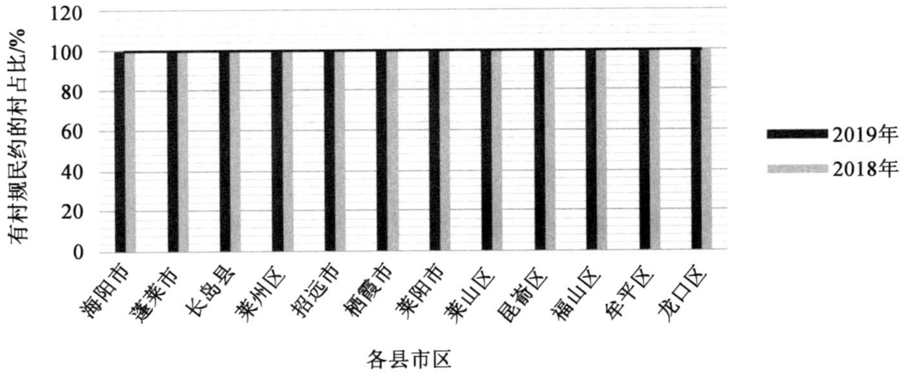

图 2-15　2018—2019 年烟台市各县市区有村规民约的村占比

农业综合服务站是我国为振兴农村经济和促进农业发展所设立的农业服务事业单位。其承办所在乡镇的农业、林业、水利、农业机械、畜牧兽医等基层农业技术推广、动植物疫病防控防治、农产品质量检测等服务性工作，烟台市 2018—2019 年各县市区的建有农业综合服务站的乡镇占比情况如图 2-16 所示。烟台市 2019 年建有农业综合服务站的乡镇占比均值达到 82.91%，蓬莱、福山、招远、栖霞、莱阳、莱山、龙口建有综合服务站的村占比达到 100%，高于 80%的区县有 1 个，其余县市区数值均高于国家(50%)标准值。均值由 2018 年的 82.08%变为 2019 年的 82.91%,远高于国家制定的 2020 年目标(50%)。

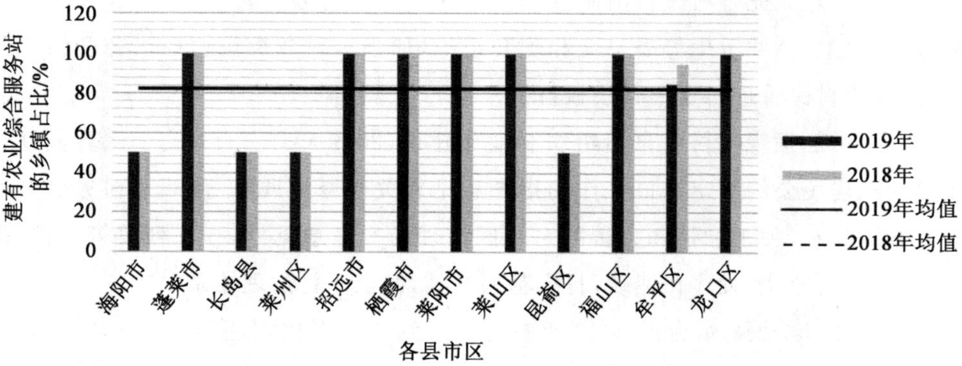

图 2-16　2018—2019 年烟台市各县市区建有农业综合服务站的乡镇占比

3. 加强农村"三农"人才队伍建设

人才的缺乏是实现治理有效、乡村振兴的短板。必须重视人才队伍的建设。要培养一支符合新时代要求的、懂农业、爱农村、爱农民的"三农"工作队伍。一是要树立重视人才观念,推动人才管理部门简政放权,充分发挥人才在乡村振兴中第一驱动力的作用。二是要构建农业农村人才培养管理体制,建立人才培育引进机制,探索和创新符合乡村振兴需要的人才培养模式。三是完善农业农村人才评价机制。探索建立适合"三农"人才的考核评价制度,对人才进行公正客观的评价。同时完善人才激励制度,完善晋升、奖惩、工资待遇等配套制度,加大对人才在社会保障方面的政策支持,解决"三农"工作队伍的后顾之忧。

4. 提升乡村规划建设水平

提升乡村规划建设水平在实施乡村振兴战略、推动乡村高质量发展和促进城乡融合发展等方面具有重要意义,烟台各县市区的 2018—2019 年村庄规划管理覆盖率情况如图 2-17 所示。

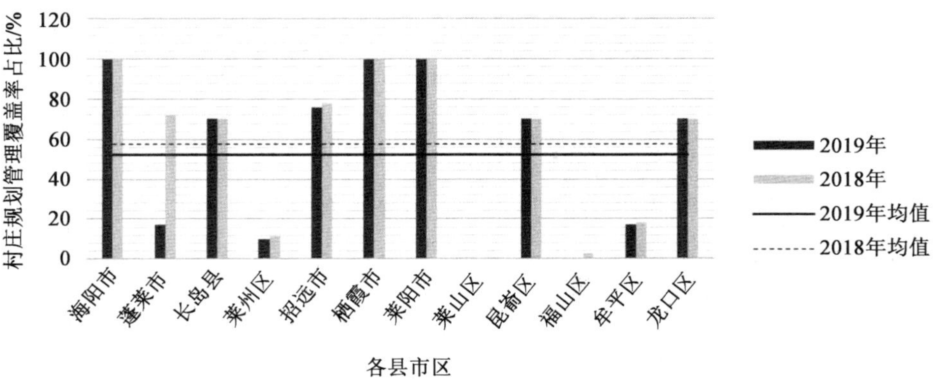

图 2-17 2018—2019 年烟台市各县市区的村庄规划管理覆盖率占比

5. 加强村级集体经济建设

在乡村振兴的时代课题面前，烟台市肩负着 6 439 个村庄的强村富民重任。

长岛县积极推进村级集体经济发展三年行动计划，在全区开展"党支部＋合作社"百村示范行动。2018 年，出台推进村级集体经济发展三年行动计划实施方案。依托农村党建示范区，统筹区域村集体经济发展，对具备产业基础和资源禀赋的村，探索多种形式的"党组织领办合作社"方式，因地制宜发展"一村一品"集体经济。

招远市大户陈家村是远近闻名的经济强村，自成立农村党建示范区后，陈家村党委安排本村两名委员，分别到示范区内的西华山村、南冯家村担任第一书记，驻村帮助解决班子不团结、派系斗争严重、基础设施落后等问题。两名第一书记任职后带领村"两委"落实了自来水管网建设、纯净水设备安装、进山道路整修等 8 项民生工程。

蓬莱市发展壮大村集体经济实力。实施发展壮大村级集体经济三年行动计划，探索发展合作经济、盘活资产资源、有效开发资源、农业产业化、劳务输出、发展电商经济等多种途径，做大做强村级集体经济。发挥村党组织对发展经济的引领作用，开展"党支部＋合作社"活动，发展村级集体经济示范行动，在全市筛选 20 个左右村探索推行"党支部＋合作社"发展村级集体经济模式，鼓励和引导农民加入合作社，把各类资源集中起来，把农民组织起来，提升村级集体经济实力。

发展和壮大村级集体经济是当前脱贫攻坚工作的一项重要任务。发展村级集体经济，壮大村级集体经济实力，是加强服务群众的物质基础，增强村级组织的服务功能，推动农村先进生产力发展，繁荣农村先进文化，实现农民的根本利益，增强基层党组织的凝聚力和战斗力的重要保证，烟台市各县市区2018—2019年的集体经济强村占比情况如图2-18所示。烟台市2019年各县市区的集体经济强村占比均值达到11.64%，海阳、莱州、招远、莱山、福山、牟平地区数值高于国家目标值，均值由2018年的12.2%变为2019年的11.64%，高于国家制定的2020年目标(8%)。这说明2019年烟台市持续推动集体经济发展，积极探索发展村级集体经济的有效途径。

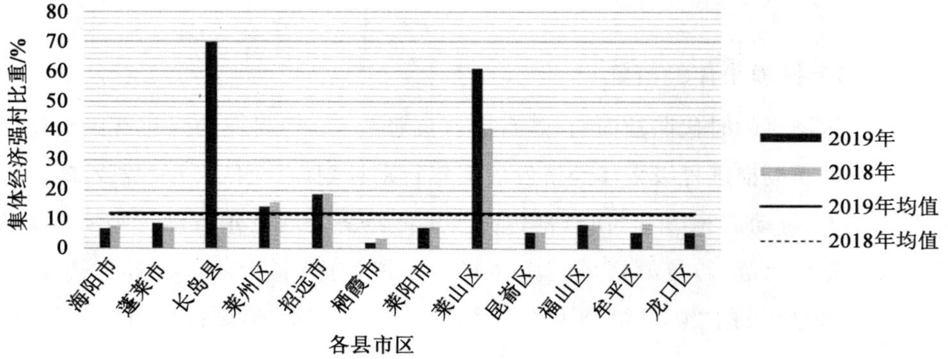

图2-18　2018—2019年烟台市各县市区的集体经济强村比重

2.2.5　生活富裕维度评价

1. 持续推进脱贫攻坚

烟台市在脱贫攻坚工作中坚持“两不愁、三保障”现行标准，既不降低标准，也不吊高胃口，确保脱贫质量。

2. 推进消除贫困乡村

莱山区目前114个村居有90个村有了集体产业项目或稳定增收途径，48个村集体项目或增收途径实现了从无到有，其中，年集体收入过30万元的村达到61个(集体收入过千万元的村有7个，百万元到千万元的有22个，30万元到百万元的有

32 个)。莱山区全区 114 个村居已有 79 个村拥有了至少一个集体产业项目或稳定增收途径,完全消除了集体收入 5 万元以下的村居。

栖霞市现代产业园累计投入资金 19.1 亿元,建立了 141 个村党支部领办的合作社,流转土地 3.5 万亩,修复土壤 4 万亩,采用水肥一体化 1 万多亩,推广优质新品种 50 多个,栽培优质苗木 388 多万株,新建或提升苹果标准化种植示范园 6.5 万亩,带动 8 000 多户农民增收致富,从根本上解决了 4 000 多建档立卡贫困人口的脱贫问题。

恩格尔系数是食品支出总额占个人消费支出总额的比重。19 世纪德国统计学家恩格尔根据统计资料,对消费结构的变化分析后得出一个规律:一个家庭收入越少,家庭收入中用来购买食物的支出所占的比例就越大,随着家庭收入的增加,家庭收入中用来购买食物的支出比例则会下降。恩格尔系数在 30%～40%之间可定义为富裕。烟台市各县市区 2018—2019 年的农村居民恩格尔系数情况如图 2-19 所示。2019 年烟台市各区县中农村居民恩格尔系数均值为 31.33,与 2018 年的均值 30.83 相比几乎持平,均高于国家目标值(30.2)。这说明烟台市农村居民生活水平处于富裕,但仍与国家目标存在差距。

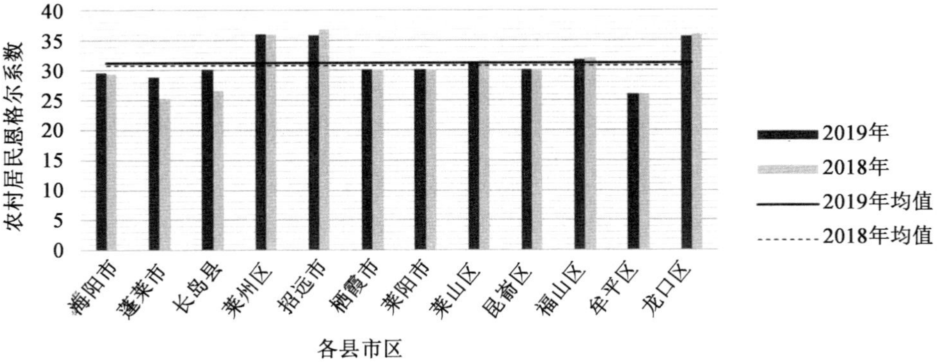

图 2-19　2018—2019 年烟台市各县市区中农村居民恩格尔系数

图 2-20 是 2018—2019 年烟台市各县市区中城乡居民收入比情况。如图 2-20 所示,2019 年烟台市各区县的城乡居民收入比均值为 2.06,低于 2018 年的均值 2.12,均低于国家目标值(2.69)。这说明烟台市城乡居民收入比正持续收窄。

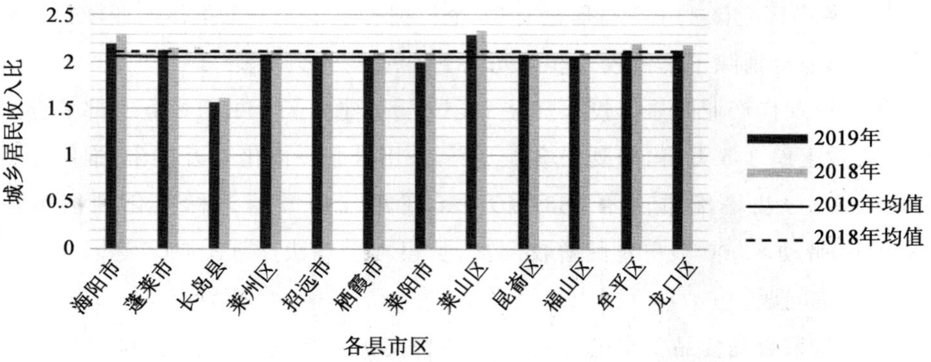

图 2-20　2018—2019 年烟台市各县市区中城乡居民收入比

3. 巩固脱贫政策支持

烟台市充分发挥货币信贷政策工具的导向作用，进一步完善农业银行“三农事业部”差别化存款准备金考核机制，加强对县域法人机构新增存款一定比例用于当地贷款的考核，引导相关机构达到相关考核条件，认真落实县域金融机构准备金率优惠政策，增强支农实力。建立健全实施乡村振兴战略财政投入保障制度，公共财政更大力度向“三农”倾斜，确保财政投入与乡村振兴目标任务相适应。财政资金优先用于农业农村基础建设，加大对城乡基本公共服务均等化水平的支持。

自 2017 年开始，莱山区连续 3 年出台了《关于发展农村产业推进美丽乡村建设的实施意见》《关于发展农村产业推进乡村振兴的实施意见》《关于打造产业振兴典范推进乡村振兴的实施意见》，每年安排 2 000 万元的财政专项预算资金，培育发展农村集体致富项目。

4. 基础短板加快补齐

福山区依托大樱桃产业扶贫基地，通过无偿提供苗木的形式，扶持贫困户种植大樱桃新品种，改造老残园，发展新果园。上半年，为回里镇 14 个村的 36 户贫困户免费发放果树苗木 1 495 棵。

长岛县 2019 年投入 3.3 亿元更新升级了 12 艘船舶全部投入运营；大修城区外围岛屿县乡公路 20 千米，完善国道交通安防设施和渔村公路安全生命防护工程 35.8 千米。投资 1 亿元新建 10 处城乡海水淡化站、北部岛屿船运淡水项目，改造完成城乡供水管网 25 千米。投资 1.2 亿元推进了大小钦岛备用海缆敷设等供电项目建设，实现了全域“双回路”供电。

莱山区加速推进“四好农村路”建设工程，累计投资 9 800 万元，改造农村公路 100 余千米。

海阳市辛安镇向阳村集体投资 200 余万元完成村内道路 7 200 平方米的沥青罩面工程，完成硬化道路 2 万平方米，浆砌排水沟 5 600 米，新建村内桥梁 1 座。投资 20 余万元安装路灯 30 盏。投资 44 万元栽植红叶石楠等绿化苗木 3.6 万株，修砌花墙 5 100 米，实现村庄空隙地绿化全覆盖。

图 2-21 是 2018—2019 年烟台市各县市区中农村自来水普及率情况。如图所示，2019 年烟台市各区县的农村自来水普及率均值达到了 96.89%，高于 2018 年 96.79%的均值，也均高于国家目标值(83%)。烟台市正着力推进农村自来水建设，提高农村集中供水率、自来水普及率、供水保证率和水质达标率。推进城乡供水一体化，推动城乡供水同源同质同服务，农村基础设施短板正逐渐补齐。

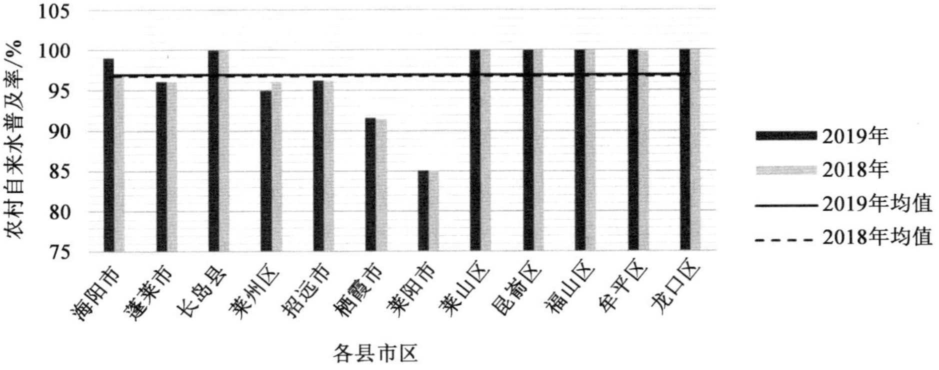

图 2-21　2018—2019 年烟台市各县市区中农村自来水普及率

图 2-22 是 2018—2019 年烟台市各县市区中具备条件的建制村通硬化路比例情况。如图所示，2018、2019 年烟台市各区县中具备条件的建制村通硬化路比例均达到了 100%。烟台市正以农村人居环境整治提升为重点，优化环境、增添活力，配套完善村庄基础设施和公共环境，使村容整洁、道路通达、环境卫生、适宜居住，正加快建设宜居宜业的美丽乡村。

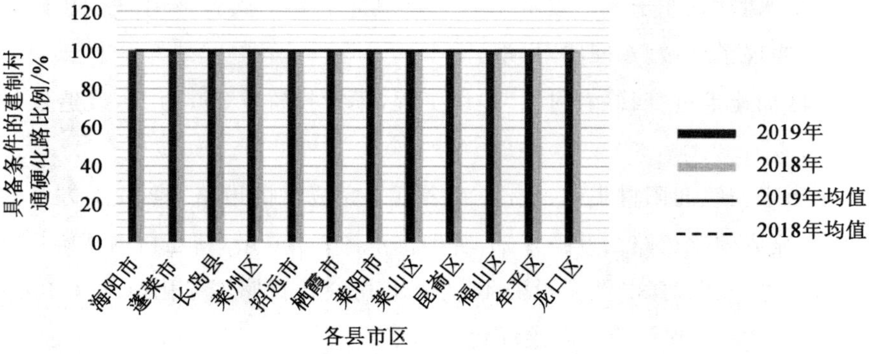

图 2-22　2018—2019 年烟台市各县市区中具备条件的建制村通硬化路比例

5. 深化农村综合改革

农村改革是乡村振兴的主引擎，也是实现农民更富、农村更美、农业更强的强有力载体。要以完善产权制度和要素市场化配置为重点，激活主体、激活要素、激活市场，释放和激发农村发展活力。

6. 巩固完善农村基本经营制度。

烟台市落实农村土地承包关系稳定并长久不变政策，第二轮土地承包到期后再延长 30 年的政策，让农民吃上长效"定心丸"。落实农村土地"三权分置"制度，在依法保护集体土地所有权和农户承包权前提下，平等保护土地经营权。

7. 稳妥推进土地制度改革

烟台市正努力抓好新一轮土地利用总体规划编制试点工作，协调推进生态保护红线、永久基本农田、城镇开发边界"三条控制线"划定。在符合土地利用总体规划的前提下，合理调整优化村庄用地布局，有效利用农村零星分散的存量建设用地。预留部分规划建设用地指标，用于单独选址的农业设施和休闲旅游设施等建设。扎实推进房地一体的农村集体建设用地和宅基地使用权确权登记颁证。完善农民闲置宅基地和闲置农房政策，探索落实宅基地所有权、资格权、使用权"三权分置"，落实宅基地集体所有权，保障宅基地农户资格权和农民房屋财产权，适度放活宅基地和农民房屋使用权，严格实行土地用途管制，严格禁止到农村利用农村宅基地建设别墅大院和私人会所。积极探索适合烟台市的宅基地"三权分置"的具体实现形式，探索盘活利用农村闲置农房和宅基地，增加农民财产性收入的有效措施。维护进城落户农民土地承包权、宅基地使用权、集体收益分配权，引导进城落户农民依法自愿有偿转让上述权益。

8. 加快推进农村集体产权制度改革

大力开展农村集体产权制度改革试点，推动资源变资产、资金变股金、农民变股东。分类推进农村集体资源型、经营性和非经营性资产改革。

郭城镇山东村推进农村集体产权制度改革，建立“三资”台账，防止资产流失。在全面清产核资的基础上，科学确认农村集体经济组织成员身份，构建“归属清晰、权能完整、流转顺畅、保护严格”的农村集体产权制度，将农村集体经营性资产以股份或者份额形式量化到本集体成员，作为其参加集体收益分配的基本依据。该村先后成立海阳市嘉华果蔬专业种植合作社、山东峰盛旅游资源开发有限公司，以“公司＋合作社＋农户”模式，动员群众以土地、劳务、资金等形式入股，将农户中闲散、剩余的土地集中流转到合作社中，实现集体经济发展。

莱阳市姜疃镇濯村将 1 450 亩梨园作为试点，整片租赁给新加坡客商。村集体年收入由原来的不足 20 万元增加到 150 万元；外商吸纳 300 名村民务工，每年又增收 150 万元，实现了集体经济壮大和村民收入增长的双赢。目前，该村 8 900 亩土地全部流转到了集体，引进外资 3.6 亿元，兴建起梨、葡萄、花卉、苗木等国际一流的果品园林基地，收益达到 7.3 亿元，是土地租赁前的 10 多倍。

9. 推进农村资源要素综合改革

按照农村改革“提速、扩面、集成”要求，烟台市统筹推进农村资源要素综合改革。加快推进国有林场改革，全面完成国有林场改革任务，推进全市政策性森林保险工作。扎实推进供销社综合改革，建立完善供销合作社组织体系、农业全程社会化服务体系、农产品现代流通服务体系、社有企业经营服务体系、城乡社区服务体系和供销合作社联合社治理机制。

10. 推进农业农村“放管服”改革

围绕使市场在资源配置中起决定性作用和更好发挥政府作用，烟台市坚持为民、便民、利民、亲民的理念，进一步解放思想，提高“放管服”质量水平，为农业农村发展创造更好条件、营造更优环境。加强政务服务标准化建设，继续推进“零跑腿”

“只跑一次”改革，全力打造审理事项少、办事效率高、服务质量优的政务环境。全面推行代办制，优化一窗受理、并联审批、容缺审批等制度，强化事中事后监管。深入开展“减证便民”专项行动，实行证照统一免费寄送。整合 12345 政务服务热线，更好地解决群众的操心事、烦心事。加快推动政务信息系统整合，实现政务信息资源跨部门、跨地域、跨层级共享。

2.3 烟台市乡村振兴考核情况分析

从 2019 年度山东省乡村振兴战略实施总体情况来看，烟台市排名位居山东省前列，大类指标完成度高，分项指标多数表现情况良好，具体情况及分析如下。

2.3.1 产业振兴

（1）现代高效农业增加值占农林牧渔业增加值比重及增长率情况在全省表现良好。烟台市现代高效农业整体发展水平较高，但存在两个制约因素：一是由于烟台市属于丘陵地区，设施农业发展规模相对偏弱。虽然现代果业占比较高，但大部分为露天种植，国家、省暂未列入现代高效农业统计范围。二是近年来烟台市推进现代渔业转型升级，走向深远海，部分县市区近海养殖规模有所减少。烟台市需要着力发展设施农业，推广标准化生产，推广药肥双减、质效双增技术，提高农业附加值。同时发展适度规模养殖，支持基础设施改造。逐步发展现代渔业，优化海洋牧场发展布局，在海域建设规模大、水平高、综合效益好的海洋牧场。

（2）规模以上农产品加工业产值与农林牧渔业总产值之比及提高幅度情况在全省范围内表现良好。烟台市存在缺少政策和专项资金支持，农产品加工企业创新能力较弱，精深加工产品少，附加值低等问题。烟台市需要加大资金扶持力度，搭建平台，引导和支持金融机构加大对农产品加工企业的信贷投放；支持农业科技创新和科技成果转化，发展精深加工，提高农产品科技含量，提高产品附加值。

（3）粮食生产稳定性表现情况在全省中表现中等。烟台市连续三年遭受严重干旱，全市地表蓄水严重不足、地下水位大幅度下降，粮食产量下滑。2019 年又陷入干旱周期，同时遭受热干风、“倒春寒”以及台风“利奇马”等自然灾害，烟台属于受灾较严重地区，粮食减产幅度较大。烟台市需要加大粮食生产稳定度考核，落实耕地地力保护补贴政策，保护农民种粮的积极性；因地制宜调整种植结构，扩大春播粮食作物面积，特别是针对2018年秋天因旱无法播种小麦的地块，做好补种计划，备好种子、药肥等生产资料，杜绝出现耕地撂荒现象；加快春播进度，弥补小麦面积不足；加强高标准农田建设工作；做好各类灾害应急防控，推动气象、水利、民政等部门合作，提升抗御自然灾害能力。

2.3.2 文化振兴

(1)文明达标村建设情况在全省范围内表现中等。烟台市应完善考核办法，强化督导，压实创建责任。对照文明村创建指标，建立工作台账，分解创建任务，列出时间表、路线图，提升创建质量。

(2)移风易俗工作的成效在全省表现良好，但存在移风易俗工作进展不均衡的问题，如部分县市区存在红白理事会群众知晓率偏低，作用发挥不明显，群众满意度不高等情况。烟台市需要进一步强化宣传引导，提高群众红白理事会知晓率，发挥红白理事会作用，引导群众自觉践行村规民约。同时进一步推行殡葬改革，大力推进公益性墓地建设，推行节地生态安葬，提高便民惠民殡葬服务水平，持续提升群众满意度。

2.3.3 生态振兴

(1)省级美丽乡村示范村建设成效在全省表现中等。美丽乡村建设是一项系统性工程，涵盖“五个振兴”方方面面工作，烟台市在道路硬化、村容村貌、招商引资、主导产业、污水处理设施、改厕及后续管护、垃圾治理及垃圾分类、城乡环卫一体化设施及精细度、公共服务设施、村务管理、文明村镇创建、党组织过硬支部创建等方面问题比较突出。在下一步计划中，烟台市首先需要坚持集中用力，高起点实施，结合省级美丽乡村创建与齐鲁样板示范区、美丽乡村样板示范片，实现政策叠加效应，确保资金投入保障和创建优势。其次强化督查落实。省级美丽乡村示范村创建已经纳入烟台市“三重”工作，每月调度、季度现场督导推进，确保创建成效。同时对标对表，加强业务培训。举办美丽乡村建设培训班，讲评创建标准，总结先进典型，推广经验做法，浓厚“比学干”氛围。注重凝聚部门合力，对照标准各司其职，共同抓好示范创建。

（2）省级以上清洁村庄建设成效在全省范围内表现较好。但村容村貌有待进一步提升，污水处理率存在偏低情况，城乡环卫一体化处理标准不高、存在死角、环卫设施配备不足、垃圾未进行分类，农村改厕未能应改尽改，后续管护不到位。在下一步计划安排中，烟台市需要强化责任落实；深入开展村庄清洁行动，以疫情防控为切入点，全面实施村庄清洁行动，深入开展“洁美乡村创建行动”；加强督导推进，强化结果导向。发挥农村人居环境整治专班作用，每月定时暗访，对发现问题进行通报。

（3）农村改厕改造情况在全省范围内表现良好。烟台市农村自行改造厕所的农户较多，在一定程度上影响了改厕面上的扩展。部分县市区改厕率还不是很高，改厕覆盖面小。改厕工作还达不到精细管理，部分改厕工作比较粗放，后期管护体系还不是很健全，也造成了群众满意度不高的问题。烟台市需加大宣传力度，指导有关县市区利用信息公示公开、发放明白纸和公共媒体宣传等方式，及时报道农村改厕工作的进展情况和经验成果，普及农村改厕对改善人居环境、提高生活质量和提升健康水平的重要意义，引导农户文明卫生用厕、理解支持改厕，不断提高群众满意度。同时抓好质量提升，结合正在开展的农村改厕问题排查整改，对排查出的问题加大整改力度、确保整改到位。切实抓好农村厕所规范升级，进一步完善后续管护长效机制，以镇为单位抓好服务站建设，继续探索粪污资源化利用途径，因地制宜选择后续管护模式，确保高质量完成年度改造任务。

（4）美丽村居建设试点成效在山东省内表现中等。烟台市存在的问题有：落实奖补资金难，有关县市区在协调财政落实资金方面存在一定的困难；个别村居因干部更换交接等原因，工程项目建设启动较晚，影响村居创建工作整体进度；个别试点村居创建标准不精细，建设水平不够高，施工现场管理不到位，村居的整体文化地域特色体现不明显；在村型选择上，烟台市选择的村型较大，在点上有项目启动，整村在面上启动较慢；宣传发动不足，美丽村居工作尚未引起县市区的高度重视，人财物尚不能得到较好的集中投入。烟台市在未来需要落实整改工作。督促有关县市区限时建立问题整改台账，明确整改问题、整改目标和整改时限，落实责任人。同时，加强工作督导，建立周调度制度，每周调度问题整改进度。强化交流学习，组织试点村居负责人到省内其他试点创建成效明显、特色突出的地市进行实地考察学习，取长补短，找准问题症结，进一步指导做好问题整改工作，促进试点工作取得更好成效。要严格要求第二批美丽村居村庄试点方案编制情况，对方案中存在的明显不符合省里创建标准的问题及时指正并督促完善整改，报省厅评审。同时，协助有关县市区协调有关部门落实奖补资金，确保创建工作早启动、早落实。

(5)城乡环卫一体化群众满意度情况在全省表现中等。烟台市存在部分县市区工作重视程度不够，资金投入不足，筹资渠道单一的问题。由于县市区经济发展水平不平衡，财政能力各有差异，一体化运行经费投入标准不一，且没有建立财政投入自然增长机制，运行经费几年来一直不变，特别是农村环卫设施管护资金不足，导致部分村居环卫设施陈旧破损甚至配备不足。农村保洁员整体素质不高，敬业精神有待提升，同时也存在村民环境卫生意识不强的问题。由于平时的卫生宣传和教育引导工作不到位，部分村民“美化环境、爱护家园”的主体意识不强，没有养成良好的环境卫生习惯，导致个别镇村的房前屋后、绿化带、排水沟、水塘等处有随手乱扔乱倒垃圾的现象。监督检查结果运用也存在不到位的问题。烟台市在下一步工作计划中需要针对重点问题集中解决：一是开展问题整改工作。督导县市区尤其是存在问题的县市区迅速行动，对照存在问题举一反三，逐村逐区域排查脏、乱、差问题，落实好城乡环卫一体化工作各项工作标准。二是建立沟通协调机制。按照省有关文件要求，调整烟台市城乡环卫一体化工作联席会议成员单位，建立沟通协调机制，形成各负其责、各司其职、齐抓共管的工作格局。引导各县市区形成相应机制，以群众满意为标准，加强统筹领导，采取有效措施，保障城乡环卫一体化工作正常运行。三是加大督导检查力度。组织市级有关部门联合检查组，每季度开展暗访检查，将督导检查常态化，及时发现整改存在问题，不断提高生活垃圾收运处置水平。四是发动群众积极参与。市县两级需要通过各种媒体和自媒体广泛宣传城乡环卫一体化和环境卫生知识，增强村民主人翁意识；村居在显著位置设立城乡环卫一体化工作公示牌，自觉接受村民监督，调动村民关心、参与环境卫生工作的积极性。

2.3.4 组织振兴

（1）村党组织带头人队伍优化提升及后备力量建设情况在全省范围内表现较好。烟台市需要创新选拔任用机制，抓好公开遴选100名村党组织书记后续工作，组织尽快上岗，适时开展集中培训。以县市区为单位，公开招聘原籍高校毕业生到村担任“乡村振兴党建专员”，作为村党组织书记后备人才培养。开展在外流动党员人才回引活动，吸引人才返乡创业、担任村党组织班子成员。健全储备培养机制，实施优秀后备人才“递进培养计划”，按照每村不少于3人建立后备人才库，采取集中培训、镇街以干代训、合作社实践锻炼等方式加强培养。实施能力提升工程，市级每年培训村党组织书记1 000名左右，实现市级每5年对所有村党组织书记轮训一遍，组织县市区每年对所有村党组织书记轮训一遍。继续组织开展农村干部学历教育，提升村党组织书记的能力素质。同时严格管理监督机制，坚持“凡进必审”，落实任职资格县乡联审制度，坚决把不符合条件的人员挡在门外。

（2）软弱涣散村党组织整顿情况在全省范围内表现中等。烟台市在未来的工作中需整顿纳入省第一轮集中整顿的82个软弱涣散村，并对主题教育期间新确定的571个软弱涣散村进行“回头看”，持续巩固提升。在此基础上，把摸排确定的换届难点村一并纳入整顿，提前化解矛盾隐患，确保不带着问题进入换届程序。落实村级规范化管理，推行村级重大事务“四议三审两公开”制度，强化决策前预审、决策后审核、全过程审计，重点抓好村级财务收支明细每月逐项逐笔公开。深化“违规发展党员清零”行动，开展集中攻坚化解信访积案行动，对群众反映的重点信访由市委组织部挂牌督办或直接调查。

（3）发展壮大村级集体经济工作成效在全省范围内表现较好。烟台市坚持把党支部领办合作社纳入各级党委政府中心工作，在拓面、提质、增效上下功夫。烟台市需要在下一步工作中注重以下情况：一是拓面抓覆盖。年内党支部领办合作社运行规范、综合效益好的村庄争取达到2 000个，建立联合社50个，市级党支部领办合作社示范村入社群众达到50%以上。二是提质抓规范。烟台市需要实施章程审核、项目论证、财务管理、盈余分配、社务公开、文档保管“六统一”制度，提升运行质量。建立标准化生产体系和产品质量追溯体系，做到生产有记录、产品有标识、安全有监管、质量有检测，着力提升合作社产品质量。三是增效抓发展。需加大部门政策和资源整合力度。注重与社会资本、市场主体和高校、科研院所合作，解决资金、技术、人才等瓶颈制约。党支部领办合作社线上招商后续工作，加大项目沟通对接力度，争取更多项目落地见效。

烟台市人才振兴战略表现情况在全省范围内位居前列，工作完成度高，效果好，取得了较为显著的成果。

烟台市评价指标建设情况在全省范围内位居前列。烟台市在下一步工作中需要重点打造 3 个省级、9 个市级、7 个县级乡村振兴齐鲁样板示范区，培育典型、挖掘内涵、总结经验、全面宣传，提升乡村振兴工作的群众参与度、满意度、美誉度。

第2篇

烟台市乡村振兴专题研究

第3章

积极发挥龙头企业带动作用，构建现代农业三大体系

习近平同志指出，“产业兴旺，是解决农村一切问题的前提”。国务院印发的《关于促进乡村产业振兴的指导意见》要求聚焦重点产业，聚集资源要素，强化创新引领，突出集群成链，培育发展新动能，加快构建现代农业产业体系、生产体系和经营体系。乡村产业振兴既是攻坚战又是持久战，应坚持问题导向、目标导向、发展导向，切实走出一条符合实际、科学有效的产业发展之路，为乡村振兴提供坚实支撑。

实施乡村振兴战略，落实高质量发展的要求，深化农业供给侧结构性改革，推进农业由增产导向转向提高质量导向，促进农业农村发展新旧动能转换，有利于加快构建烟台市现代农业产业体系、生产体系、经营体系，有利于提高烟台市农业创新力、竞争力、全要素生产率，有利于提高烟台市农业质量、效益、整体素质，实现烟台市由农业大市向农业强市的跨越性转变。

烟台市委、市政府明确提出坚持以农业供给侧结构性改革为主线，以科技兴农、质量兴农为支撑，以绿色、生态、高效为目标，加快构建现代农业产业体系、生产体系、经营体系，要把烟台建成优质粮油生产功能区、果蔬特色产业引领区、现代畜牧示范区、海洋渔业经济发展示范区，率先实现农业现代化。

3.1 扶持龙头企业健康发展，带动一二三产业深度融合

1. 科学合理规划，推动农村一二三产业融合发展

推进农村一二三产业融合发展，是拓宽农民增收渠道、转变农业发展方式、构建现代农业产业体系的重要举措。烟台市合理规划，推进农业结构优化调整。稳步扩大"粮改饲"面积，重点打造粮油、蔬菜、水果、水产、畜牧五大支柱产业，围绕粮油加工、果品加工储藏、蔬菜加工、畜产品加工、水产品加工、粉丝加工、葡萄酒酿造七大产业集群，建设一批标准化产品供给基地，培植一批高效产业聚集区，推进集群发展、集聚发展、绿色发展。

烟台市及各县市区科学合理规划农村一二三产业布局，按照全面规划、区域布局、分步实施、重点建设的思路，集聚区域农业资源优势，突出主导产业特色，农村一二三产业加快融合，农业"新六产"框架布局基本形成，农村电商、定制农业等新兴业态蓬勃发展。

如莱山区在市区范围内形成以瀑拉谷休闲产业集群项目为中心的南部葡萄种植产业带，以烟台市"菜篮子"工程示范基地为中心的中部果蔬特色产业带，以东方海洋科技有限公司、福祖食品等企业为中心的北部高端农产品加工带。"三带"并驾齐驱，保障全区农业稳定有序发展。莱山区主动引导城市工商资本助力乡村振兴，为乡村振兴注入新活力，集中落户了渤海制药万亩梨园、广林农科特色葡萄基地、汇通树莓采摘休闲旅游园区等 40 多个促农致富项目，总投资超过 12 亿元，迅速发展起近郊乡村旅游、生态种植采摘、田园体验、绿色有机农业等产业，让农业成为有奔头的产业，农民成为有吸引力的职业，农村成为安居乐业的美丽家园。

长岛海洋生态文明综合试验区加快渔业由生产环节向产前、产后延伸，推动养殖、捕捞、加工、物流业相互融合，延伸产业链、提高价值链、拉长增收链，重点推动水产加工业发展。积极引导水产品加工企业向前延伸，发展自身的标准化水产养殖基地和远洋捕捞船队；中间环节大力发展水产品精深加工，着力提高水产品的附加值；向后对接市场，建立冷链物流和营销网络。完善农产品物流体系，升级改造水产品批发市场，支持现代物流中心建设，推行订单生产，实现商贸市场与电子商

务、物流配送、现货交易多渠道营销经营。积极推进渔业与旅游、教育、文化等产业的深度融合，积极发展休闲垂钓、观赏鱼、渔家乐、渔事体验、会展科普等休闲业态以及钓具、水族器材等相关配套产业，建设休闲综合型、垂钓娱乐型、渔业生态生产观光型、海鲜品赏型等一批特色鲜明、示范作用带动明显的休闲渔业基地，打造渔业与文化生态休闲旅游融合发展的新业态，实现渔业从生产向生态、生活功能拓展，在渔业一二三产业融合发展中转变渔业发展方式，带动渔民就业增收，推进美丽渔村建设和拉动消费升级。

福山区大力开发农业多种功能，通过保底分红、股份合作、利润返还等多种形式，合理分配农民全产业链增值收益。福山区推进农产品加工业高水平发展，重点发展果蔬深加工产业，推进龙头企业加快产品结构升级；推进农产品加工业示范区、示范园区、示范企业创建；打造农产品销售公共服务平台，支持供销、邮政及各类企业把网点延伸到乡村；健全农产品稳定衔接机制，支持建设促进农村电子商务发展的基础设施，鼓励各类市场主体创新发展基于互联网的新型农业产业模式；实施乡村旅游示范创建活动，推进一产业与旅游、教育、文化、康养等产业深度融合。

蓬莱市深入实施农村一二三产业融合发展试点项目，充分发挥示范带动作用。以全域旅游发展为契机，以高科技农业为重点，以全国休闲农业与乡村旅游示范县总体要求为依据，结合美丽乡村创建成果，开展乡村旅游提档升级工作，鼓励“公司＋合作社＋农户”乡村旅游发展模式，建设乡村旅游创客基地、休闲庄园、田园综合体等新载体，促进全市休闲农业和乡村旅游加快发展。

2. 实施龙头企业带动战略，不断提升产业发展活力

烟台市把深化农业产业化经营、加快现代农业发展作为富民强市的战略举措，目前已经拥有涉农上市企业 15 家，国家级农业产业化龙头企业 13 家、省级以上 72 家。农产品年出口 32.95 亿美元，连续 10 年居全国地级市之首。农业科技创新迈出新步伐，农业物质技术装备条件得到极大改善，拥有国家农业科技园区 2 处、省级农业高新技术产业示范园区 2 处，省级农业科技园 9 处。烟台各县市区通过各种方式促进农业龙头企业发展，实施“龙头”带动战略，不断提升产业发展活力，依靠“龙头”的强力拉动，实现了农业产业的快速发展。

为解决县域农业企业规模小、技术含量低、装备差的问题，蓬莱市广泛开展挂靠联合、招商引资，借助外力培育新“龙头”。仅葡萄及葡萄酒产业方面，就成功引进了中粮长城、烟台张裕、天津王朝、新天国际、华东百利等国内葡萄酒业“巨头”，以及法国拉菲特、法国瑞枫奥塞斯、意大利罗迪、英国登龙红、菲律宾康达等国外知名企业入驻蓬莱投资建厂，推动了蓬莱干葡萄酒产量的迅速攀升。针对县域农业规模较小、拉动力不强的状况，蓬莱市规划建设了18千米的葡萄长廊，吸引葡萄酒生产和加工企业集中入驻，形成集聚和规模效应。同时，针对海洋食品加工业的发展现状，在潮水镇建立了海洋食品工业园，对园区企业从技术、资金、税收等方面进行全方位、一站式服务。目前，已经吸纳烟台裕源食品有限公司、蓬莱佳味食品有限公司等多家企业进驻。

莱阳市是中国绿色食品城，农业产业化属于全国的“先行者”，先后培育出省级以上农业产业化龙头企业16家、规模以上食品加工制造企业80家。近年来，莱阳市发挥骨干企业的集群优势和引领作用，以土地规模化流转、村企共建为着力点，创立了“龙头企业＋合作社＋基地＋农户”的成熟发展模式，探索出“股份合作、保本分红”“订单收购＋利润二次分配”等多种利益联结机制，有效促进产业链增值、价值链提升。在龙头企业带动下，形成了以大水岔村为代表的高油酸花生种植、以南官庄村为代表的果树种植、以埠前村为代表的蔬菜种植等特色村庄300余个，发展绿色高产粮食生产基地48.9万亩、高效特色果园43.7万亩、优质标准蔬菜基地45万亩，一二三产业融合发展经验被作为典型推荐至中央改革办。

招远市培育多元融合主体，支持农业产业化龙头企业发展，新建成市级现代农业产业园1个，重点培育21家烟台市级以上农业龙头企业，加快推进粮油、果品、粉丝等农产品加工业产业集群发展，培育烟台市级示范农民合作社7个、合作社联合社9个、社会化示范服务组织4个、示范家庭农场2个。福山区主导产业再造新优势，实施规模驱动、科技推动，调整优化农业结构，巩固果品、畜牧、蔬菜三大主导产业，农业标准化、质量效益、市场竞争力显著增强。

3. 推进现代农业园区建设，搭建产业发展新载体

建设现代农业产业园，是推进农业供给侧结构性改革、加快农业现代化的重大举措，是培育农业农村经济发展新动能和推进农民增收机制创新的重要载体。烟台市以强化基础、保障供给为重点，推进建设各种特色农业园区，全市加快建设优质粮油生产功能区，以优质玉米、小麦和花生为重点，实施粮食高产创建平台等系列粮食增产工程，确保优质粮油产能产量，打造具有市场竞争力的优质粮油生产功

能区。加快建设果蔬特色产业引领区，以烟台苹果、大樱桃、莱阳梨和绿色蔬菜为重点，集成推广绿色生态生产管理技术，打造具有国际竞争力的果蔬特色产业引领区。加快建设现代畜牧示范区，大力发展肉鸡、生猪、牛肉、畜禽良种产业及畜产品加工业，稳步发展特色养殖业，严格控制水禽、黄羽肉鸡、毛皮动物发展。加快提升农业机械化装备水平，推动主要粮食作物生产全程机械化，打造烟台特色的林、果业机械化发展模式，加快推广牧渔林各业机械化技术。

福山区在产业振兴的进程中，以争创省级现代农业产业园为契机，高标准打造福山区大樱桃产业园，开展“生产＋加工＋科技＋营销”全产业链开发，促进绿色发展和产业链延伸的深度融合，提出“产业＋园区＋示范区＋‘一村一品’”的农业产业发展新模式，由大到小、由面到点、分类指导、精准施策，做大做强大樱桃主导产业。发展现代农业产业园，打造乡村振兴示范区，培育“一村一品”，充分激发农业农村发展新动能。栖霞市全面实施“互联网＋”战略，积极培育多类型、多功能的电子商务经营主体，建设以第三方平台为依托，以电商园区为载体，以龙头企业为骨干，以农村和农产品电商为主体，以行业门户网站为补充，线上线下相结合，市镇村三级服务体系相配套的电子商务发展格局。

栖霞市建有现代农业产业园、农业科技园2个国家级园区，打造耕读艾山田园综合体(这是栖霞市的一个高标准农田建设项目名称)，整合聚集优势资源要素，以农村产业融合发展示范园建设为抓手，依托新技术渗透带动农村一二三产业融合发展，打造农村产业融合发展的示范样板和平台载体，培育农村发展新动能，加快推进农业农村现代化。栖霞市国家现代农业产业园，规划占地面积150平方千米，核心区涉及6个镇街，179个行政村，3.8万农户，10.8万人，主要建设苹果标准化种植园、精品苹果展示园、苹果加工物流园及农旅结合文化创意园四个园区。产业园定位为大生态、大健康、大智慧，创建过程中确定了“政府引导是关键，企业运营机制好；组织领办合作社，二次分红来养老；农民主体不能变，新型职业领风骚；三产融合兴乡村，共享经济看今朝”56字方针，创新了“双重推进、利益联结、土地流转、智慧管理”四大机制，坚持“良田、良种、良法、良品”四良原则。截至2019年栖霞全市已投入资金近20亿元，改造老劣果园6.5万亩，产业园建立了141个村党支部领办的合作社，发放给果农土地补偿金和劳务费2亿多元，初步解决了4 000多名建档立卡贫困人口的脱贫问题。

4. 深挖农业产业文化，注重发展休闲观光农业

随着农村城市化进程的不断加快，烟台市把单纯的农产品生产基地建设成集生态旅游、休闲观光、生活体验于一体的生态休闲观光农业园，让农民用最低的成本生产出最高的效益，提升“三农”附加值，逐步从原来的“靠农业吃饭”变为“靠农业赚钱”。另外，烟台还进行苹果文化建设，规划建设烟台苹果文化博物馆，弘扬“开放、包容、创新、拼搏”的烟台苹果文化精神。挖掘烟台苹果文化内涵，开发文化创意作品、艺术作品、影视作品、旅游纪念品，推进产业文化与产业经济同步发展。拓展苹果产业在乡村旅游、文化传承等方面的功能，促进乡村产业融合发展。开展形式多样的公益活动，提升烟台苹果知名度和美誉度。到 2020 年 9 月，将完成苹果文化博物馆的建设；2020—2022 年，将每年举办烟台苹果公益活动。

农业采摘园是现代农业与旅游业结合的新模式。为进一步拓宽农业发展空间，莱山区积极打造高标准、高效益的农业采摘观光园。以七星斋树莓、蓝莓、老桂大樱桃、泰富桑葚为代表的休闲采摘园每年吸引大批市民，带动当地农户增收致富。海阳市深入实施农村产业融合发展工程，着力打造苗家沟、盘东杨格庄、丁家夼、南邵家 4 个农村产业融合发展示范村，积极培育碧桂园滨海城小镇、连理岛龙栖小镇两个新六产小镇，以“果茶种植＋加工＋康体养生＋旅游采摘”模式打造中传华阳龙山国际健康养生小镇，产业模式功能得到充分拓展。

莱阳市依托中国梨乡、恐龙之乡等“金字招牌”以及丁字湾省级旅游度假区、中国十大最美乡村——濯村等特色资源，引进布局了千亿级的恒大世纪文化城·文化旅游城、姜疃田园文旅小镇、梨花古镇、省级农村产业融合发展示范园等文旅项目，连续举办了梨文化节、樱花节等节庆活动，全力以“旅游＋农业”推动农村发展提质增效。以濯村为例，村庄连续举办五届“樱花节”，累计接待游客 200 余万人次，培育起以樱花游为特色的产业。

福山区积极创建休闲农业与乡村旅游示范点、生态休闲农业示范园区、美丽休闲乡村、齐鲁美丽田园，打造森林浴场、康养人家等森林康养基地，促进全区休闲农业和乡村旅游加快发展。创建休闲农业综合体，打造集新品种推广、农事体验、采摘观赏、观光垂钓、产品加工、废弃物循环等方面相融相促集约高效的休闲农业平台。引导乡村旅游经营单位加快农副土特产品向旅游商品化转化步伐，积极申报“乡村旅游后备厢”工程示范基地。

长岛县大力发展休闲渔业。获批 5 处省级休闲海钓钓场和 11 处市级休闲渔业基地，投用海钓船 22 条，审核通过了海上乐园休闲度假有限公司、长岛北方群岛休闲渔业有限公司、长岛兴民渔养专业合作社、长岛新恒基旅游发展有限公司 4 家休闲渔业项目，休闲渔业持续火爆，2019 年接待游客同比增长 80%。

蓬莱市推进休闲农业精品培育工程。拓展农业生态功能，大力发展休闲农业，依托自然景观、农田景观，多点创建省、市示范，加快推进集约高效、“农林牧渔娱”特色鲜明的休闲农业综合体建设，增加农民收入，助力农业“新六产”，推动农业全面升级。

5. 提升能力，推进农业结构优化调整

烟台市推进农业结构优化调整，稳步扩大“粮改饲”面积，重点打造粮油、蔬菜、水果、水产、畜牧五大支柱产业，围绕粮油加工、果品加工储藏、蔬菜加工、畜产品加工、水产品加工、粉丝加工、葡萄酒酿造七大产业集群，建设一批标准化产品供给基地，培植一批高效产业聚集区，推进集群发展、集聚发展、绿色发展。

蓬莱市加快农业产业结构战略性调整，推进农林牧渔循环发展。优化种植业结构，大力发展名优特新经济作物，稳步扩大“粮改饲”面积，形成“粮经饲”协调发展的三元种植结构。重点打造粮油、蔬菜、水果、水产、畜牧等支柱产业，围绕粮油加工、果品加工储藏、蔬菜加工、畜产品加工、水产品加工、葡萄酒酿造六大产业集群，培育优势产业带，做强优势特色产业区，壮大地方名特优新品牌产品，形成产加销、贸工农、康养游多元协调发展、多极支撑的现代产业结构。实施水果产业提质升级，加速老劣果园更新改建，推广标准果园建设，提升精品果园质量，建设全国一流的苹果、大樱桃和葡萄种植基地。围绕粮油加工、果品加工储藏和蔬菜加工，建设一批标准化产品供给基地，培植一批高效产业聚集区。

龙口市塑造齐鲁样板示范区，示范区以黄山馆镇全域为载体，形成有机畜牧区、生态种植区。调整优化农业结构，塑造农业品牌，培育新兴业态，提升产业农产品质量，促进一二三产业融合发展。黄山馆镇乡村振兴齐鲁样板示范区通过推广有机畜牧和生态养殖，优化产业结构，打造一流品牌，推广以“慢生活”为导向的休闲农业等新兴产业态势，积极推动示范区农业农村现代化。黄山馆镇协调农牧业建设，加大资源投入。在农业方面，黄山馆镇推进新经济作物的种植，种植青贮玉米 1.2 万亩以上，建设省级标准化基地 12 个。划定 5.5 万亩粮食功能区，同时将兰高镇 19 个村、1.8 万亩农田列入农田水利工程建设项目，改善农业生产条件。

建设海洋牧场，全市海洋牧场总面积达到6万多亩，并投放石材礁15万立方米。

海阳市在确保粮食年播种面积的基础上，以优质、特色、绿色为取向，持续扩大新特品种种植面积，积极构建粮饲兼顾、农牧结合、循环发展的新型种养结构，标准化、规模化的养殖业健康发展。统筹粮食安全和现代渔业发展，协同推进水产养殖、增殖、捕捞、加工、休闲渔业五大产业。

3.2 创新乡村产业发展模式，助力推动产业体系发展

烟台市以开发开放、双向交流为重点，构建农业对外开放新格局。全市提升农业对外开放水平，积极融入"一带一路"建设，牢牢抓住中韩自贸区重大战略机遇，拓展桥头堡作用，承接区域产业转移，引导支持农产品出口产业集群集聚发展。通过政策创设方面先行先试，培育一批具有国际影响力的农业品牌，打造一批熟悉国际规则的农业龙头企业。烟台市以全域旅游发展为契机，高品质开发"山上、田园、滨海、岛上"深度游、观光游，推动特色小镇完善旅游配套设施，推动各类家庭农场、农业园区和规模化基地提档升级发展"生态＋产业"，创建一批休闲农业与乡村旅游示范点、生态休闲农业示范园区、美丽休闲乡村、齐鲁美丽田园，打造一批森林浴场、康养人家等森林康养基地，促进全市休闲农业和乡村旅游加快发展。创建休闲农业综合体，打造集新品种推广、农事体验、采摘观赏、观光垂钓、产品加工、废弃物循环等于一体的相融相促集约高效的休闲农业平台。

其中，烟台市莱山区总结的乡村产业发展创新"六种模式"具有较强的代表性。莱山区坚持以产业振兴引领保障乡村全面振兴的工作思路，高标准实施村居致富项目三年培育计划，按照"雪中送炭、保底兜底、一村一策、因地制宜"的原则，集中政策资源重点扶持。

1."党支部＋合作社"模式，以党的建设引领村居产业振兴

"党支部＋"乡村治理机制，是烟台市各级党组织经过积极探索与大胆创新走出的一条乡村振兴之路。烟台各县市区坚持以党建引领乡村振兴，通过加强村党支部建设、找准村居"带头人"、吸收村居"能人"进支部等方式，由村党员干部牵头领办专业合作社或股份合作社。关于烟台市创建的"党支部＋"乡村治理机制，本书将在专

题研究实施“三级联创”，构建“党支部＋”乡村治理机制章节中予以详细介绍。

2.“工商资本＋土地流转”模式，以企业资本助推村居产业振兴

工商资本的进入，可以为脱贫攻坚和乡村振兴带来雄厚的资金、超前的理念、先进的技术。通过土地流转开展规模化、集约化、现代化的农业经营模式，实现农村发展、农民增收、企业提效益的互利共赢。烟台各县市区主动探索和引导工商资本进入土地流转过程，如莱山区按照“运用市场机制，尊重群众意愿”的原则，积极鼓励区内有实力的企业参与全区乡村振兴产业项目，鼓励经济薄弱村立足资源、区位等优势，通过土地流转、规模经营等模式，吸引社会资本发展集体增收项目，村集体和老百姓采取资金入股或者土地入股的方式与企业共担风险、共享收益。

烟台市健全分工合理、功能互补的银行支农服务体系，科学发展村镇银行和小额贷款公司等新型农村金融组织，形成商业金融、合作金融、政策性金融和小额贷款组织互为补充的农村金融体系，促进普惠金融发展。加快推进市、县农业信贷担保体系建设，创新土地出让收益分配机制，做大土地增值收益“蛋糕”，拓宽“三农”直接融资渠道。创新金融支农产品和服务，全市将盘活农村金融资源，拓展农业信贷渠道，鼓励有条件的企业成立小额贷款公司，在全市全面开展农民专业合作社信用互助业务试点。积极探索农村承包土地经营权和农民住房财产抵押贷款试点，深入推进海域使用权抵押贷款，探索适合新型经营主体的农业设备抵押贷款、大型农机设备租赁以及订单融资、应收账款融资业务，创新推广水利机器和农具抵押贷款等融资模式。

3.“美丽乡村＋现代农业”模式，依托资源禀赋拓展产业链条

烟台各县市区统筹推进脱贫攻坚与乡村振兴，以“美丽乡村＋现代农业”发展近郊乡村旅游、现代农业等产业，村集体收入不断增加，有效巩固提升脱贫成效。莱山区坚持环境打造先行，下大力气加快美丽乡村建设，各村居走上了与自然条件、区位优势和资源禀赋相适应的城郊型特色现代化农业发展道路，在开发中保护、在保护中建设，实现美丽乡村建设、环境保护与产业发展协同推进、相得益彰，初步形成了“一村一景、一村一韵、一村一业”的良好发展模式。莱阳市持续推进标准化建设，筛选225个村庄进行提档升级，对6个新时代美丽乡村示范村和3个提升改造后进村进行打造。莱阳市采取典型引路、分类推进，高标准高质量建设5条乡村振兴示范带，上夼、院上、新庄、崔疃、源水夼 5 个村庄被批准创建 2019 年度省级美丽乡村示范村，姜疃镇示范区被评为烟台市级乡村振兴示范区。

4.“财政撬动＋基础配套”模式，以政府资金撬动村居产业振兴

财政资金具有杠杆放大效应，用足用好就能起到“四两拨千斤”的作用，能够有效解决村居创业初期启动资金不足等制约问题。烟台市健全实施乡村振兴战略财政投入保障制度，公共财政更大力度向“三农”倾斜，确保财政投入与乡村振兴目标任务相适应。财政资金优先用于农业农村基础建设，加大对城乡基本公共服务均等化水平的支持。优化资金支出结构，全市将突出绿色生态导向，增量资金主要向资源节约型、环境友好型农业倾斜。围绕构建现代农业产业体系、生产体系、经营体系，加快推进重大水利工程和灾后水利薄弱环节建设，重点支持农业优势产业提质增效，大力支持农业科技研发和推广应用，积极开展现代农业产业园创建。充分发挥财政资金的杠杆和引领作用，通过政府与社会资本合作、政府购买服务、担保贴息、以奖代补、民办公助、风险补偿等创新投入方式，引导社会资本更多地投向乡村振兴。同时，积极开展公益募捐、众筹，支持将一般政府债券用于乡村振兴、脱贫攻坚领域的公益性项目，鼓励试点发行项目融资和收益自平衡的专项债券。

莱山区发挥财政资金杠杆放大效应，在全市率先建立涉农资金监管平台，对涉农资金项目补贴进行整合，抓住关键项目、急需领域重点撬动，每个街道每年筛选 1～3 个经济基础薄弱、项目发展态势好的村，按照不超过项目总额 30％的比例、每个村总额最高 30 万元进行重点扶持，让财政奖补资金由“锦上添花”向“雪中送炭”转变，在关键项目、急需领域进行重点撬动、重点倾斜、集中发力。东沟村附近桂山山脉地下 500 米的深层地下水，富含大量锶、硒和偏硅酸等人体所需的矿物质及微量元素，通过奖补扶持其建设甘霖纯天然水厂，打造“金旷泉”“财爷的水”两个品牌，自投产以来，已实现销售收入近 200 万元，利润近 50 万元。

长岛县建立农业产业奖补机制，通过有针对性地重点扶持部分经营主体和产业类型，从而达到培育特色产业体系的目的，助力产业振兴。针对鲍鱼、海带、扇贝等生态混养技术对专业合作社、农业龙头企业等新型农业经营主体进行补贴激励，引导其形成成熟的产业体系。

福山区积极完善社会化参与机制，积极谋划筛选一批符合条件的乡村生态振兴项目纳入 PPP 项目库，在项目安排、申报国家示范项目、落实奖补资金上优先支持，通过特许经营等方式吸引社会资本参与项目建设和运行。推动基层政府通过委托、承包、采购等方式向社会购买村庄规划建设、垃圾收运处理、污水处理、河道管护等公共服务。

5.“旧村改造＋开发租赁”模式，以城市开发联动村居产业振兴

烟台市莱山区引导北部城区村居抓住园区建设、旧村改造等时机，根据其区位、地域等优势，合理开发建设，通过沿街开发、入股分红、收取租金等形式获得稳定收益。因征地拆迁等获得大量资金的村，在尊重民意和严格监管的基础上，将部分资金用于风险小、收益稳的项目，实现集体经济滚动发展；对旧改后村居分得的商铺、门市房等集体资产，原则上不得出售，全部用于出租、经营，持续增加集体收入；在明晰产权的基础上，将闲置或低效使用的房屋、院落、机械设备等村集体存量资产，通过依法重组置换、对外租赁、参股经营、联合开发等方式进行盘活，获取稳定收入。莱山北部初家街道、滨海路街道、黄海路街道的全部村居和经济开发区的部分村居，均实现了至少有一个产业项目或稳定的增收途径。

6.“高校院所＋实践中心”模式，以科学技术驱动村居产业振兴

烟台市依托高校院所等各类智力资源密集的优势，深入推进高校院所、企业、村居之间多形式合作，鼓励院校科研人员在生产一线开展科学研究和技术服务，为农村产业发展提供坚实智力支撑。如莱山区推动鲁东大学与烟台市多个村居建立了帮扶联系，其中在朱唐夼村利用瀑拉谷农业开发有限公司提供的 260 亩土地资源，建设乡村振兴巾帼行动科技示范园，培育高产、高品质、抗逆的小麦、大豆、玉米、甘薯等高产作物，研究引种红肉苹果、软枣猕猴桃等新型果树品种和白蜡、柽柳等耐盐树种，摸索绿色、生态型的种植模式，实现研究成果快速产业化。烟台乡村振兴战略研究院实践中心在莱山区院格庄街道正式设立，成为烟台乡村振兴战略研究院着力打造的首个乡镇示范工程，整合高校、企业、地方政府三方优势资源，着力开展政策咨询、发展规划、成果推广、人才培训等多方位的服务，打造一批可借鉴推广的乡村振兴样板项目。长岛县在南隍城岛现代渔业科技示范园建设的基础上，与科研院所合作，建设新型职业农民学院，培养具备农业技术推广能力的养殖能手、乡村工匠、农业职业经理人、合作社和家庭农场负责人等。

3.3 夯实农业综合生产基础，深化农业“新六产”发展

烟台市通过整合产业链、提升价值链、优化供应链，着力推进农产品电商物流配送和综合服务网络建设，加快发展农村电子商务，推动休闲农业、智慧农业、创意农业等为重点的新业态成为促进农业加速发展的新动能，构建全程覆盖、区域集成的新型农业社会化服务体系，带动林果、菌菜、养殖等特色农业产业链全面升级。同时，培育和发展农商产业联盟、农业产业化联合体等新兴产业主体，打造产加销一体的全产业链企业集群，促进产业链条向高端延伸，推进农产品加工业示范县、示范园区、示范企业创建，拓展农业观光采摘、休闲体验、科普教育、文化创意等功能，推进农业、农村、农产品与旅游、教育、文化、健康养老等产业深度融合。

1. 加强农业基础设施，提升工程建设

烟台市各县市区大力实施农田水利工程，推进末级渠系及田间工程改造，打通农田水利“最后一公里”。因地制宜兴建、提升中小型农田水利设施，加快建设现代农田灌排体系。大力推广管灌、喷灌、滴灌等高效节水灌溉技术，建成一批高效节水灌溉示范区。加快提升农业机械化装备水平，推动主要粮食作物生产全程机械化，打造烟台特色的林、果业机械化发展模式，加快推广牧渔林各业机械化技术。实施现代农业信息化工程，发展智慧农业。推广农业物联网的应用，加强信息技术与农业生产融合应用，搭建农产品电商产销对接平台，建立现代农业与互联网全域融合机制。

长岛县全面优化渔村基础设施。交通方面，实施长岛港交通综合服务体建设，完成 16 个千吨级泊位改扩建主体工程和交通枢纽综合体规划选址等前期工作；启动实施了砣矶岛、小钦岛、北隍城岛 3 处渔业安全港和避风锚地建设，为渔船停靠提供安全可靠的防护场所；供水方面，投资 1 亿元新建 10 处城乡海水淡化站、北部岛屿船运淡水项目，改造完成城乡供水管网 25 千米，实现有居民岛屿海水淡化设施全覆盖，军民饮水安全得到有力保障；供电方面，投资 1.2 亿元推进了大小钦岛备用海缆铺设等供电项目建设，启动第二座 110 千伏变电站前期工作，建成北四岛微电网，实现了全域“双回路”供电。

莱州市把基础设施建设重点放在农村，持续加大投入，加快交通、物流、水利、信息、能源等重大工程建设，补齐农村基础设施短板，推动城乡互联互通。推进“四好农村路”建设，组织开展农村公路“三年集中攻坚”专项行动，实施路网提档升级、自然村庄通达、路面状况改善、运输服务提升“四大工程”，统筹做好水利基础设施网络建设，加快推进全域治水三年攻坚任务，优化调配利用境内水和客水等资源，构建“库库相连、河河相通、河库相交、内外共济、科学配置、统一调度”的水网体系。建设一流配电网。推进能源供应设施和服务加快向农村延伸，统筹完善城乡能源供应网络、技术和服务体系，推动城乡能源一体化发展。综合运用多种技术手段，持续推进农村地区移动和固定宽带网络建设。

福山区大力实施农田水利工程，因地制宜兴建、提升中小型农田水利设施，加快建设现代农田灌排体系。大力推广管灌、喷灌、滴灌等高效节水灌溉技术，建成一批高效节水灌溉示范区。实施现代农业信息化工程，协调电信运营商，将业务延伸到农村，提高农村地区网络覆盖水平，拓宽农村群众的信息来源渠道，发展智慧农业。推广农业物联网的应用，建立良好的农业互联网生态系统，加快建设农产品互联网标准体系。深入实施“互联网＋”现代农业行动、农业装备智能化工程、农业物联网区域试验工程等，加强信息技术与农业生产融合应用，推进设施农业信息技术深化应用、强化畜禽养殖业信息技术集成应用、推动渔业信息技术广泛应用、引导农产品加工业信息技术普及应用。搭建农产品电商产销对接平台，借助互联网实现生产监管方式的智能化、精准化。

2. 推进现代农业园区建设，搭建产业发展新载体

建设现代农业产业园，是推进农业供给侧结构性改革、加快农业现代化的重大举措，是培育农业农村经济发展新动能和推进农民增收机制创新的重要载体。烟台市加快建设优质粮油生产功能区，以优质玉米、小麦和花生为重点，实施粮食高产创建平台等系列粮食增产工程，确保优质粮油产能产量，打造具有市场竞争力的优质粮油生产功能区；加快建设果蔬特色产业引领区，以烟台苹果、大樱桃、莱阳梨和绿色蔬菜为重点，集成推广绿色生态生产管理技术，打造具有国际竞争力的果蔬特色产业引领区；加快建设现代畜牧示范区，大力发展肉鸡、生猪、牛肉、畜禽良种产业及畜产品加工业，稳妥发展特色养殖业，严格控制水禽、黄羽肉鸡、毛皮动物发展。

福山区在产业振兴的进程中，以争创省级现代农业产业园为契机，围绕大樱桃主导产业，开展全产业链开发，实现绿色发展和产业链延伸的深度融合。福山区创新提出“产业＋园区＋示范区＋‘一村一品’”的农业产业发展新模式，由大到小、由面到点，分类指导、精准施策，做大做强大樱桃主导产业，发展现代农业产业园，打造乡村振兴示范区，培育“一村一品”，充分激发农业农村发展新动能。招远市稳步提高粮油生产能力，划定小麦、玉米生产功能区27.08万亩，规划建设1.62万亩高标准农田，推动“藏粮于地、藏粮于技”落地生根，开展粮食绿色高产高效创建，完善示范“一深、二增、三防、四改”绿色高产高效集成技术模式。栖霞市立足于现代农业产业园和农业科技园2个国家级园区和耕读艾山田园综合体，整合聚集优势资源要素，以农村产业融合发展示范园建设为抓手，依托新技术渗透带动农村一二三产业融合发展，突出姓农、务农、为农、兴农“四农”主题，采用成方连片、土壤修复、宽行密植、水肥一体、果园生草、绿色防控、机械作业、物联应用、智能管理等现代化生产技术，着力建设以标准化种植、精品展示、加工与物流、农旅结合与文化创意为特色的产业园区，打造农村产业融合发展的示范样板和平台载体。

3. 大力发展农产品加工业，培育农村发展新动能

烟台市围绕果品、菌菜、畜牧产业发展，延伸产业链条，实施农产品加工业提升行动，推动初加工、精深加工、综合利用加工协调发展，创建一批农产品精深加工示范基地，形成粮油加工、果品加工储藏、蔬菜加工、畜产品加工、水产品加工、粉丝加工、葡萄酒酿造七大产业集群。支持开展农产品加工、综合利用技术研究与示范，努力形成推动价值提升的关键技术和特色产品，以水果、菌菜等农产品的商品化处理、储藏保鲜等初加工设施建设为重点，发展农产品产地初加工，果蔬综合加工中心。大力培育农村第二产业，鼓励农产品加工企业通过技术合作等多种形式，引进城市的绿色清洁生产技术、智能化生产技术，注重加工新产品与加工新方法的研究开发，培育专业化、集约化、组织化有机结合的新型农业加工企业。烟台各县市区大力实施加工业提升行动，发展农产品加工产业，积极培育发展地理标志商标和知名品牌，提升农产品品牌溢价水平，培育农产品加工领军企业，开展农产品精深加工和综合利用技术研发与成果对接，形成推动价值提升的关键技术和特色产品，提升加工转化增值率和副产物综合利用水平。

4. 保障供给，大力发展海洋渔业经济链条

烟台市大力发展海洋渔业经济，重点推进“海上粮仓”建设，着力培育水产种苗业、水产养殖业、水产增殖业、海洋捕捞业、水产加工业、休闲渔业“六大产业体系”，推进渔业由浅海向深远海发展，促进渔业绿色、生态、高质量健康发展。积极探索“政府＋水产养殖企业＋海工装备企业”联动模式，加快推进海洋牧场建设。鼓励引导水产品加工向精深加工转型升级，大力发展水产冷链物流。深入实施“科技兴渔”战略，实施“科技入户”工程，建设科技示范基地，加快构建“专家＋示范基地＋渔技推广员＋科技示范户＋渔民”的推广服务机制。重点培育多家“育、繁、推”一体化渔业种业龙头企业，着力打造“水产种业硅谷”，建设我国北方重要的海洋生物育种研发和繁育基地。大力发展水产冷链物流，搭建“海上粮仓”流通贸易平台，建设面向东北亚、辐射全国的区域性水产品集散中心、交易中心和价格形成中心。支持“菜篮子”企业应用先进冷链设备，建设田头预冷、整理分级包装车间、冷藏库房等初加工冷链设施，提升冷链流通率、冷藏运输率，降低腐损率。支持加工型和流通型龙头企业扩大季节性“菜篮子”产品收购，大力发展电子商务等新型流通业，探索“互联网＋菜篮子”产业模式，促进农产品流通线上线下融合和产销对接。完善农产品物流体系，支持建设集信息流、商流、物流、资金流于一体的现代物流中心。

蓬莱市全市海区养殖总面积 6 720 公顷，有育苗生产企业 1 100 个，总育苗水体 80 万立方米，刺参、大菱鲆、栉孔扇贝、牡蛎、半滑舌鳎、海带等 15 个产品通过了农业部无公害水产品产品认证。京鲁渔业、宗哲养殖、天保海水养殖等公司的养殖基地被评为“农业部水产健康养殖示范场”，安源水产和宗哲养殖的基地被评为“烟台市刺参养殖标准化示范基地”和“烟台市鱼类养殖标准化示范基地”。长岛县着力改善渔业生产条件，提升渔港建设标准，完善配套设施，改善避风条件，增强抵御台风、风暴潮等自然灾害的能力，充分满足渔船停泊、作业和避风需要。积极推进渔港建设，配套完善渔港陆域服务设施。充分发挥渔业科技园区的示范带动作用，鼓励和吸引各类创新要素向农业科技园区聚集，培育园区内农业科技型企业，做大做强优势特色产业，提升渔业科技园区建设水平。通过建设现代渔业产业园、科技园和创业园等平台载体，以信息化技术、生物技术、冷链物流技术和新型渔业装备等高端技术为手段，以渔业科技创新为支撑，示范推广现代高新渔业养殖技术，实现科技创新、渔业生产、示范推广、技术培训为一体的多重功能。

5. 提高农业风险保障能力

为提高农业风险保障能力，烟台市积极推进农村承包土地经营权、农民住房财产权抵押贷款试点，推广林权、农机具、畜禽活体等抵（质）押贷款业务。不断丰富创新农业保险险种，探索建立农业巨灾保险分担机制和风险准备金制度，扩大农业保险覆盖面。鼓励开展支持农村产业融合发展的融资租赁业务，探索开展特色优势农产品和指数化产品等新险种，完善农业保险大灾风险分散机制，提高农业防灾减灾能力。同时，完善土地政策，逐步提高土地出让纯收益用于乡村产业发展的比例；通过农村闲置宅基地整理、土地整治等新增的耕地和建设用地，优先用于农村产业融合发展；对农村产业融合发展项目和农产品冷链、初加工、烘干、仓储、机库等设施建设用地，优先提供保障。

烟台各县市区在提高农业风险保障能力方面不断开拓创新。莱州通过订单生产、利润返还、股份合作等方式，因地制宜推广“合作社＋农户”“龙头企业＋基地＋农户”“保底价格＋无偿提供种养技术＋高价收购”“长期订单＋农业保险”“保底收益＋按股分红”等模式，推动新型农业经营主体与农户建立契约型、股权型利益联结机制，保护小农户合法利益。支持农业社会化服务组织，采取土地托管、代耕代种等方式，面向小农户提供生产性服务，提高小农户生产便利程度，加强工商资本租赁农户承包地的监管和风险防范，健全资格审查、分级备案、风险保障金制度，维护小农户权益。长岛县引导商业组织介入提高农业风险保障能力，引导银行、保险和证券等市场主体积极参与长岛渔业重点项目建设，积极推进农民住房财产权抵押贷款试点、海域使用权抵押和船舶抵押业务，不断丰富创新农业保险险种，探索建立农业巨灾保险分担机制和风险准备金制度，积极推广天气指数保险、价格指数保险等新型险种，扩大农业保险覆盖面。积极推广农村小额信贷保险、农房保险等普惠保险业务，拓宽农业保险保单质押范围。福山区积极争取介于现货和期货之间的大宗商品交易市场试点，积极推进农村承包土地经营权、农民住房财产权抵押贷款试点，推广林权、农机具、畜禽活体等抵（质）押贷款业务。根据国家、省、市安排，推进粮食生产规模经营主体营销贷款试点。不断丰富创新农业保险险种，探索建立农业巨灾保险分担机制和风险准备金制度，积极推广天气指数保险、价格指数保险等新型险种，扩大农业保险覆盖面。积极推广农村小额信贷保险、农房保险、大型农机具保险等普惠保险业务，拓宽农业保险保单质押范围。鼓励开展支持农村产业融合发展的融资租赁业务，探索开展大樱桃主导产业保险试点工作，完成扩大小麦、玉米等主要农作物保险覆盖面，扩大能繁殖母猪、大樱桃等地方特色农产品保险覆盖范围，完善农业保险大灾风险分散机制，提高农业防灾减灾能力。

3.4 强化高效农产品品牌建设，促进农业高质量发展

1. 加快培育优势农产品品牌

烟台市近年来健全品牌农业的培育体系，把农业品牌建设作为全市品牌建设的首要任务优先推动。筑牢品牌农业的发展基础，提升品牌农业的标准化水平，建立健全农产品生产、加工、包装、流通和质量安全标准，加快制定特色农产品的电商标准，制定符合农业生产实际、简便易懂的操作手册，高标准建设一批农产品标准化示范基地。此外，研究制定《烟台市品牌农产品评价管理办法》，每年开展一次市级农产品区域公用品牌、知名企业产品品牌和品牌农产品示范基地评选活动，根据结果发布《烟台市品牌农产品目录》。烟台市政府致力于壮大品牌农业的培育主体，增强行业协会对区域公用品牌的管理、保护能力，提高企业的品牌意识，提升自我发展能力、品牌经营能力。此外，完善品牌农业的产业链条，实现农业非物质文化遗产、民间技艺、乡风民俗与农业产业深度融合，老工艺、老字号深度发展，农事节庆、农产品展会影响力显著增强，品牌影视作品、品牌文学、品牌纪念品开发初具规模，农业品牌业态更多元、形态更高级。

深入实施区域公共品牌培育工程，推进栖霞苹果"二品一标"产品及基地认证，引导和鼓励各类农业经营主体积极认证绿色食品、有机食品，力争将"栖霞苹果"打造成国内外具有竞争优势的区域公共品牌。制定"栖霞苹果"地理标志证明商标规范使用手册。强化创建区域苹果品质检测和产品追溯，提升"栖霞苹果"品牌影响力。鼓励企业开发高端产品，培育发展自主品牌，争创名牌产品、优质产品、驰名商标、地理标志产品称号；鼓励龙头企业申报省市名牌优质产品、政府质量奖等。为了提升农产品知名度，烟台市加强品牌宣传推介力度，充分利用烟台国际果蔬会和栖霞苹果艺术节，创新举办丰富多彩的农业展会、产销对接会、农产品推介会等，充分利用传统媒体和新媒体手段，讲好品牌故事，传递品牌价值。借助互联网、新媒体、自媒体，探索搭建开放式营销服务平台，通过线上线下对接会、地方特色馆等形式，加强品牌宣传营销，拓展烟台农产品区域公用品牌知名度。增设品牌创建服务与完善监管结构，健全烟台市农产品质量安全监管体系，规范市场经济秩序，优化市场环境，强化品牌保护。

烟台各县市区通过各种方式大力发展品牌农业。海阳市不断强化农产品产地环境保护和源头治理，立足海阳市资源禀赋，加强现代高效农业品牌建设，海阳甜柿和“步鹤山”牌茶叶分别入选第四批山东省知名农产品区域公用品牌和企业产品品牌，甜柿种植区成功入选第二批山东省特色农产品优势区，“海阳绿茶”地理标志正式启用，茶叶进入正规化管理阶段。莱阳市认证“三品一标”9 个，新增“龙大”花生油、“唯品”乳品、“青青大地”水果 3 个省知名农产品企业产品品牌，总数达到了 10 个，占烟台的 1/4。青青大地、圣丰等 4 个基地获得粤港澳大湾区菜篮子生产基地认证。招远市加强农业投入品源头监管，并对 3 个大樱桃重点生产基地发放二维码 5 万余份，实现了大樱桃的质量可追溯。加快推进农产品标准化体系建设，制定标准化生产技术规程和农产品地理标志生产技术规范 20 余项，培育联蕾、三嘉、双塔 3 个省级知名品牌，新认证“三品一标”产品 12 个，实现“三品一标”持续用标率达 70%以上。长岛县通过强化水产品质量安全体系建设，实现名优品牌引领作用，建立水产品品牌培育、发展和保护体系，提高国家地理标志证明商标长岛海参、长岛鲍鱼、长岛扇贝、长岛海带、长岛海胆标识的运用、保护和管理水平，充分利用已经叫响的北隍城国宴鲍鱼、海参、大钦岛海带、紫海胆、北城扇贝等产品品牌，由政府引导，优势企业和行业协会参与共同创建“长岛海珍” 特色水产品区域公用品牌，实现资源共享，品牌共享，价值溢价。

2. 突出品牌带动效应，集聚市场竞争优势

烟台市以质量提高、品牌提升为重点，加强高效农产品质量品牌建设，全市以“建成农产品质量安全市”为目标，通过完善的食品安全和农产品质量标准体系，建设一批果菜茶标准园、畜禽标准化示范场、水产健康养殖示范场等标准化示范基地。开展“三品一标”认证，加大“烟台苹果”“烟台海参”“烟台肉鸡”等品牌培育提升力度，组织实施“中国好粮油”行动计划，打造烟台特色农产品品牌集群，提高农产品市场竞争力、影响力。强化质量品牌引领，支持特色农产品镇村发展“一村一品”“一镇一业”，打造产业“名片”。支持新型农业经营主体申办“三品一标”，加强国际商标认证，创建产品品牌，培育企业品牌，争创国际品牌。健全完善市、县、乡、村四级农产品质量监管体系，建立农产品质量安全信息平台，实现市、县、乡信息互联互通，实现农产品质量全程可追溯。建设“食安烟台”，争创食品安全先进县和农产品质量安全县。

烟台市坚持以品质为基础、市场为导向、政府引导、企业为主体的基本原则，以标准化提高竞争力，以规模化提高综合效益，以工匠精神着力提升产品品质，加大品牌创建、宣传和推广力度，打造“仙境海岸鲜美烟台”城市品牌下绿色、健康、优质、特色的烟台农产品品牌形象，建立健全品牌农业发展组织体系和政策体系，加强公共服务、市场监管和品牌保护，鼓励和支持农业龙头企业、农民合作社、家庭农场等新型农业经营主体开展标准化生产、规模化经营、产业化发展、品牌化营销。同时完善品牌农业的营销体系，逐步建立中央、省、市各级媒体、自媒体全覆盖的品牌宣传网络，以线下展示展销中心和线上展示销售平台为主体的烟台品牌农产品营销网络，初步覆盖了北京、上海、广州、深圳等一线城市。

烟台各县市区结合地方农产品资源，着力打造特色品牌。福山实施大樱桃品牌战略，对“福山大樱桃”进行全方位品牌发掘整理、包装设计和营销策划，编制完成“福山大樱桃”区域公用品牌发展规划，启动福山大樱桃品牌管理的综合信息平台——“樱桃汇”和福山大樱桃自媒体。福山区建设 30 多个专业批发市场，年交易量近 4 万吨，销售额超过 5 亿元，是全国最大的大樱桃集散地，是最早使用大樱桃预冷设备和选果机等先进采后处理设备的地区。龙口市兰高镇后霍家村为了彰显品牌效益，于 2010 年注册了“后霍家”草莓基地商标，产品通过了绿色食品认证，建立了产品质量追溯体系，产品实行精装上市。龙口市委市政府先后拿出 30 万元扶持“后霍家”草莓基地建设，市农业农村局指定农业农村局生产科和市蔬菜技术推广站全程跟踪，给予必要的技术服务，兰高镇党委和政府专门成立由分管农业的副镇长为组长的产业推进领导小组，给予各方面的服务和支持，使后霍家村的发展具备了较高的人才和技术优势。“后霍家”草莓通过了国家绿色食品认证，已经成长为龙口市的一个著名品牌，每斤特级草莓价格比市场价格高出近 13 倍。后霍家草莓按照《山东省标准化基地管理办法》的要求进行了统一管理，达到了一个生产标志牌、一套管理机构、一套管理制度、一套生产操作规程、一套生产记录台账、一种以上产品质量认证的“六个一”建设标准，组织化水平高。区域公用品牌引领机制是集合区域特色农产品资源，在保证农产品品质的基础上，长岛县集中打造区域公用品牌，整合长岛海洋生态文明综合试验区海参、鲍鱼、海带、扇贝、海胆等国家地理标志产品，集中打造“长岛海珍”的特色水产品区域公用品牌，实现特色水产品价值溢价。

3.5 实行统分有效结合，不断完善农业经营体系

烟台市以壮大主体、规模经营为重点，完善现代农业经营体系，重点推进壮大新型农业经营主体、促进小农户和现代农业发展有机衔接和构建农业对外开放新格局三项工作。全市通过开展家庭农场示范场、农民合作社示范社、骨干龙头企业、农业示范服务组织等创建活动，示范引领各类主体规范发展，支持龙头企业建设规模化现代种养基地，打造现代冷链物流体系，拓展农产品加工，发展农产品电子商务，开展农业社会化服务经营，实行复合式发展，支持龙头企业领头建立全国性农产品加工产业联盟，研究开发精深加工产品。

1. 探索创新“统分结合”双层经营体制，调动各主体积极性

烟台市重视处理好发展农业适度规模经营和扶持小农生产的关系，鼓励发展多种形式的适度规模经营，推动家庭经营、集体经营、合作经营、企业经营共同发展，提升小农户与大市场的有机衔接能力。发展多种形式的联合与合作，提升小农户组织程度，建立契约型、股份型利益联结机制，保护小农户合法利益，支持以农业社会化服务龙头企业为依托，建设“农村综合体”。

招远市金岭镇大户陈家村以合作社为发力点，坚持“党支部领办合作社”的集体化道路、不忘初心“二次创业”的艰苦奋斗精神和专业的事由专业的人来做的市场化理念，以“大和大美大户庄园”为主题，创新“党组织领导＋合作社经营＋农户生产”的“两统一分”的组织管理模式，通过组织引领、产业融合、科技带动、绿色发展、品牌创建，打造了一处集高端优质农产品种植、储藏加工、科普教育、田园风情、休闲娱乐于一体的田园综合体，带动本村及周边村集体的经济发展，带动区域共建共兴共美，努力实现乡村全面振兴。

第一个“统”是党组织领办合作社，整合资源，统一流转土地，统一规划，统一打造，夯实农业绿色高效产业化基础。村党委领办成立大户庄园农林专业合作社，制定细化收入分配制度，破解收益分配难题。近年来，合作社完成了大户陈家村1 500亩土地的流转，大户陈家村集体企业占股51％，流转土地的大户陈家村及其他村集体占股40％，承包种植片区的乡土人才占股9％，流转土地的农民以土地使

用权享受保底收入，并参与合作社年终税后利润10%的红利。整合农村闲散土地，推进土地流转集中，对成功流转的大户陈家及周边侯家沟、西梧桐夼等7个村耕地、荒山荒坡11 000余亩，进行现代化农业设施改造，园区道路全部硬化，抽沙压土改良土壤，探索应用“物联网”和以色列水肥一体化全覆盖技术，引进种植矮砧苹果、葡萄、大樱桃、猕猴桃等多个优质高产品种，提高土地产出效益。辐射带动1 000多名村民就业，人均年增收2万多元。

第二个“统”是庄园统一运营，统筹三产融合发展，促进收益最大化，实现多元式、叠加式、倍增式、规模化、品牌化发展。以高效农业优质化、标准化、生态化种植为一产核心，实行高效农业生产区、绿色粮食生产区及优质果品示范区“三区”联创，实行统购、统防、统治、统管的田间管理模式，实现土壤可持续利用，增加绿色优质农产品供给；向高效农业仓储、加工二产方向延伸，建成了面粉加工厂、苹果和葡萄冷风库等项目，并大力建设功能性果酒生产线、葡萄酒生产线及果脯果干生产线工业项目，拓展农业产业链和价值链，逐步走上了规模化、品牌化发展道路；合作社实行统购、统防、统治、统管、统销运作模式，将出产的农产品统一注册“大户庄园”商标，大力推动线上线下销售，通过网上认购，在北京、上海、济南、深圳等大中城市设立直销点，销售价格普遍高于市场价格的2倍；广泛开展“观光采摘式农业”“体验式农业”“节会农业”等现代农业休闲观光采摘，连续3年举办“南海林苑·大户庄园葡萄文化节”，实现了生产资料、生产管理、病虫害防治、品牌运作、产品销售“五个统一”，促进收益最大化。同时，积极推进田园综合体规划建设，以休闲农业为目标向三产拓展，开展“观光采摘式农业”“体验式农业”“节会农业”等现代农业休闲观光采摘，集中开发金水湾、汪家沟、陈家岭3个核心旅游板块，将自然资源、游乐设施、传统民俗有机融合，形成“农业＋旅游＋文化”三位一体格局，实现了多元式、叠加式、倍增式发展。

“分”，就是把管理责任分下去，专业人才分包经营，发展一个庄园“孵化”百个农场主，激活发展内生动能。专家人才提供技术支持，矮砧苹果项目由高级研究员、享受国务院特殊津贴的烟台果茶站站长马德功亲自指导；有机葡萄种植项目，由烟台农科院葡萄研究所所长唐美玲博士从全世界3 000多个葡萄品种中精选了4个品种推广种植，并全程提供技术指导；同时，委托中科院研发“大户庄园安全农业云”系统，实现全天候绿色生产、全过程质量追溯，并通过了国家绿色食品认证。

在村党委统领全局的基础上，实行合作社统一领导下的乡土人才负责制，乡土人才负责日常管理，根据自然地势和村情民意，因地制宜，把流转来的土地划分为100多个20～90亩的小型农场以每亩1 500～2 000元的价格发包给经过培训懂技术、善管理的100名乡土人才，并减免两年土地承包费用，乡土人才自承包合同签订之日起，与合作社“风险共担、利益共享”，按照合作社统一标准和要求进行田间管理，产品销售由庄园负责组织，一期投资打造的片区每亩收益5 000～10 000元。让乡土人才与合作社“风险共担、利益共享”，成为合作社发展的主力军。

截至2019年，大户庄园已累计完成投资1.5亿元，建成5 000亩优质粮食生产基地、3 500亩绿色果品生产基地及2 000亩旅游产业基地，先后被授予国家现代农业示范区核心区、国家3A级旅游景区、全国农业物联网示范基地、五星级好客人家、山东省农业标准化生产基地、山东省水肥一体化示范基地等荣誉称号。近年来，招远市大户庄园农林专业合作社结合实际，探索创新统分结合双层经营体制，调动了家庭农场主的自主性、积极性，取得了良好的经济和社会效益。

2.推动集体经济发展，带动农民多渠道增收

烟台各县市区将农村集体产权制度改革作为推动集体经济发展的重要举措，在深入推进农村集体产权制度改革的基础上，构建“归属清晰、权能完整、流转顺畅、保护严格”的农村集体产权制度，确定村集体经济发展方向，不断探索农业发展的新形式新途径。发挥村党组织对发展经济的引领作用，开展“党支部＋合作社”发展村级集体经济示范行动，科学制定村镇年度计划、增收目标和推进措施，充分调动农村党员群众积极性，因村制宜发展集体经济增收项目。

海阳市深入实施新型农业经营主体培育工程，开展农业产业化重点龙头企业培育和农民合作社示范社、家庭农场示范场创建，探索多种形式的农村集体产权制度。一是村企合作。西古现村与山东伟丽种苗公司达成农业种植合作协议，伟丽公司提供技术指导、种苗和销售帮扶，打通农业生产的价值链、提升附加值，实现了村企共赢、农民增收。二是农产融合。向阳村依托现有草莓种植产业优势，成立“村社一体”合作社，通过股份改造模式，建设集种植、采摘、储藏、加工、销售为一体的规模化草莓深加工产业链。同时与烟台市宏顺有限责任公司签订保护价格协议，每年纯收益按村集体、合作社、入股农民4∶4∶2的比例进行分红。三是城乡联动。西张家庄村依托毗邻“碧桂园”高消费群体优势，利用城乡交界优势打造“农业体验园”项目，建立农业体验综合服务中心，引入农业生态学、温室系统等新技术打造定制生态循环农业，重点打造农产品定制、田园旅游、生态体验等项目，形成了独特的城乡田园风光景区。

莱阳市推广以党支部领办合作社为主要路径的村级集体增收模式，积极发展新型农业经营主体，累计培育农民专业合作社 2 015 个、家庭农场 454 个，带动 25 万农村劳动力就业创业，年增加工资性收入近百亿元。构建稳定脱贫长效机制，搭建起孝行奖补、公益专岗、项目帮扶、住房保障、党员结对等扶贫惠民十大平台，100 个省级和烟台扶贫工作重点村全部实现扶贫项目全覆盖，4 684 户 7 820 名建档立卡贫困人口全部“摘帽”，实现了“基本完成脱贫任务”的目标。

长岛县积极推进村级集体经济发展三年行动计划，依托农村党建示范区，统筹区域村集体经济发展，对具备产业基础和资源禀赋的村，探索多种形式的“党组织领办合作社”方式，因地制宜发展“一村一品”集体经济；对不具备独立发展条件的村，强化区域共兴的理念，大力发展区域性股份制合作社，探索经济薄弱村与区域成熟产业项目嫁接发展村集体经济的模式，实现低风险滚动发展。

蓬莱市发展壮大村集体经济实力，实施发展壮大村级集体经济三年行动计划，探索发展合作经济、盘活资产资源、有效开发资源、农业产业化、劳务输出、发展电商经济等多种途径，做大做强村级集体经济，在全市筛选 20 个左右村探索推行“党支部＋合作社”发展村级集体经济模式，鼓励和引导农民加入合作社，把各类资源集中起来，把农民组织起来，提升村级集体经济实力，示范带动全市村级集体经济提档升级。

3.推动旅游发展，创建“农林牧渔娱”新型农业经营体制

烟台各县市区结合地域优势，创建多种形式的“农林牧渔娱”新型农业经营体制。蓬莱市以全域旅游发展为契机，全市高品质开发“山上、田园、滨海、岛上”深度游、观光游，推动特色小镇完善旅游配套设施，推动各类家庭农场、农业园区和规模化基地提档升级发展“生态＋”产业，创建一批休闲农业与乡村旅游示范点、生态休闲农业示范园区、美丽休闲乡村、齐鲁美丽田园，打造一批森林浴场、康养人家等森林康养基地，促进全市休闲农业和乡村旅游加快发展。创建休闲农业综合体，打造集新品种推广、农事体验、采摘观赏、观光垂钓、产品加工、废弃物循环等方面相融相促集约高效的休闲农业平台。实施“乡村旅游后备厢”工程，推动农林牧副渔等产品向旅游商品转化。加快推进精品葡萄酒庄、葡萄酒小镇建设，打造帆船赛、登山赛、马拉松赛等一批能带动乡村旅游的品牌体育赛事。海阳市将农业与文化、旅游产业有机结合起来，先后打造了以农家乐、渔家乐、采摘游、民宿游、红色游等为特色的省级精品采摘园6个、省级旅游特色村8个和省级旅游强镇7个，农村旅游生机盎然、蓄势崛起。

招远市大户庄园合作社利用园区内钟离河流域丰富的自然和人文资源，打造“大户庄园国家农业公园”，建设现代农业“新六产”新载体。委托山东农业大学勘察设计研究院规划设计，总体规划为一个综合服务中心、一条农业休闲景观带及五谷杂粮、特色林果、休闲娱乐、民宿度假、农业科普、森林养生六大功能区，打造金水湾游乐园、汪家沟民俗村、葡萄科技馆、桃花溪、彩蝶谷等特色景观，园区建有320米长的高空溜索、太空飞翼等游乐设施，计划增加体验式小火车一列，用于园区旅游。不断拓展旅游内涵，六维重构“家乡的田园、儿时的味道”。大户庄园举办了四届葡萄文化艺术节，烟台市首届农民丰收节在庄园举办，全省农作物病虫害绿色防控技术培训会、2018年中国苹果年会暨烟台苹果产销对接会、全国新型药械实用技术展示与培训会都在庄园有分会场或观摩点。将农业的产前、产中和产后环节连结为完整的产业链条，将农产品与文化、艺术创意结合起来，促进产业融合。

长岛县坚持世界眼光、国际标准、烟台品质、长岛特色，积极推进“旅游＋”融合发展，高端开发“低空游”“海上游”和垂钓、研学、慢游等旅游新业态。推进渔业与旅游、文化、体育等产业深度融合发展，推动“渔家乐”改造升级，集群化发展。传承海岛传统文化，规划建设不同主题的特色乡镇，保护长岛渔号、经典海草房等民间文化资源，研究创新砣矶砚、木帆船、刺绣等非物质文化遗产项目，打造精品民宿。推广“旅游＋渔业”模式，开发渔区观光、渔事体验、科普教育等休闲渔业项目。加快筹划启动庙岛妈祖文化园、海岛小镇、航空小镇、“渔家风情园”高端民宿等园区建设。打造帆船赛、海钓比赛、马拉松赛、摩托艇赛等一批能带动乡村旅游的品牌体育赛事，释放体育旅游品牌赛事活力。挖掘“百年渔俗、千年妈祖、万年史前、亿年地质”文化，开发海岛文化演艺项目。

3.6 坚持农业科技支撑，引领现代农业生产体系建设

科技主导，为乡村产业振兴插上了腾飞的翅膀。烟台市以创新引领、智慧智能为重点，强化农业科技支撑，落实“给农业插上科技的翅膀”的要求，围绕现代种业、精准农业、农产品精深加工、渔业健康养殖与深加工、高端智能装备等领域开展技术攻关，推进农业绿色、安全、高效生产。加快发展现代农作物、畜禽、水产、林木种业，培育具有较高竞争力的“育繁推一体化”种子企业、种业龙头企业，打造中国北方种业硅谷。强化农业科技推广，深入开展职业农民培训，培育壮大乡镇农业人才队伍，扩大农业“田间学校”、农民“讲习所”等，每年组织开展万名农技人员送科技下乡活动。深入实施县域创新驱动发展战略，培育创新型县（市、区）、创新型乡镇（街道）。强化农业科技园区建设，鼓励和吸引各类创新要素向农业科技园区聚集，提升农业科技园区建设水平。随着信息化的不断推进，烟台市越来越多的农村基层党组织和党员干部认识到了科技在乡村产业振兴中的作用，并在乡村产业振兴的实践中得以不断落实。截至 2019 年，烟台市农业科技进步贡献率达 64.2%，比全国高近 7 个百分点。

1.发展智慧农业，加快建设智慧农业大数据平台

烟台市农业农村局在深入推进农业供给侧结构性改革的具体实践中，充分发挥智慧农业的典型引领作用，谋划建设农业大数据云平台，打造包括农业物联网综合服务平台、农业科技信息服务平台、农村三资管理服务综合平台、农产品质量监管安全追溯平台、特色农产品展示平台、烟台特色农产品网上商城等在内的六大平台，实现农业领域大数据的互联互通，开放共享。

烟台市各县市区大力发展“互联网＋”现代农业，海阳市以锦源健康公司果茶基地、北石河苹果基地为重点发展智慧农业，建设环境感知、实时监测、自动控制、分析预警的农业大数据分析应用平台和质量追溯平台，探索构建集涉农政务服务、农副产品网上推介、农产品供求信息服务等为一体的智慧农业综合服务平台。海阳市大地牧业股份公司荣获山东省智慧畜牧业应用基地认证。

栖霞市实施“互联网＋”现代农业行动，引导龙头企业、家庭农场和农民专业合

作社等新型农业经营主体探索应用物联网、云计算、大数据、移动互联等技术，推广现代农业产业园和科技园区苹果生产种植智能化装备，提高土地产出率、资源利用率和劳动生产率，促进农业向智能化、精准化、网络化方向转变，建立农业数据智能化采集、处理、应用、服务、共享体系。积极构建一体化的农业物联网种植测控体系，实施智能节水灌溉、测土配方施肥、农机定位操作等精准化作业，建立质量安全追溯数据库和信息查询系统，实现对苹果生产、加工、冷链物流的全程监管；创新苹果拍卖模式，减少流通环节，减轻农民销售负担，提高农民收入。

长岛县全面实施“互联网＋现代渔业”行动，推动产业跨界融合，使信息技术在渔业、旅游业、服务业等领域得到广泛应用，传统产业综合竞争力显著提升。加快智慧长岛建设步伐，建立“互联网＋”综合信息服务体系，带动农村经济发展和社会进步，促进城乡协调发展。打造“无线长岛”，规划建造新的通信基站，实现高速宽带和无线网络全覆盖，逐步打造基于物联网技术特点的“智慧渔业”“智慧旅游”，推动产业转型升级。

招远市全面提升农业机械化水平，优化农机装备结构，全市小麦、玉米耕种收综合机械化水平达到97%、林业造林机械化率已达到50%、高效植保机械化水平达到60%、秸秆处理机械化水平达到90%以上，创建主要农作物生产全程机械化全国示范县。加快发展智慧农业，推进信息进村入户工程建设，积极推进“互联网＋”现代农业在农业领域应用，创建物联网水肥一体化，建设物联网水肥一体化示范区0.21万亩，建成物联网技术应用果业示范基地5个。强化农业科技推广示范，示范推广水肥一体化技术3.85万亩，推广病虫害绿色防控、新型农药替代、精准高效施药等技术，科学指导开展绿色防控和统防统治面积10万亩。推进育繁一体化，对发现的一个短枝富士苹果优系芽变进行育种选育，培育嘎啦苹果新品种“金都红”，建设盖岭农场百亩良种果树苗木繁育基地一处。

蓬莱市加快发展智慧农业。大力实施“互联网＋”现代农业，推动物联网、云计算、大数据、移动互联等技术在农业领域的应用，促进农业全产业链智慧升级。推进智慧农业工程，推进“三网”融合，实施“互联网＋”种植、养殖等现代农业，鼓励互联网企业建设农业服务平台，促进物联网、卫星遥感、大数据、云计算等信息技术与农业融合，提高农业智慧化和精准化水平。

2.利用现代信息技术，创建农产品网络销售服务体系

烟台市各县市区充分利用益农信息社以及农村电商、邮政、供销等村级站点的网点优势，以及县级农产品产业化运营主体的生产、加工、仓储能力，统筹建立县乡村三级农产品网络销售服务体系，为没有进入优质特色农产品供应链的其他农户和产品，以低成本、简便易懂的方式，有针对性地提供电商培训、加工包装、物流仓储、网店运营、商标注册、营销推广、小额信贷等全流程服务。加强优质特色农产品全产业链大数据建设，健全农产品监测预警体系和信息服务机制，引导各类市场主体及时了解市场信息，合理安排生产经营，大力发展多样化多层次的农产品网络销售模式，构建优质特色农产品网络展销平台，推动在县城、市区设立优质特色农产品直销中心，综合利用线上线下渠道促进优质特色农产品销售。

莱阳市发挥首批省级电子商务示范县先行优势，建立市镇电商服务中心，精心培育“绿色大厨房”本土电商品牌，发展农村淘宝、京东智惠“三农”村级服务站469个，把电商物流延伸到农民家门口，以“互联网＋农业”推动“小农户”与“大市场”对接。海阳市坚持政府搭台、群众参与，为海阳特色农产品插上“电商翅膀”，今年被山东省商务厅评为烟台唯一的“电商进农村综合示范县”，入选山东首批淘宝直播“村播计划”试点县，多次举办及组织企业参加各级各类海阳名优产品展销会和直播活动，引导社会资本进入电商领域，鼓励电商直播平台建设推广工作，推进镇级电商服务中心和村级电商服务站点建设。福山区稳步推进农村电商发展，创新农村电商模式，推进农产品电商物流配送和综合服务网络建设，建立符合电商行业及消费需求的农产品供给体系，加快发展农村电子商务，鼓励各类市场主体创新基于互联网的发展模式，发展农商产业联盟。栖霞市加快发展农村电子商务，完善市镇村三级公共服务体系，积极培育多类型、多功能电子商务经营主体，建设以第三方平台为依托，以电商园区为载体，以龙头企业为骨干，以农村和农产品电商为主体，以行业门户网站为补充，线上线下相结合，市镇村三级服务体系相配套的电子商务发展格局。

3.优化现代农业供应链，打造新载体新模式

烟台市推动创建农产品物流体系，支持建设集信息流、商流、物流、资金流于一体的现代物流中心，将传统批发市场与电子商务、物流配送、现货交易、国际贸易等进行创新性融合，实现烟台农产品在全国乃至世界范围内的自由流动。依托农业龙头企业、合作社、产业协会、信息进村入户运营商[①]、电商企业等各类企业组织，建立健全县级农产品产业化运营主体，引导其牵头联合全产业链各环节市场主体、带动小农户，打造优质特色农产品供应链，统筹组织开展生产、加工、仓储、物流、品牌、认证等服务，生产、开发适销对路的优质特色农产品及其加工品，及时调整优化生产结构和供给节奏；加强供应链管理和品质把控，统一对接网络销售平台和传统批发零售渠道，积极开拓线上线下市场，提高优质特色农产品的市场竞争能力。

栖霞市以桃村镇现代物流园区建设为重点，推动现代化农产品冷链仓储物流体系建设，培育栖霞苹果电子交易市场，完善农村流通基础设施网络布局，打造渤海湾地区重要的农产品物流基地。以蛇窝泊果品批发市场升级改造为重点，加快产地交易市场、专业批发市场和区域综合性交易市场建设，打造交易额大、辐射带动能力强的农产品集散中心，打通农产品流通“最初一公里”[②]。推广农超、农社、农企、农校、农军等形式的产销对接，鼓励发展鲜活农产品直销网点，健全农产品产地营销体系。福山区优化融合供应链，完善农村流通基础设施网络布局，促进传统流通网点向现代农资综合服务商转型。支持优势产区批发市场建设，推动市场流通体系与储运加工布局有机衔接，鼓励供销、邮政和大型商贸物流企业在农村地区经营布局，打通农产品流通“最初一公里”。支持冷链物流信息化、标准化建设和必要的基础设施建设，在农产品优势产区、流通重要节点地区和城市消费终端，率先完善冷链物流体系，打造区域性先进冷链物流中心。健全农产品产地营销体系，鼓励推广农超、农企、农旅等多种形式的产销对接。提升农村供应链信息化、智能化水平，开展农产品绿色智能供应链等集成应用示范，促进流通环节节本降耗增效。

---

① “政府＋运营商＋服务商”三位一体是信息进村入户工程的基本发展模式，信息进村入户运营商是指导农业农村信息化业务，承担农村信息组织的建设和运营工作的信息服务组织。

② 农产品流通“最初一公里”指的是在农产品流通的链条中销售农产品的第一场所和农产品流通的第一环节——农产品产地市场体系建设。

第 4 章

培育“一懂两爱”“三农”人才队伍，引领乡村建设发展新局面

习近平同志在 2018 年两会中指出，人才振兴是乡村振兴战略的核心要素。2018 年中央一号文件指出，乡村振兴战略实施的人才需求类型应包括新型职业农民、农村专业人才、农业科技人才、社会各界专业人才等，实施乡村振兴战略，必须破解人才瓶颈制约，要把人力资本放在首要位置。人才振兴是乡村产业振兴、文化振兴、组织振兴和生态振兴的有力支撑和关键力量，为此，必须培养造就一支懂农业、爱农村、爱农民的“三农”工作队伍，让这支队伍充分发挥各类人才在乡村振兴中的引领、示范和带动作用，推动乡村建设提质增效。

乡村振兴工作能否有序推进决定着全面建成小康社会的进程，引领着现代农业的有效发展。建设深刻了解农村生产生活、熟练掌握先进生产技术的高素质农村人才队伍，有利于烟台市为实施产业振兴提供保障、为文化振兴提供支撑、为组织振兴提供动力和为生态振兴提供动能，实现乡村振兴战略。

烟台市委市政府明确提出，按照培养懂农业、爱农村、爱农民“三农”工作队伍的健全要求，坚持把人力资本开发放在首要位置，着力破除束缚人才发展的体制机制障碍，围绕产业链、价值链、创新链布局人才链，统筹抓好农业科技人才、农村专业人才、新型职业农民、农村乡土人才、农村创新创业人才等五支乡村人才队伍建设，推动各类人才形成合力，为农村经济社会发展注入活力和动力，为乡村振兴提供支撑。

4.1 协同培养农业科技人才队伍，引领现代农业科技新发展

1. 引进农业顶尖专家，构建现代农业技术领域基础

实施高端人才带动引领工程，围绕加快农业转型升级，不断加大农业科技领军人才引进培育力度，成功引进省“外专双百计划”等知名外国专家，烟台市依托市农业科学研究院平台优势和区内人才政策优势，积极引进国内高端农业人才来烟台从事项目合作、成果转化等工作，最大限度集聚农业科研领域的各类高层次创新创业人才。通过扩大农业顶尖专家队伍，充分发挥顶尖专家在农业领域的“领头雁”作用，打造一批省内、国内领先，甚至具有国际水平的农业科研领军人才和创新团队。

一方面，以团体组织为单位进行顶尖专家引进工作。国内方面，烟台市正在建设一批涉农单位市级引智高地（单位），积极组织涉农产业及农村的引智单位参加国内外引智活动，力争更多引智项目纳入国家、省引智计划，此外，依托院士工作站、国家“千人计划”专家工作站、博士服务站等平台，强化工作站等集聚人才项目措施，加快高层次人才孵化基地来烟台设立涉农创新平台，柔性吸引高层次人才来到基地开展创新研究；国外方面，结合现代高效农业高端人才需求，扩大引进海外高层次人才规模，加大市级引进外国专家项目支持乡村振兴力度，争取农业产业领军人才获得更高层次扶持。

另一方面，以优秀个人为单位进行顶尖专家引进工作。依托烟台市“双百计划”人才工程，加大农业高层次人才引进力度。此外，还定期开展涉农产业及农村外国专家项目需求摸底调查，加大涉农国内外国专家项目申报力度，在引进人才的同时注重对接科研需求，着力提升国外先进农业科学技术和科研成果开发利用水平。

龙口市组织涉农企业赴中国农大、山东农大等农业类高校招才引智，先后引进束怀瑞、龙乐豪、戚发轫 3 位院士，并设立 3 处院士工作站；引进“千人计划”专家刘同先教授、省泰山学者陈学森教授，为农业发展提供人才支撑。引进拜耳作物科学

(中国)有限公司在龙口建设山东技术开发中心和100亩试验基地，增强农业企业科技水平和自主创新能力。同时，积极培育本土农业人才，先后推荐多名农业领域人才成功申报齐鲁"乡村之星"、烟台"乡村之星"等人才工程。

福山区积极促进农业企业产学研合作，借助高端院所人才实力，采用面谈走访、成果发布会、对接会等形式为企业和院所搭建平台，引进高端人才，已邀请河西学院农业专家与深海生物面对面洽谈，推动双方优势资源结合。积极引荐推介农业高端科技人才，实施高位嫁接，采取"请进来、走出去"的方式，引导企业引进先进人才，指导山东深海生物积极引进农业科技特派员2名。

2.培养农业顶尖专家的人才，加强现代农业技术开发

烟台市强化本土人才培育提升。一方面，对主持农业领域重大科研项目、承担重点工程、推动先进技术成果转化、具有较大发展潜力的优秀本土人才进行扶持；另一方面，积极支持重点领域科研人才开发，按照"领军人才＋创新团队＋优质项目"模式，"一事一议"顶尖人才(团队)引进适当向农业人才倾斜，入选后按照有关规定给予最高1亿元资助，加大对本土优秀专家人才的培养和提升。

烟台市鼓励农业科技人才参与创办农业科技试验示范基地，依托国家苹果育种中心、现代农业产业技术体系创新团队、院士工作站等科研平台，加强与山东省农科院、山东农业大学等省级科研单位、农业院校战略合作，以农产品为单元、以全产业链为主线，吸纳全市农业科研推广单位及新型农业经营主体的农业科技人才，建立服务大宗主导农产品、优势特色农产品产业创新团队，大力提高农业自主创新能力，加快科技成果向农业各个领域转化与应用。

莱山区加大农业科技人才引进力度，加大高端农业人才的自主培养力度，积极发动区内企业开展泰山产业领军人才高效生态农业类的申报工作，共有2名专家通过市里审核报送至省里，占全市申报人选的1/3；栖霞市在人才振兴文件的指导下推进农业科技专家大院建设，实施农业科研杰出人才和杰出青年科学家项目，对在栖霞国家农业科研杰出人才实行稳定性支持。

3.建立农业科技人员激励机制，巩固现代农业科技成果

首先，发挥政府对科技人员的激励作用。由政府牵头发挥好院士工作站、政产学研合作平台的作用，由烟台市政府率先出面与大院大所签订合作协议，在"项目规划”阶段以投入初始投资为形式吸引高端创新资源，在“项目运营”阶段以共建协议和社会责任为纽带，推动产学研开展技术开发或技术经营的有序进行，开展科技成果转移转化活动。

一是投入初始投资建立专家培训指导、技术人员包村、示范基地带动等服务体系，加快水肥一体化、药肥双减、绿色防控、土壤修复、智能农机等先进生产管理技术、装备的示范推广。强化农业科技支撑，落实“给农业插上科技的翅膀”的要求，深化科技“展翅”行动，紧紧依靠科技推进农业绿色、安全、高效发展。实施科技创新工程，坚持产业需求和市场导向，围绕现代种业、精准农业、农产品精深加工、渔业健康养殖与深加工、智能化农机装备等领域开展技术攻关，着力解决一批关键性技术。

二是以共建协议和社会责任为纽带，结合专家服务基层活动，定期邀请农业科技专家到烟台市农业生产一线开展技术服务活动。每年组织 100 名农业科技人员到生产一线，以推广绿色优质、稳产增产和抗灾减灾技术为重点，加大关键时节、关键环节的技术指导和农民培训力度。发挥好现代农业产业技术体系创新团队和农村专业技术协会作用，推动科技进村、入户、到田。每年指导农户 2 000 户（次）、指导面积 10 万亩以上。

其次，发挥企业对科技人员的激励作用。依托国家农业科技园区、国家现代农业产业园等国家级平台，集聚整合各层次、各方面科技力量，加快推进院士工作站、重点实验室、技术创新中心、工程技术研究中心、企业技术中心等创新平台建设，运用上述实验田与实验基地满足高素质硕博生、行业教授或专家对科研项目需求，实现人才软引进，搭建乡镇龙头产业发展的前沿“智库”。龙头企业的本土人才也可以在与高水平人才交流过程中得到锻炼和学习，提升自我水平。

乡镇企业开展科技成果转移转化。烟台市乡镇企业与农业科技人员达成“技术开发合同”“技术转让合同”“专利申请合同”“技术咨询合同”等长期嵌入式协同项目合作，是基于特定项目展开的结果导向式合作方式。考虑到风险共担、利益共享特征，采取“入口费结合提成支付方式”的结算方式。“入口费结合提成支付方式”是指在提成支付基础上，在协同创新项目启动初期，由烟台市乡镇企业向知识产权授权持有方，即农业科技人员支付研发经费，获取知识产权许可使用权或者保证创新组织展开研发活动。在成果转化后，专利所有方或者创新团队还能够通过既定的提成比例获得更多收益，通过科研人员持股、兼职等形式开展科技服务，此

激励手段大幅度调动了科技人员的积极性

最后，发挥高等院校对科技人员的激励作用。深化农业科研成果权益改革，高等院校、科研院所等事业单位支持和鼓励专业技术人员以兼薪、持股、期权等多种形式，到乡村和农业企业开展科技服务。建立健全基层专业技术人才“定向评价、定向使用”的人才评价制度。对长期在基层一线工作和做出重要贡献的专业技术人才，在职称晋升、子女上学、住房补贴等方面给予政策倾斜，稳定农业科技人才队伍。

高等院校、科研院所等单位支持与鼓励专业技术人员强化农业关键领域的科研攻关，给予项目经费的倾斜。面向农业重大需求，烟台市“学研”方集中优势力量在现代种业、精准农业、农产品精深加工、高端智能装备等关键领域开展科研攻关，加大与国内外高校、科研院所的产学研合作力度，围绕新品种引进繁育、标准化栽培、智慧农业等方面开展协同创新，为解决重大问题提供综合性技术方案。

4.2 分类培养农村专业人才队伍，实现“三农”工作全领域新拓展

乡村振兴首先要选好发展乡村产业的引路人。在发展高端优质农业、推动农业产业结构调整、种植、养殖、农产品加工等方面，形成了较大的生产规模、品牌效益好的人才，是发展乡村产业急需的人才。他们不仅具有长远的战略眼光和灵活的市场头脑，而且还掌握着相对丰富的资金、技术以及人脉资源，对经济动态认识独到，在促进农村产业发展壮大、结构优化、提质增效上具有一般企业家不具备的经验优势，是领导乡村致富的重要力量。

烟台市强化“三农”领域实用专业人才培养，实施分类培养，提高农村专业人才服务保障能力，健全评价激励机制。围绕农技推广、畜牧兽医、渔业渔政、农村卫生、乡村教育、农村事务管理、农村法治、建设规划、环境整治、改厕节水等工作，建设一批扎根农村、服务基层的专业化技能人才队伍。

烟台市强化基层农技推广体系建设，要求贯彻落实好山东省加强基层农技推广人才队伍建设的20条措施，不断完善引进培养、服务保障、激励考核机制，着力

提升农技推广人才综合素质和服务能力。实施基层农技推广体系改革与建设补助项目,每年分层分批培训基层农技人员300人,力争5年内轮训一遍。

1.引进农村专业技能人才队伍,构建"三农"领域技术基础

烟台市通过多样措施,引进农村专业技能人才队伍。首先,搭建农业创新平台,通过各种载体建设,吸引各类人才投身乡村建设。加强与高校的联系合作,促进农业科技成果转移转化;加强院士工作站的建设和管理,提高建站质量,吸引更多高层次人才进站工作;加大农业科技试验示范基地建设,将更多农业龙头企业纳入基地建设范围,积极打造各类乡村振兴专家服务基地。其次,培育和引进农业高端人才和项目。以提高农业技术人才专业水平和创新能力为核心,结合烟台市现代高效农业需求,加强与国内高校科研院所合作,打造和引进一批高端农业人才和项目,协调农业龙头企业与高校和科研院所合作,进行人才培养。

最后,打好亲情、乡情、友情牌,实施农业科技人才引进计划,把引进现代农业科技人才列为市委、市政府落实乡村振兴战略的重点工作。实施高校毕业生基层成长计划,通过人才引进、政策扶持、服务指导等多项措施,选派引导鼓励优秀高校毕业生到基层去工作,在一线成长,对农科类毕业生给予一定程度的政策倾斜。

招远市完善政策机制引人才,研究制定招才引智工作考核办法,围绕分领域实施人才工程、支持建设招才引智平台、完善人才服务体系等方面,制定《关于进一步推进招才引智工作的实施意见》,精准对接人才创新创业需求,形成引才聚才的"虹吸"效应。一方面,招远市开展"桑梓人才"活动,利用春节期间招远籍人才返乡时机开展乡情引才,举办"招远籍人才回乡座谈会",邀请高层次人才参会,鼓励人才回乡创新创业。另一方面,招远市开展"联姻聚才"活动,强化与中科院、中国海洋大学、哈尔滨工程大学等院校的高层次人才合作,合作对接各类高层次人才17名。

蓬莱市以乡情乡愁为纽带,以大学生、进城务工人员、退伍军人等群体为重点,建立有效引导激励机制,增强乡村对人才的凝聚力。首先,通过吸引蓬莱籍高层次人才柔性回乡,培养造就心怀农业、情系农村、视野宽阔、理念先进的新农民;其次,吸引支持企业家、党政干部、专家学者、医生教师、规划师、建筑师、律师、技术人才等,通过下乡担任志愿者、投资兴业、包村包项目、行医办学、捐资捐物、法律服务等方式,关心、支持、参与乡村振兴事业;最后,开展人才服务乡村活动,定期组织城市各类人才深入基层、深入田间,进行实用技术指导、科技知识普及、项目信息推广、理论文化传播等，共同服务乡村振兴。每年组织两次退役士兵专业技能培训。

栖霞市通过“三支一扶”计划向乡村输送急需人才，加强农村专业人才队伍建设。栖霞市根据乡村人才需求实际情况，合理确定招募计划，提供涉农岗位 16 人，报考人数达到了 567 人；除此之外，栖霞市 2019 年还开展了“栖聚青春”人才选拔工程和青年建功新旧动能转换工程，吸引栖霞籍在外人才返乡创业；同时，深化“基层干部素质提升工程”，鼓励村干部进行专科以上学历及非学历教育，实施“村村都有好青年”选培计划，为农村发展党员、村“两委”班子配备做好人才储备。

2.培养农村专业技能人才队伍，加强“三农”领域技术开发

首先，烟台市贯彻落实好山东省加强基层农技推广人才队伍建设的 20 条措施，完善市、镇、村三级农技农机推广网络体系，巩固和壮大扎根农村、服务基层的专业化人才队伍。实施基层农技推广体系改革与建设补助项目，每年分层分批培训基层农技人员 300 人，力争 5 年内轮训一遍；其次，烟台市鼓励农业科技人才参与创办农业科技试验示范基地，加大节水农业和水肥一体化专业人才队伍建设，提升资源综合利用和农业集约化水平。加强基层农村经济经营管理体系建设，培育农村经营管理人才；最后，烟台市还鼓励高等院校、中等职业院校和技工院校开设涉农专业，灵活设置专业方向，创新人才培养模式，为乡村振兴培养专业化人才。栖霞市创新人才培养模式，实施“农技推广骨干培养计划”和“定向委托培养计划”，试点开展“订单式办学”，重点从农业生产一线、自主创业、村级事务管理的优秀青年中选送到高校院所，定向委托培养应用型农业人才。

蓬莱市推进农村实用人才培育工程，安排资金 160 万元，对基层开展农技服务给予相应补助。蓬莱市通过健全县域职业教育培训网络、大规模开展农村实用人才培训，提高农村专业人才科技素质、职业技能和经营能力。另外，支持农村实用人才创业创新，着力打造服务乡村振兴、数量充足的农村实用人才队伍。

莱山区通过积极推广先进技术培育人才。烟台现代果业科学研究院创建组培室、驯化温室、种苗繁育基地，达到现代果业的组培标准化生产和标准化物联网品种栽植模式，选育出 4 个苹果新品种，并获得农业农村部登记证书；积极繁育脱毒苹果苗木并组建专业果树技术团队，进行苗木售后技术服务；打造最接地气的农业类果业通网络媒体，每周三晚上，专家在果业通网络媒体平台上进行讲座，并和果农进行视频互动。

海阳市科技局鼓励支持科技特派员、科技指导人员充分发挥自身优势，推动科技、信息、资金等资源要素向农业、农村聚集；围绕乡村特色产业发展，引进和推广新品种、新技术，推动农业新六产发展；根据省定市定扶贫重点村技术需求，开展技术咨询、技术服务、技术示范和农业实用技术培训，提高农民脱贫致富能力。2019年，共开展技术培训40余场次，培训农民2 200余人次，发放技术资料8 000余份，示范、推广新技术37项，示范推广新品种18个，服务带动农户5 000余户。

3.发展完善农村专业技能队伍激励机制，强化“三农”领域工作成果

坚持着眼长远、建章立制，为更好激励乡村人才提供制度保障。一方面，在基层农村专业技能队伍人才比较关心的职称评审问题中，坚持“定向评价、定向使用”基层职称评价使用制度，完成19个系列4 479人的中高级职称评审；另一方面，积极探索引导新型职业农民参加城镇职工基本养老、医疗保险，支持基层农村专业技能队伍参加企业职工基本养老保险，保障基层农村专业技能队伍享受乡镇补贴等优惠政策。

首先，烟台市全面实施农技推广服务特聘计划，探索公益性和经营性农技推广融合发展机制，允许农技人员通过提供增值服务合理取酬，健全激励评价机制，深入实施农业科研杰出人才计划和杰出青年农业科学家项目，深化农业系列职称制度改革。

其次，烟台市推进人才发展体制机制改革，落实好基层专业技术人才职称评聘、创业扶持、待遇保障等措施。建立“定向评价、定向使用”的基层专业技术职称评价使用制度，侧重考察实际工作业绩。对具有副高级以上专业技术职务资格到乡镇事业单位工作的专业人才，聘用到正高级基层专业技术岗位。

最后，烟台市推荐、选拔国家百千万人才工程人选、享受国务院政府特殊津贴专家、省有突出贡献的中青年专家、市有突出贡献的中青年专家、齐鲁首席技师、省突出贡献技师等国家级、省级或市级人才时，注重向基层专业技术、技能人才倾斜。

4.3 挖掘培养农村乡土人才，构建农业农村生态文化新产值

随着工业时代的到来，城镇化进程加快，工业文明与农耕文明之间矛盾凸显，

乡村记忆模糊、精神家园迷失、农民身份认可度低等现象成为乡村文化没落的直接表现，培养能传承乡村文化的人才也便成为振兴乡村的现实需要。所以要以乡村文化发展促进乡村振兴，就必须注重培养一批立足本地文化的文化传承人。

乡土人才具有熟悉当地情况、经验丰富、带动力强、掌握独门绝技等优势，是传统文化的传承者，乡村产业的开拓者和群众致富的带领者，在乡村振兴中扮演着重要角色。烟台市通过发挥优秀实用人才的示范作用，认定一批带动能力强、有一技之长的“土专家”“田秀才”，扶持培养一批农业职业经理人、经纪人，培养一批技术精湛、扎根农村、热爱乡村的乡村工匠、文化能人、非物质文化遗产继承人等，培育一批富有工匠精神的乡土人才队伍。

由于妇女在乡村建设尤其生态文化建设中能够发挥主力作用，应当激发农村妇女的潜能做好农村乡土人才建设。烟台市将汇聚乡村振兴巾帼人才队伍，促进妇女人力资源向人才资源转化。通过开展新型职业女农民培训，提升现代特色农业、庭院经济、乡村旅游、电子商务等新业态知识技能，提高农村妇女种养技术和管理运营能力；通过着力培育壮大巾帼新型农业经营主体，加强对农村妇女信息、技术等服务，引导妇女发展特色高效生态农业，让农村妇女成为现代农业经营的主体。

1.引进农村乡土人才队伍，构建农村生态文化价值新成果

对乡土人才而言，吸引其返乡创业的不仅仅是当地“求贤若渴”的诚心，关键是要有支持其长远发展的好政策。要充分发挥好“指挥棒”作用，在政策创新上敢于先试先行，勇于打破原先的制度“壁垒”，以敢为人先的魄力、敢于担当的作风，制定支持乡土人才发展的新政策、好政策，激发乡土人才回乡创业的热情和信心。为乡土人才发展开辟“绿色通道”，让他们不仅有地位，还能尝到“甜头”，使乡土人才能够“才尽其用”，从而发挥人才的“集聚效应”，吸引更多乡土人才扎根基层、奉献基层。

烟台市通过立足村域挖掘乡土人才和引导离村村民回村两大措施做好引进乡土人才队伍的工作。一方面是立足本地，深入挖掘本土人才。突出带动农民增收致富，围绕休闲农业、乡村旅游、特色产业、文化传承、家庭服务等，开发一批富有工匠精神的乡土人才和能工巧匠，发挥他们在化解农村纠纷、维护农村社会稳定、关爱青少年成长和留守儿童等方面的作用。同时，实施村委会班子人才储备计划，选培村级优秀青年成为村委会成员。另一方面是放眼村外，政策吸引人才回流。要

通过发展农村乡贤组织,吸引流向城市的本村贤人能人反哺家乡、造福桑梓。大力实施"桑梓创客计划",以乡情乡愁为纽带,利用春节、中秋节等重要节日,举办各类座谈交流会,吸引烟台籍或曾在烟台工作生活的高层次人才带技术、带项目、带资金回乡创新创业,去年以来,先后有500余名人才回乡交流,达成合作项目近百项。

2.培养农村乡土人才队伍,增加农村生态文化价值新增值

对乡土人才进行创新培养,健全市域职业教育培训网络,制订提高科技素质、职业技能和经营能力专项培育计划;围绕乡村特色产业、乡村旅游和家庭服务业发展,开展乡村民宿、农家乐、文化传承等特色产业培训,培育乡村职业经纪人、乡贤名人、乡村工匠、非遗传承人等。

烟台市通过开办乡村文化培训班、讲习所、文化站,为促进乡村文化传承人的交流与学习提供平台;通过因地制宜优化农村文化设施建设与硬件配备,为文化传承人开展农村文化工作提供基本条件;通过举办专场赛事或演出、发放认定证书或奖金等方式,展现乡村文化传承人的价值,提高其社会认可度,培养其为传承乡村文化而自觉奉献的动力。

烟台市一直积极培养乡土人才并运用到实际中去。例如,在招远市的大户庄园农林专业合作社中,乡土人才的培养起了重要作用。专家人才提供技术支持,乡土人才负责日常管理,实行合作社统一领导下的乡土人才负责制。乡土人才自承包合同签订之日起,与合作社"风险共担、利益共享",按照合作社统一标准和要求进行田间管理,产品销售由庄园负责组织,一期投资打造的片区每亩收益5 000～10 000元。

栖霞市聚焦"引进来、培养好、沉下去、留得住",广开招才引智渠道,培养爱农业的新型职业农民队伍,培养善经营的农业经营管理人才,培养懂技术的农村电商人才。在农村带头人队伍整体提升上,今年实施了过硬村党组织书记"头雁领航"工程,通过在现任村干部中"择优留"、在农村致富能人中"择优推"、在务工经商人员中"择优引",真正把政治素质好、群众威信高、带领大家致富本领强、乐于奉献的能人选出来和引进来;在市镇两级探索开设"头雁论坛",从农村党组织书记中建立讲师团队伍,不定期登坛授课,重点传授班子建设、致富带富、村级治理、移风易俗等方面"工作经",通过"书记讲给书记听、书记跟着书记学"的方式,引导村党支部书记在相互切磋中加强交流、在相互启发中碰撞火花。

3.建立乡土专家认定评价制度,巩固农村生态文化价值新成果

乡土人才在产业发展上具有的带头示范作用,是推进乡村振兴的重要力量。要支持和鼓励乡土人才带动群众发展产业。一方面,根据乡土人才的专业特长,合理配置乡土人才与群众的联系机制,常态化开展指导服务,解决群众在产业发展中遇到的困难和问题;另一方面,要建立乡土人才与当地群众产业发展的利益联结机制,乡土人才指导群众发展产业以后,在所增加收入的基础上分配一定比例的资金分红,确保双方"关系"的稳固,有效提高乡土人才的积极性。

探索建立农村乡土人才专业技术职称评定办法,提高社会对乡土人才的认同度。乡土人才作用发挥的好坏,与当地发展环境密切相关。因此,各级政府要给乡土人才搭建起良好的发挥平台和发展平台,在政策上给予支持,在资金上给予倾斜,在技术上给予提升。通过创新认定评价机制和应用认定评价结果,扩大对有突出贡献的乡土人才的宣传,提高荣誉感,激发更多乡土人才发挥创造性。

烟台市创新和完善创新认定评价机制。构建政府主导、乡村(企业)参与、专家论证、社会认可的乡土专家认定评价体系,建立科学化、社会化的人才评价发现机制。以能力和业绩为导向,完善人才评价标准,改进人才评价方式,拓宽人才评价渠道,在生产实践中发现人才,以贡献大小评价人才,把评价人才与发现人才结合起来。农村实用人才评价重在群众认可,根据农村实用人才的成长规律和特点,以知识、技能、业绩、贡献为主要内容,分层级、分地区、分类型制定农村实用人才认定标准,采取灵活、务实的评价方式,开展农村实用人才评价认定工作。

烟台市通过认定评价结果,建立农村乡土人才激励机制。一是落实待遇。建立乡土人才技能等级评价制度,探索制定乡土人才技能评价标准,或以赛代评,定期开展乡土人才创新创业大赛和传统技艺技能大赛,获得优异成绩的选手可直接被认定为技师、高级技师。二是营造发展空间,做好政治引领,大力宣传表彰先进典型,将政治素质好、工作能力强的优秀乡土人才吸纳到党内或选拔到各级领导岗位,努力营造尊重乡土人才的良好社会氛围,打造一支精炼过硬、服务乡村振兴的农村乡土人才队伍。三是注重发挥优秀实用人才的示范作用,认定一批带动能力强、有一技之长的"土专家""田秀才",扶持培养一批农业职业经理人、经纪人,培养一批技术精湛、扎根农村、热爱乡村的乡村工匠、文化能人、非物质文化遗产继承人等。统筹整合和充分利用有关资源,着力培养一批掌握先进理论知识和前沿科学

技术的农村实用人才,实施乡村技能培训计划,围绕农技推广应用、农业生产生活服务等方面,争取对农村劳动力有计划、分批次、多层次进行普遍培训,提升乡村就业人员新技能。

4.4 创新培育新型职业农民队伍,提升现代农业经营能力

顺应社会职业分类细化的趋势,新型职业农民是社会分工的产物,需要根据农业分类的细化,培养不同类型的、需要不同知识、技能和素质的新型职业农民。

烟台市加大新型职业农民培育力度,全面建立职业农民制度。一方面,以新型农业经营主体带头人轮训计划和现代青年农场主培养计划为引领,以家庭农场、农民合作社、农业企业等新型农业经营主体领办人和骨干为重点,分类型、分层次开展新型职业农民培育;另一方面,实施新型职业农民和农业专业技术人才继续教育,鼓励新型职业农民通过弹性学制、半农半读等方式接受中高等农业职业教育。引导具有实践经验的电子商务从业者从城镇返乡创业,鼓励电子商务职业经理人到农村发展。探索开展职业农民职称评定试点。

烟台市实施新型职业农民培育提升工程,做实“塔身”。制定出台新型职业农民培育实施方案和专家服务基地建设管理办法,通过举办各类培训班培训新型农民、农村实用人才 5.7 万人次。一批新型农民正在成为乡村振兴的“排头兵”,成为带领农民致富的“领头雁”。到 2022 年,建立一批综合培育基地、农民田间学校、实训基地和创业孵化基地,培训新型职业农民 1 万人。

1.建立新型职业农民培育制度,提供现代农业经营能力保障

从现代农业发展趋势来看,未来发展方向是要把一批职业农民打造成现代农业的主力军,把职业农民的培育作为一项重要工作,加快构建教育培训、规范管理、政府扶持“三位一体”的制度体系。逐步把新型职业农民打造成为懂管理、善管理、有素质的农村农业现代化的主体力量。

首先,建立培育新型职业农民方案。以解决好“谁来种地、怎样种地”为重点,探索实践注册农户、职业农民制度,积极培育爱农业、懂技术、善经营的新型职业农

民，将其打造成为发展现代农业的主力军和建设新农村的中坚力量。以新型农业经营主体带头人轮训计划和现代青年农场主培养计划为引领，以家庭农场、农民合作社、农业企业等新型农业经营主体领办人和骨干为重点，分类型、分层次开展新型职业农民培育。结合开展冬春农业科技大培训，科学制定工作实施方案。加强师资库的建设，建立开放共享的新型职业农民培育师资库，加大师资培训力度，打造名师队伍。强化教学资源建设，按照分层开发、择优选用的原则，丰富教材和课程资源。加强新型职业农民实训基地、田间学校等基础条件建设。通过创新田间课堂、固定课堂和空中课堂培训模式，开展外出参观学习、实习考察等跟踪服务活动，致力培养农民学员立足农业农村创业发展。探索制定新型职业农民培育管理机构、培养单位、实训基地、田间学校的准入标准，加快建立农业行政主管部门负责，各类市场主体多方参与、适度竞争的多元化培训机制。探索开展职业农民职称评定试点。

其次，规范管理新型职业农民培训程序。一是规范新型职业农民的培育制度，构建“三位一体”培育体系，以产业需求为导向，切实提升教育培训的精准性、师资教学的开放性、跟踪服务的持续性以及线上培育的普及性，促进新型职业农民在挖掘产业特色、推进产业融合、强化主体协作、运用先进农业科技等方面发挥辐射带动作用；启动新型农业经营主体带头人轮训计划，建立一批综合培育基地、农民田间学校、实验训练基地和创业孵化基地，注重培育懂经营、善管理、有素质的农业农村现代化经营主体。其中，蓬莱市正探索制定新型职业农民培育管理机构、培养单位等的准入标准，以加快建立多元化培训机制。二是规范新兴职业农民培训的资金管理。加大对农民职业教育培训的投资力度，建立农民职业教育培训专项资金，并由专门部门组织实施，同时广泛发动社会力量，采取政府、用人单位、农民和社会共同承担培训经费的投入机制，并采用“农业企业＋农民专业合作社＋新型职业农民”等培养模式，创新新型农民职业培训的方式方法，以满足新型职业农民多样化的培训需求。其中，栖霞市市财政每年安排专项资金用于农民教育培训工作，并规定市财政局负责农民教育培训经费保障，对农民教育培训经费使用进行监督、考核，做到专款专用。三是规范新型职业农民的制度环境。一方面，不断完善农民职业教育培训的相关法规，规范和发展农民职业教育培训事业；另一方面，加大对新兴职业农民的宣传力度，定期选拔优秀的新型职业农民代表进行表彰奖励，在全社会营造职业农民光荣的氛围。四是规范新型职业农民的职称评定。建立职业农民职称评定绿色通道，将业绩贡献、经济效益、社会效益和示范带动作用作为职称评定考察重点，对获得职称的职业农民优先提供信息技术、融资支持、产品推介服务，优先安排学习培训，优先获得财政资金支持项目、政策补贴等政策鼓励，充分调动新型农民汲取新技术、新成果、新信息的积极性和示范带动作用，进一步激发新型职业农民参与乡村振兴的活力和热情。五是规范新兴职业农民的统计管理。深入实施职业农民认证与动态管理，分类建立职业农民培育对象数据库，系统管理，跟踪服务，并实行职业农民退出机制。

最后，为新型职业农民培养提供良好的制度环境。一方面，要在全社会营造职业农民光荣的氛围。制定职业农民职称评定制度，建立职业农民职称评定绿色通道，将业绩贡献、经济效益、社会效益和示范带动作用作为职称评定考察重点，对获得职称的职业农民优先提供信息技术、融资支持、产品推介服务，优先安排学习培训，优先获得财政资金支持项目、政策补贴等政策鼓励，充分调动新型农民汲取新技术、新成果、新信息的积极性和示范带动作用；另一方面，要不断完善农民职业教育培训的相关法规，规范和发展农民职业教育培训事业。建立健全新型职业农民社会保障制度，对符合条件的新型职业农民提供城乡居民基本养老保险和基本医疗保险。

烟台市在新型职业农民培育上，一方面立足本村居民培养新型职业农民，采取切实措施留住爱农村、懂农业的青壮年农民扎根农村，建设家乡；另一方面吸引农民工返乡创业就业，利用他们有资金、懂管理、有资源等优势带领村民致富。其中，栖霞市在乡村振兴战略规划中明确提出，细化新型职业农民的培育对象，创新培训模式，以保证农业后继有人为目标，不断探索农业后继者培养途径，注重从传统农民、返乡农民工、退伍军人、农村高校毕业生中就近培养。强化新型职业农民培育示范基地建设，逐步实施精准培育，提升一批有经验、有劳动能力的“老农”，吸引一批有乡愁、想创业的“新农”，培养一批有学历、能创新的“知农”。

2.培养新型职业农民队伍，增强现代农业经营能力

乡村振兴所需要的各类人才，都必须在乡村经济发展、文明建设和社会治理的历史进程中逐步成长、成才。烟台市通过构建公平竞争和优胜劣汰的新型农业经营主体成长体制机制，让新型职业农民在市场中磨炼成才，通过市场磨炼新型农业经营主体，使其在实现乡村产业兴旺中发挥重要作用。

烟台市在新兴职业农民培养上，全面建立职业农民制度，加大新型职业农民培育力度，实施新型职业农民培育工程。以新型农业经营主体带头人轮训计划和现代青年农场主培养计划为引领，以家庭农场、农民合作社、农业企业等新型农业经营主体领办人和骨干为重点，分类型、分层次开展新型职业农民培育。实施新型职业农民和农业专业技术人才继续教育。引导具有实践经验的电子商务从业者从城镇返乡创业，鼓励电子商务职业经理人到农村发展。同时，各乡镇按照自己乡镇的实际情况，因地制宜地开展职业农民培训工作，例如，栖霞市围绕苹果、大樱桃等现代林果、生态畜牧等重点，对种养大户、家庭农场主、农民专业合作社主要成员和农业龙头企业骨干进行技能训练和素质培养；蓬莱市突出"葡萄酒"主导产业，借助龙头企业带动，加强产学研结合，与烟台农科院签订合作协议，探索科企合作新模式；海阳市有针对性地培育试点镇村技术人员、农业科技示范主体以及村级服务站点负责人，以提高基层农技推广服务水平。南邵家村、西张家庄村、大山所村、战场泊村、山东村等试点村成立了"新型职业农民培训学校"，定期邀请山东工商学院、中国农业大学的专家到村里开展农村电子商务培训，开通网上销售平台，拓宽农产品网上销售渠道，提高了郭城镇特色农产品和辛安镇特色农产品的知名度和市场认可度，实现了农产品增值。

3.强化新型职业农民队伍保障，巩固现代农业经营能力新成果

烟台市为新型职业农民培养提供健全的制度环境。一是制定职业农民职称评定制度，开展职业农民职称评定试点，建立职业农民职称评定绿色通道，将业绩贡献、经济效益、社会效益和示范带动作用作为职称评定考察重点，对获得职称的职业农民优先提供信息技术、融资支持、产品推介服务，优先安排学习培训，优先获得财政资金支持项目、政策补贴等政策鼓励。二是不断完善农民职业教育培训的相关法规，规范和发展农民职业教育培训事业，激发新型职业农民参与乡村振兴的活力和热情。

烟台市在新型职业农民培养中积极发挥政府扶持作用。一是实施新型职业农民培育工程，全面建立职业农民制度。以新型农业经营主体带头人轮训计划和现代青年农场主培养计划为引领，以家庭农场、农民合作社、农业企业等新型农业经营主体领办人和骨干为重点，分类型、分层次开展新型职业农民培育。二是鼓励新型职业农民参与创新创业。支持新型职业农民享受创新创业扶持政策。支持其发展多种形式的适度规模经营，发挥主力军作用。引导具有实践经验的电子商务从业者从城镇返乡创业，鼓励电子商务职业经理人到农村发展。其中，栖霞市规定市科技局负责对职业农民高新技术发展、科技成果转化及科技投入给予倾斜支持，对职业农民创办的民营科技企业优先予以审批和支持。三是健全新型职业农民的社会保障制度。引导符合条件的新型职业农民参加城镇职工基本养老保险、职工基本医疗保险。在烟台市行政区域内，与企业签订了劳动合同的新型职业农民，应按规定纳入相应的社会保险制度；其他新型职业农民可按灵活就业人员办法参保。四是加强对新型职业农民的宣传与激励。在全市范围内建设典型宣传平台，将培育一批新型农业经营主体和职业农民标兵列入项目计划，选拔一批在乡村振兴中做出重要贡献的人才典型，大力宣传其创新创业事迹，在全社会营造识才、爱才、用才、敬才的浓厚氛围，加速推动乡村振兴。

烟台市为新型职业农民培养营造积极的社会氛围。一方面，要在全社会营造职业农民光荣的氛围；另一方面，要加强典型宣传平台建设，将培育一批新型农业经营主体和职业农民标兵列入项目计划，选拔树立一批在乡村振兴中做出重要贡献的人才典型，大力宣传其创新创业事迹，在全社会营造识才、爱才、用才、敬才的浓厚氛围，加速推动乡村振兴。

莱山区开展农民培训工作。实施国家基层农技推广体系改革与建设补助项目，培训基层农技人员 20 名、农业科技示范主体 80 个，建设农业科技试验示范基地两处。开展了 2019 年农产品质量安全监管及农资经营培训。上半年共组织培训班 5 期，培训农民 600 余人次。

4.完善新型职业农民教育培训，普及现代农业经营知识

认真贯彻落实习近平总书记视察山东、视察烟台的重要讲话精神，按照培养造就懂农业、爱农村、爱农民“三农”工作队伍和“给农业插上科技的翅膀”要求，建立新型职业农民培育制度，构建教育培训、规范管理、政府扶持“三位一体”培育体系，注重培育懂经营、善管理、有素质的农业农村现代化经营主体，完成新型农业经营主体带头人轮训、农业经理人培养、现代青年农场主培养，为现代农业发展和新农村建设提供人才支撑。

首先，实现新型职业农民知识培训和实践培训相结合。一是实施新型职业农民培育工程，细化培育对象，创新培训模式，逐步实施精准培育；实施新型职业农民和农业专业技术人才继续教育，以保证农业后继有人为目标，不断探索农业后继者培养途径，注重从传统农民、返乡农民工、退伍军人、农村高校毕业生中就近培育。二是健全培训体系，支持农民合作社、行业协会、龙头企业等主体承担培训，形成中高等农业职业院校、农技推广服务机构、农业科研院所、行业协会、农民合作社、龙头企业广泛参与的教育培训体系。三是强化新型职业农民培育示范基地建设，到2022年，烟台市建立一批综合培育基地、农民田间学校、实训基地和创业孵化基地，培训新型职业农民1万人。

栖霞市将山东省农业广播学校栖霞市分校作为培训机构，在培训中加强与高校、研究机构等的合作，保质高效地完成农民教育培训工作。蓬莱市开展冬春农业科技大培训，科学制定工作实施方案，加强师资库的建设，建立开放共享的新型职业农民培育师资库，加大师资培训力度，打造名师队伍。

其次，实现新型职业农民培训内容和培训形式相结合。针对不同人群的内容需求，新型职业农民的培训形式应更趋多样化和个性化，结合各乡村实际，切实贴近农民需求，真正提高农民的知识技能水平。在注重理论的同时，也注重实践能力的提高，培训不应流于形式，而应该使农民真正学有所得。以目标为导向，按需施教，因材施教。牢固树立“以培育对象为中心”的工作理念，紧扣农民需求，制定分类培训规范，分类开展系统培训。遵循成人学习特点和农业生产规律，大力推行“一点三线、全程分段、对接服务”的培训形式。科学设置通用课程、专业课程、现场学习、生产实践等教学环节。强化模块化培训，突出职业素养、“三农”新形势、质量安全、绿色发展、信息化手段应用等综合素质培养。创新培训模式，提升实习实训比重，鼓励农业经理人和从事专业技能与服务工作的农民参加职业技能鉴定。推进职业培训与职业教育衔接贯通培养，实行农学结合、弹性学制、送教下乡等培养模式，就地培养具有中高等学历的高素质农民。

烟台市在新型职业农民培训方面，积极推进农民在线学习，推进线上线下融合发展，鼓励开展农民在线学习、在线服务试点。积极组织专家、教师和农技人员上线服务，探索专家、农技人员通过在线服务农民获取相应的奖励与激励。其中，栖霞市将“云上智农”App等纳入培训课程，通过信息化手段推动小农户衔接现代农业，提升农民信息化应用水平。

福山区通过职业农民学院、田间课堂、农村大讲堂、“庄户剧院”、农民讲习所、网络教室、典型示范带动、能人现身说法等形式开展培训，支持农村合作社、社会专业技术协会、龙头企业等主体承担培训任务，鼓励新型职业农民通过弹性学制、半农半读等方式接受中高等农业职业教育，多途径提高培训实效。

最后，实施一系列措施保障新型职业农民培训工作顺利开展。一方面，不断完善农民职业教育培训的相关法规，规范和发展农民职业教育培训事业，探索开展职业农民职称评定试点等；另一方面，加强典型宣传平台建设，将培育一批新型农业经营主体和职业农民标兵列入项目计划，选拔一批在乡村振兴中做出重要贡献的人才典型，大力宣传其创新创业事迹，在全社会营造识才、爱才、用才、敬才的浓厚氛围，营造职业农民光荣的氛围，为新兴职业农民培训营造积极向上的环境。

4.5 扶持培育农村创新创业人才队伍，增强乡村振兴新动能

充分发挥乡村人才的作用，是乡村人才振兴的关键，也是乡村振兴战略实施的着力点。农村创新创业人才是农村发展的带头人，烟台市近年通过强化政策支持，构建良好环境，围绕培育新型农业经营主体、发展农业农村经济，不断强化乡村创业的产业、技术、金融等支持，壮大了一批富有活力的农村创新创业人才队伍。

1.引进农村创新创业人才，增添乡村振兴新活力

烟台市通过多种举措引导创新创业人才回乡发展创业。一是支持青年人才返乡创新创业。实施学子回乡创业计划，着力打好亲情牌，吸引有专业知识的学子下乡创业，大力引导在外创业成功人士以及优秀务工人员返乡创业兴业，激发乡村振兴新动能。二是实施“村村都有好青年”选培计划。吸引各行各业优秀青年返乡下乡创业，为农村发展党员、村“两委”班子做好人才储备。组织实施选调应届优秀高校毕业生到基层工作。引导鼓励高校毕业生到基层工作，开展“三支一扶”工作。三是通过每年面向海内外举办创业大赛和建立利于人才成长的创新创业资助模式，引进培养各类拥有优质创业项目的高层次人才，不断加强农业科研平台建设，着力提升农业自主创新整体水平。

烟台市在2019年招募20名“三支一扶”大学生，将为农村和农业发展提供强有力的人才支撑。依托新建农科驿站，开展农技研发、技术培训、成果推广等农业科技综合服务，依托山东富瀚海洋科技股份有限公司、海阳市步鹤山茶果专业合作社等星创天地，吸引外出农民工、退伍军人、高校毕业生、城市各类人才返乡下乡创新创业。

2.培育农村创新创业人才队伍，加强乡村振兴新动力

首先，提升乡村技能人才创新创业能力。实施农村实用人才培育工程，以提高科技素质、职业技能和经营能力为核心，大规模开展创新创业培训。围绕服务农民创新创业，以提高职业技能和经营能力为核心，大规模开展创新创业培训。实施乡村人才技能培训计划，对具有劳动能力和一定文化素质的农村劳动力、高校毕业生、退役士兵等返乡下乡创业人员开展创业培训。

其次，培育壮大农村创新创业群体。全面贯彻落实国家、省、市各项促进就业扶持政策，对农村富余劳动力转移就业实行扶持政策推动。大力发展特色县域经济，重点扶持一批吸纳就业能力强的产业和企业，探索建设农村就业示范基地。

再次，打造与乡村振兴相适应的农业科技教育。开办基层农业学历教育班，组建教学与管理团队，选聘有经验的教师组建课程教学团队。培养一批高层次的科技创新人才队伍和一大批懂技术、会管理的一线农业科技推广工作者，产出一批农业领域关键性、前瞻性科技成果和一大批接地气、能转化的实用型科学技术。

最后，搭建产学研创新平台建设。强化与科研院所合作，突出以用为本，以更大的力度、更灵活的方式柔性用才，实施人才服务振兴，围绕新品种引进繁育、标准化栽培、智慧农业等方面开展协同创新创业，为解决重大问题提供综合性技术方案。

龙口市一方面加强创业扶持，为有创业意愿的农村青年提供养殖、餐饮、电子商务等创业培训，出台了促进高校毕业生就业创业工作实施意见，鼓励高校毕业生到农村创业，目前已开展各类创业培训17期。另一方面，将党支部领办合作社确定为干事创业主路径，印发了指导意见、要件指南、操作实务30问等指导材料，年内计划培植200个左右党支部领办合作社，目前已建成126个。精准推进集体增收“保3争5”计划，对107个新上集体创业增收项目实行立项备案管理，每两个月统计一次集体收入统计表，力争村集体收入5万元以下的村在年内减少50%。

3.提供农村创新创业人才队伍物质和精神保障,助力乡村振兴新动能

一方面,在物质保障方面,一是制定和完善财政、税收等优惠政策,对符合条件的创业人员给予一次性创业补贴和一次性创业场所租赁补贴;二是优化创新创业环境,加强产学研创新平台建设,加快高层次人才孵化基地建设,柔性吸引高层次人才到基地开展创新研究,加快农业科技成果的落地转化;三是加强人才服务平台建设,提供创新创业培训指导,多方位为乡村人才创造良好的工作生活条件,建立人才工作站,实施乡村人才公寓精品工程,实施人才安居工程,通过新建、购买、租赁人才公寓以及发放住房补贴等多种形式,多渠道解决人才居住需求。

另一方面,在精神激励方面,一是深入挖掘创业典型,切实把返乡、下乡、回乡、归乡创业典型代表精准地找出来,对典型人物进行宣传,注重典型引领;二是完善高等院校、科研院所等事业单位专业技术人员到乡村和农业企业挂职、兼职和离岗创新创业制度,按规定保障其在职称评定、社会保障等方面的权益;三是加强政策宣传,营造返乡下乡创业浓厚氛围,人人以创新创业为荣,营造良好的创新创业环境。

福山区创新实施“聚福英才金卡”制度,推行“一站式”“一对一”服务模式,为符合条件人才提供配偶安置、子女入学、医疗保障等方面优惠待遇,解除人才参与乡村振兴的后顾之忧,确保人才引得进、留得住、流得动、用得好。注重发挥各类媒体的作用,选拔一批在乡村振兴中做出重要贡献的人才典型,大力宣传其创新创业事迹,营造有利于乡村人才成长的良好环境和识才、爱才、敬才、用才的浓厚氛围。

莱山市开展创业政策宣讲活动和政策下基层宣讲活动。在创业孵化基地举办“创业担保贷款政策宣讲会”,面对面向企业讲解政策、解答疑惑。大力宣讲各项创业优惠政策,及时兑现各类补贴。今年以来发放优惠政策宣传单 1 300 份,发放一次性创业补贴 6.5 万元,发放创业担保贷款贴息 3.1 万元。

4.建立健全创新创业人才队伍激励机制,巩固乡村振兴新动能。

烟台市通过制定出台优惠的政策来吸引社会人才到农村,要打造一些创业平台为这些人才提供支撑。根据各地情况,通过相应的财政扶持、用地保障以及适当的税费减免,还有创业风险补偿机制等优惠政策来吸引社会人才向农村流动。核心是通过激励政策吸引、留住人才，激发人才创新创业活力。

首先，烟台市重视对农村实用技术人才的选拔。组织齐鲁乡村之星的选拔推荐工作，切实将作风优良、贡献突出、敢于创新和示范带动作用大的优秀农村实用人才选拔出来。除此之外，完善高等院校、科研院所等事业单位专业技术人员到乡村和农业企业挂职、兼职和离岗创新创业制度，按规定保障其在职称评定、工资福利、社会保障方面的权益。

其次，鼓励吸引优秀外出人才返乡创业。实施高校毕业生基层成长计划，继续开展“三支一扶”计划，促进高校毕业生到乡镇基层工作。落实“三支一扶”人员工资福利待遇，保障“三支一扶”计划服务人员工作生活补贴发放，并为“三支一扶”计划服务人员足额缴纳社会保险，给“三支一扶”服务人员提供强了有力的生活保障。另外根据中央及省财政专项补贴，按照每人 3 000 元的标准，给予每名新招募且在岗服务满 6 个月以上的“三支一扶”人员一次性安家费补贴，为“三支一扶”人员营造一个立足基层成长、服务基层成才的良好环境。

再次，烟台市还注重新农村、新农业、新农民的典型引领，推动返乡下乡创业示范带动。深入挖掘创业典型，精准树立返乡、下乡、回乡、归乡创业典型代表，对典型人物进行宣传，切实发挥模范带头作用，提高农村优秀人员成就感和创造力。例如，烟台莱阳市的一位女大学生孙俊丽回村创业，成功成立了如果丽生态种植专业合作社，目前合作社通过发展现代生态农业，直接带动了当地农户增收。

最后，制定和完善人才、财税等优惠政策。一是优化创新创业环境。强化乡村人才创新创业政策扶持，符合条件的创业人员给予一次性创业补贴和一次性创业场所租赁补贴，符合条件的小微企业给予一次性创业岗位开发补贴，支持新型职业农民享受创新创业扶持政策。二是鼓励金融机构开发针对乡村人才的定制化金融产品，为乡村人才扎根基层、服务乡村提供资金保障。三是积极开展创业担保贷款工作。符合条件的创业人员，可申请创业担保贷款；符合条件的小微企业，可申请创业担保贷款，按照规定给予贴息，创业担保贷款及贴息期限按照有关规定执行。鼓励金融机构和担保机构依托信用信息，科学评估创业者的还款能力，完善风险防控措施，降低反担保要求或取消反担保，健全代偿机制，加大对创业企业的融资支持。四是落实和完善配套设施建设补助、税费减免、用地等扶持政策，明确政策边界，保护好农民利益，积极引导工商资本下乡投身乡村振兴事业。

长岛县对返乡创业人员激励机制主要是通过设置创业人才、创业项目系统的激励机制，鼓励和支持农民、大学生等群体返乡创业，助力人才振兴和产业振兴。在长岛海洋生态文明综合试验区通过实施“雁归兴长”和“长岛工匠孵化基地”等行动，开设创业基金，引导和鼓励农民工返乡，大学生回乡，城市各类人才下乡，参与农村基层管理，开展创新创业。

第 5 章

推进文化铸魂强根，打造乡村精神家园

习近平总书记曾强调，“乡村振兴既要塑形，也要铸魂。”乡村振兴，离不开乡村文化振兴。文化振兴的实质就是要在进行美丽乡村建设的同时努力打造乡风文明、民风淳朴、家风端正的乡村风貌。大力开展乡村文化建设，培育乡村文明新风，为实现乡村振兴提供文化支撑。实现乡村振兴，乡风文明是精神保障，必须坚持物质文明和精神文明一起抓，繁荣乡村文化，不断提高乡村社会的文明程度。乡村文化来源于村民的社会实践，蕴含了村民在生产生活过程中形成的共同的价值取向，反映了村民共同的价值追求和精神面貌。

实施乡村振兴战略，是实现烟台乡村文化繁荣兴盛的重要途径。烟台是历史文化名城，具有深厚的传统文化底蕴；又是胶东红色文化的发源地、全国文明城市和国家公共文化服务体系示范区，具有先进文化的良好基础。实施乡村振兴战略，进一步繁荣发展农村先进文化，深入挖掘乡村文化的丰富内涵，并将其与具有当代价值的文化精神相结合，有利于烟台优秀传统文化焕发新的魅力和风采，有利于提振农村精气神，增强农民凝聚力，孕育社会好风尚。

烟台市委、市政府基于实际，出台了《烟台市乡村振兴战略规划(2018—2022年)》，对培育乡村文明新风、推动文化振兴工作进行了部署，并印发《烟台市推动乡村文化振兴工作方案》，明确提出，坚持物质文明和精神文明一起抓，坚持既要塑形也要铸魂，坚持以社会主义核心价值观为引领，全面推进乡村思想道德建设、文明创建、文化发展、文化传承，培育文明乡风、良好家风、淳朴民风，改善农民精神风貌，提高全市乡村社会文明程度，焕发乡村文明新气象，谱写乡村文化振兴齐鲁样板中的烟台篇章。按照工作目标，到2020年全面建成小康社会，全市乡村文化振兴取得重要进展，公共文化服务基本实现标准化、均等化，农村公共文化设施、队伍、活动、投入得到保障，群众喜闻乐见的文化产品和文化服务更加丰富繁荣，农村文化人才支撑力明显增强，素质高、业务精、结构稳的乡土专业文化人才队伍进一步壮大；农村思想道德建设切实加强，乡村文明水平显著提升，良好社会风尚进一步形成；优秀传统文化传承发展富有成效，其教化群众、淳化民风的作用充分发挥，新时代文明传习中心“遍地开花”。

5.1 实施文化教育工程，凝聚乡村文化意识

党的十九大报告极其鲜明地阐明了坚定文化自信和加强社会主义意识形态建设的根本一致性，表明了高度的理论彻底和理论自觉。坚定文化自信，既是我们对外抵御西方意识形态渗透、维护国家文化安全的重要保证，也是我们对内凝聚人心、增强民族聚合力的根本所在。意识形态决定文化的前进方向和发展道路，坚定文化自信必须牢牢掌握意识形态工作的领导权。烟台市通过实施党建文化凝聚力工程、创建三同党性教育驱动力工程、实施“四德”教育源动力工程，加强教育引导、强化制度保障，树立爱国、爱家、爱人民的责任与担当。全市深入开展了习近平新时代中国特色社会主义思想、党的十九大精神和习近平总书记视察山东、视察烟台时的重要讲话精神的宣传教育，深化中国特色社会主义和中国梦的宣传教育，持续开展爱国主义教育和形势政策宣传教育，选派各级党校骨干教师、优秀理论工作者和道德模范等先进人物组成宣讲团赴基层镇村进行宣讲，依托镇街文化站、农村文化大院、文化书屋，通过政策解读、故事领会、图文解析等形式，生动诠释了中国特色社会主义和中国梦的基本内涵和真谛要义，引导农民群众凝聚共识、团结力量，为实现中国梦而共同努力。

5.1.1 推进党建文化凝聚力工程，实现社会文化价值引领

党建文化决定了党的形象，党建文化体现在组织心理、行为作风、制度规范、政

治思想四方面，凝聚力工程对党内成员增强自身修炼，对党外人士起到社会文化价值的引领。增强文化自觉和文化自信，是坚定道路自信、理论自信、制度自信的题中应有之义，基层党建带动群众进行组织建设，使大家树立团队意识、合作意识、目标意识、创新意识，坚持共建共享。

1.深化党群服务中心建设，构建党建文化综合体

坚持党建"引领发展，服务群众"的理念，进一步强化组织功能、强化干部素质、强化党员作用、强化基本保障，实现基层党建工作与经济社会发展同频共振，发挥其价值引领和功能示范作用。

党群服务中心是面向党员、面向群众、面向社会建立的一个集党员管理、党建工作指导、党员学习教育、谈心交流、志愿服务、综合服务等服务内容于一体的党建工作平台。烟台市基层党支部根据所在地党群文化建设的实际需要，对党员干部进行理想信念、核心价值观、革命传统、权利与责任等方面的教育，发挥党建文化的凝聚力作用，努力塑造"爱岗敬业型""互助友善型""诚实守信型""创新型"党员。把党群服务中心建设作为强基固本的战略之举。

加强力量统筹，拓宽经费来源。在全市建成街道、社区、园区、楼宇、商圈等各类党群服务中心600余处，并依托城管执法岗亭、景区服务台、大型健身广场等设立党群服务驿站，提供即时问询、导引服务、投诉受理、基本救助等方面的服务，延伸服务触角、织密服务网络，提升服务质量。

以人民为中心，规范制度与组织保障。落实以人民为中心的发展理念，强化基层党建工作实体支撑，解决党群服务阵地承载功能不够强、服务网络覆盖不够密等问题。市委组织部会同市行政审批服务局、市民政局联合制定《烟台市党群服务中心(便民服务中心)标准化建设办法》(以下简称《办法》)。《办法》对各级党群服务中心场所设施、机构设置、窗口设置、人员管理、业务事项、管理制度、服务流程、网络服务、经费保障、监督检查等10个方面做出统一明确的标准规范(简称"红垒十标")。2019年7月31日发布了全省首个党群服务中心建设地方标准——《党群服务中心(便民服务中心)建设和管理规范》，主要对党群服务中心(便民服务中心)的场所设施、机构设置、功能分区、人员管理、业务事项、服务流程等方面进行了规范，具体分为适用范围、规范性引用文件、术语和定义、分类、建设要求、功能设置要求、服务要求、管理要求、评价和改进等，规范管理各县市区及以下层级党群服务中心，各类园区、商务楼宇、商圈市场等其他各类党群服务中心的建设和管理工作。

设立便民服务窗口，解决群众生活需求。推进“一窗受理、一次办好”改革，建设“一门办理”“一窗受理”服务模式。审批局组建后，设立了商事登记、市场服务等6个“一窗受理”窗口和若干其他进厅部门“一窗受理”窗口，建立6＋N的“一窗受理”服务新模式，市级行政许可在中心大厅集中办理，其他政务服务事项申请集中到新市民中心办理，推进全领域无差别“一窗受理”，建立“前台综合受理、后台分类审批、综合窗口出件”服务模式；从群众办事的角度出发，按“链条”梳理“一件事”关联事项，编制服务指南，为办事群众提供有效指引；开展政务服务标准化工作，梳理发布市级事项实施清单6 588项、县级事项实施清单73 591项，根据省级要求实现事项名称、编码、依据等关键要素“省市县标准化”；推行政务服务“好差评”，打造传统评价和网络电子评价为一体的立体化政务服务“好差评”机制，提升群众的满意度和幸福感。

搭建丰富文化生活，树立幸福乡村理念。结合当地乡村老党员的特点，党支部组织丰富多彩的生活类文化活动，例如“元宵节廉政猜谜活动”“纪念屈原爱国精神包粽子活动”“植莲于心、清风廉韵”廉政文艺演出等。通过活动的开展增强党员之间的沟通和交流，增强支部凝聚力，构建幸福和谐社区。

坚持长效文化学习，树立修身治国意识。君子之行，静以修身，俭以养德。党员同志应当在工作、学习、生活中见贤思齐，不断加强品德修养，修身而后齐家治国。作为一名党员，一是要树立正确的名利观。在诱惑面前，做到心静如水，始终有一种力排一切干扰的定力，有不为外物所动的境界。二是树立正确的得失观。沧海潮汐、有起有落；事业功名，有得有失。三是树立正确的生活观。纯洁社交圈、规矩工作圈、净化生活圈。

加强爱心文化传播，树立和谐发展理念。对广大党员、群众以政治上关怀、生活上关心、工作上关注、人格上关爱，增强党组织的凝聚力、吸引力、感召力，从而激发战斗力。以多种形式的送温暖工程力所能及做好送温暖、献爱心工作。对社区困难党员、残疾党员、重病党员，送去慰问金和慰问品。

引导农民践行社会主义核心价值观，巩固党在农村的思想阵地，深化乡村文明行动，突出抓好乡风民风、人居环境和文化生活“三个美起来”重点工程。目前，烟台市村级综合性文化服务中心建有率达到100％，省级及以上文明村6个，烟台市级文明村22个。2019年海阳市开展送戏曲进乡村活动441场次，辐射全市583个行政村，覆盖率达到81%。

2.深挖胶东革命精神内涵，传承和弘扬优秀文化

胶东革命精神是以胶东革命历史为依据，反映胶东革命在中国革命历史的重要地位和作用。烟台市发动各层各界人士，围绕胶东革命精神挖掘提炼，概括为“忠诚团结、创新争先、实干克难、无私奉献”。胶东革命斗争史概括为“四大精神”，凝结成为一种红色文化。即“一四暴动”之前的胶东革命史，用“苦菜花精神”形容革命先烈的不屈不挠；抗日战争时期的胶东革命史，总结为“铁军精神”形容胶东革命力量的勇敢顽强；解放战争时期，胶东是全国革命斗争中非常重要的后防基地，提炼为“支前精神”，而海阳“地雷战精神”，形象地代表胶东民兵的革命文化。各基层党支部也对胶东革命精神进行广泛学习。

加强爱国主义教育基地建设，推动爱国主义教育基地改陈布展。烟台市把握党性教育的指向，依托胶东革命精神及文化内涵，打造胶东(烟台)党性教育基地。

烟台命名胶东革命纪念馆等64处教育场所为市级爱国主义教育基地，另有国家级爱国主义教育示范基地2处、省级爱国主义教育基地13处，形成国家、省、市三级爱国主义教育基地网络。这些教育基地较多分散在乡村基层，为村民提供方便的党建文化教育，如海阳市地雷战纪念馆、海阳市博物馆；牟平区的雷神庙战役纪念馆、杨子荣革命文化广场、八路军胶东军区司令部遗址(牟平区观水镇)；莱州市的中共掖县县委成立旧址(郑耀南故居)、莱州市郭家店镇小草沟村；招远市玲珑镇欧家夼村；龙口市七甲镇常伦庄村、龙口市石良镇尹村、徐镜心故居、龙口市下丁家镇下丁家村；长岛砣矶岛红色文化教育基地；栖霞市桃村镇国路夼村；莱阳市照旺庄镇西陶漳村、莱阳市姜疃镇濯村等；福山区践行“红色基因就是要传承”，持续抓好史料遗址挖掘整理和开发利用，努力把承载胶东革命精神的历史遗存和场馆设施发掘好、保护好、建设好、利用好。

形式多样的群众性主体教育活动，建立城乡融合发展机制。围绕庆祝改革开放40周年、新中国成立70周年、中国共产党成立100周年等重要时间节点，开展形式多样的群众性主题教育活动。扶持乡村红色文化旅游，推动红色旅游与民俗游、生态游等相结合，打造乡村红色旅游精品景区和精品线路。如海阳市郭城镇围绕战场，加快建设红色文化景点，坚持因地制宜、有分有合、点线结合，打造红色文化经典场所和精品路线，以文化带活旅游业、提升服务业，推动产业结构升级。

建立红色教育课程体系及学习时间，传承和弘扬胶东红色文化。利用清明节和各类纪念日、国家公祭日等时间节点开展纪念活动，每年设立固定规范教育及活动实践。建立传承胶东红色文化报告团及传承胶东红色文化报告会。加强地方中小学校的课程建设，推进胶东革命史、中共烟台地方史进教材、进学校、进课堂，推进老党员进乡村、社区、基层。如龙口市退休老干部，进入社区讲学，并撰文著书，将自身故事传播给下一代及基层群众。

5.1.2 实施“三同”党性教育工程，强化乡村党性思想意识

“三同”党性教育活动是围绕“深入基层、联系群众、增长才干、历练作风”的教育主题，党员干部与百姓“同吃、同住、同劳动”的一种体验式的锻炼。烟台市开展“三同”党性教育采取的主要措施有：发挥群众主动性，择优选择“三同”教育户。通过广播、发放明白纸、入户动员、召开村民大会等形式，宣传动员群众参与。召集工作区、村“两委”成员、党员群众代表对报名参加的农户综合个人素质、精神风貌、家庭环境、邻里和睦等方面进行民主评议打分。通过资格审查的农户经查体、培训合格后给予发放“三同”教育示范户门牌。实行动态星级评定管理，按照设施建设和服务情况评星，优先安排学员到星级高的示范户入住，星级低的示范户经整改无效后予以销号，充分激发“三同”教育户的积极性和主动性。

规范管理制度，提升教学质量。成立“三同”教育培训基地管理办公室，负责日常培训教学的接待组织等工作。严格纪律要求，制定《教学管理规范》《示范户管理规定》《学员守则》等一系列规章制度，对学习、劳动、生活、请销假等严格管理，走访了解“三同”教育开展情况和干部学习生活情况，根据参训干部的反馈意见，及时进行调整提升，确保培训不变味、学习不走样、效果不打折。

合理设置教育培训课程，创新教育模式。制定教育培训模块，根据班次特点及时间长短，合理搭配。组织学员走一遍村子，感受农村的发展变化；学一门技术，提升党员干部的亲民情怀；流一次汗水，体验群众生产生活的酸甜苦辣；励一次意志，重走胶东革命战争之路；访一次民情，写几篇民情日记；开一次座谈会，传递党的理论政策温暖。邀请学员为村内小学生授课，为党员干部讲党课，通过田间劳动向农

民学习农业劳动知识，与农民结对帮扶，使学员在有限的时间内深切贴近农村、农业、农民，接受最朴实的党性教育，体验最基层的生活，在与群众共同生活、共同劳动、共同交流中切实体会民生、民情、民意。

烟台市各县市区依托自身乡村特色，广泛开展形式多样的“三同”教育。栖霞市“三同”教育充分挖掘红色资源，通过打造以“同吃、同住、同劳动”为主题的“三同”教育基地，致力于让党员干部原汁原味体验群众的生产生活，切实增强党性修养和宗旨观念。福山区“三同”教育让党员干部与百姓“同吃、同住、同劳动”，福山区“三同”党性教育基地也正式上线。

5.1.3 开展“四德”文化教育工程，共筑道德精神文明家园

烟台市加快社会主义核心价值观融入法治建设的步伐，适时制定出台全市公民道德建设实施意见，发展“四德”教育，健全公民道德教育工作体系，解决道德领域的突出问题。以“弘扬主流价值、培育公共道德、深化文明创建、倡导文明生活”为重点，培育文明乡风、良好家风、淳朴民风，营造乡村文明新风尚。组织实施“思想强农”工程，培养时代新农民，贯彻移风易俗，提升农民文明素质。

1.致力奉献的爱德工程

以“爱”为核心，实施爱德工程，推进社会公德建设，特别是要关爱他人、爱护环境、乐于奉献。

创建生态文明示范村。以文明村镇创建为基础，每年扶持打造一批地方特色鲜明、风格浓郁的示范片区。推进“百镇千村”建设示范工程建设，按照“村村有休闲文化广场、健身广场、休闲长廊、乡村文明宣传街、LED 显示屏、科普栏、道德讲堂、文化墙、宣传栏、乡村文明行动标识”等“十个一”的标准建设文化宣传阵地。

开展“美丽庭院”创建活动。根据《2019—2020 年山东省“美丽庭院”创建工作实施意见》，明确 2019 年年底全省农村 5%的庭院建成美丽庭院示范户，一半以上村庄建有美丽庭院示范户。以“清洁、绿色、健康、文明”为目标，开展“美在我家”主题活动，提高家庭成员素质、弘扬良好家风、养成文明习惯、优化生活环境、提高生活质量。开展“清洁卫生我先行”“绿色生活我主导”“家人健康我负责”“文明家风我传承”四项行动，引导广大农村家庭，改善家庭环境卫生，参与“美丽庭院”创建，

培养良好的家庭卫生习惯和生活习惯，建立健康文明的生活方式。招远市全市80%以上村庄建立志愿服务组织，开展基层志愿服务活动300余起，参加志愿者2万余人。

2.诚信立身的诚德工程

以“诚”为核心，实施诚德工程，推进职业道德建设，开展文明信用镇、文明信用村、文明信用专业合作社、文明信用户创建活动，探索建立村民诚信档案和推出褒扬惩戒措施。开展信用顶层设计，开展农村行业领域诚信突出问题专项整治，健全完善诚信“红黑榜”制度、守信激励和失信惩治机制，由征信到诚信，推进诚信建设制度化。开展诚实守信、信用至上、诚信兴业、履约守信等主题宣传实践活动，开展文明信用镇、文明信用村、文明信用专业合作社、文明信用户创建活动，在农村培植树立一批诚信典型。深化农村诚信建设，深入开展农村行业领域诚信突出问题专项整治，并将信用等级状况优劣程度作为优先安排政策扶持、资金支持的重要依据。

3.博爱社会的孝德工程

以“孝”为核心，实施孝德工程，推进家庭美德建设。对待父母要注重保障生活、精神慰藉和敬业回报，为人父母要重视对子女的教育培养。

(1)开展孝心示范典型。孝文化在构建和谐社会、促进农村社会可持续发展、解决农村养老问题上有积极的作用，当然也要对其进行现代性转化。弘扬优秀传统孝文化，意义重大而深远。首先，弘扬优秀传统孝文化是人类种系繁衍的要求。优秀的孝文化也有利于家庭关系的和谐，渐成风气之后整个社会的道德水平就会得到明显的提升，这对于维护社会的稳定乃至国家和民族的稳定与团结都具有十分重要的意义。其次，弘扬优秀传统孝文化是时代发展的要求。建立有时代特色的现代孝道以及以“孝”为起点和核心内容的家庭美德，是正确认识和处理家庭关系及老龄化社会带来的一系列社会保障问题的时代需要。最后，弘扬优秀传统孝文化是农村精神文明建设的要求，以“孝”为核心的家庭美德建设是农村家庭道德建设的重要内容。如招远市深入挖掘农村孝德先进典型，评选“五美家庭”1 000户、金都最美家庭30户，评选村级好媳妇好婆婆9 000余名，评选镇级“好媳妇好婆婆”1 800余名。

(2)良好家风培育工程。开展“最美家庭”“五好家庭”“模范家庭”“星级文明户”“好媳妇”“好婆婆”等文明创建和主题活动，引导广大农民从自身做起、从家庭做起，讲道德、守法纪，培育形成爱国爱家、相亲相爱、向上向善、共建共享的社会主义家庭文明新风尚。开展“传家训立家规扬家风”“好家风好家训”征集展示活动，开展“社区文化节”活动，选拔先进典型，规范社区管理，弘扬邻里互助、共建共享的社区精神，在丰富和活跃城乡居民精神文化生活的同时，进一步提升群众道德水平，培育孝悌和睦家风。

(3)建设“家风家训”馆。场馆以“党建＋文化体验”为特色，采用讲座、图片文字等相结合的形式，让参观民众在经历一次近代革命历史峥嵘岁月教育的同时，也接受传统家风家训洗礼，旨在激发游客心底的道德意愿和道德情感，引导大家从自身做起，从家庭做起，讲道德、重家风，有效地将社会主义核心价值观融入人们的日常生活中去，建设“家风家训”主题社会主义核心价值观教育基地，以优良家风促党风带政风，挖掘胶东革命红色文化，承接党支部书记培训班现场教学点任务，让其成为提升市民道德素养、传承家风家训的传统文化展示基地和集爱国主义、党性党史、廉政教育于一体的“党性教育基地”。

4.高尚品味的仁德工程

以“仁”为核心，实施仁德工程，推进个人品德建设，做一个脱离低级趣味的人，做一个高尚纯粹的人，做一个有益于人民的人。

福山区培育思想道德示范典型，提升群众道德素养。总结推广基层企业、农村、机关、学校、社区街道等“四德”工程建设经验，广泛开展“榜上有名”先进人物评选活动，建好用活善行义举“四德”榜。通过举办殡仪馆社会公众开放日、开展有奖竞猜等活动，不断创新形式加强移风易俗宣传。深入开展“福山区道德模范”和“福山好人”评选活动，进一步健全区、镇(街)、村(居)三级推进的选拔机制，建立“好人有好报”的价值导向机制和道德养成机制。

莱阳市、莱州市培育兴业富民村示范典型，提升群众道德素养。依托自身主导产业，通过经济合作社建设、股权利益分配制度建立，提高村民劳动积极性，从而极大提升村民的文化素质。

龙口市深入实施“四德”工程建设。扎实开展“巾帼红　美在我家”家庭家教家风主题教育活动，广泛开展道德模范、“新二十四孝贤”“最美家庭”等评选。2019

年以来评选出“龙口好人之星”58 名，4 人当选“山东好人”。

海阳市不断完善身边好人评选机制，以打造“厚德海阳”品牌为目标，开展农村“四德”工程建设，深入推进“争当最美海阳人”“孝行海阳”等主题实践活动。

5.2 搭建公共服务载体，活化文化传承业态

乡村是中华传统文化的根基，寄托着乡愁，凝聚着记忆。按照习近平总书记提出的“望得见山，看得见水，记得住乡愁”的要求，营造富有胶东地域特色、承载田园乡愁、体现现代文明的新时代美丽乡村，保护乡村聚落与生态环境相融共生的和谐关系，保护乡村传统肌理与乡土文化特色，保护乡村社会价值体系和集体情感记忆。顺应多元化、多样化、个性化的产品或服务需求，依托技术创新和应用，从现有产业和领域中衍生叠加出的新环节、新链条、新活动形态，多基于公共服务平台发展而来。

依据《烟台市基本公共文化服务标准体系》，配置公共文化资源，提高公共文化服务能力，推动城镇公共文化服务向农村延伸，向农村和农民倾斜。继续实施文化惠民、服务群众工程，强化文化惠民项目与农民群众文化需求的对接。加强对农家书屋的管理，为行政村和社区农家书屋补充更新出版物。采取政府购买服务的方式，实施“一村一年一场戏”、农村数字电影放映工程。按照烟台市精准扶贫的要求，2018 年对省、市扶贫工作重点村文化活动场所进行巩固完善，优化提升。到 2020 年，县级图书馆、文化馆基本达到国家二级以上，乡镇综合文化站基本达到国家三级以上，村（社区）基本建有符合标准的综合性文化服务中心。

5.2.1 推进“乡村记忆”文化工程，构建地域特色的文化家园

乡村传统文化资源是一定区域内人民群众共同的精神认知，有深厚的群众基础，容易产生共鸣。保护和传承、利用这些文化资源，可以使人们形成认同感、归属感，进而产生对家乡的荣誉感和自豪感。新农村文化建设，应该从梳理农村传统文化根基开始，努力寻找现代工业文明与农村传统文化的契合点，构建起适应新形势

的新农村文化，将优秀传统文化与当代生活对接，使其既从乡土的土壤中萌发，又能在一定程度上指导新农村建设、提升农村居民素质，助推社会主义新农村建设。

乡村文化建设，是乡村本位，可以让广大农民受益。只有农民受益，才能继续维系乡村的稳定，使乡村得以按照自身的规律向前发展。乡村文化是由农民创造的，又是为农民所用的文化。它的社会功能是让全社会，特别是农民能分享更多的精神文化和物质文化成果，让每位农民都有足够的获得感，并作为一个社会共同体凝聚起来。只有农民成为乡村文化的主体，乡村文化才能发挥更广泛的作用，进而滋养全社会，这是乡村文化自信的根基。

建设乡村记忆馆，满足精神需求。因地制宜建设民俗生态博物馆、社区博物馆、乡村博物馆、乡村记忆的民俗节庆项目、“乡村记忆”博物馆、“乡村记忆”民居、村史馆等，收集和展览富有地域特色、文化特色和群体记忆的文化遗产，实现对文化遗产整体性和真实性的保护。村居的历史和文化遗产是乡村振兴的重要组成部分，因此需要对村落文化、历史古件进行挖掘，把村居的老故事、老历史进行系统梳理。

传承匠人精神，捍卫匠心文化。加强各地工匠、非物质文化遗产的传承与弘扬。福山区深入挖掘乡村文化遗产资源，设立非遗项目 20 个，新申请 11 个。蓬莱市依托“蓬莱小面”“八大碗”“八仙宴”等工艺传承、“渔灯节”等非物质文化遗产项目，发展具有蓬莱特色的乡村文化产业。

保护弘扬名人、乡贤文化，提升乡村形象。传统的乡村社会中，乡村精英是延续乡村文化的重要组织力量。龙口市积极弘扬爱国精英徐镜心先生革命精神，多次组织参观黄山馆徐镜心先生故居，讲述名人故事，传承爱国情怀，弘扬和继承徐镜心等历史名人的红色基因。

挖掘乡村文化特质，培育民俗文化村。依托中国农业大学农业农村文化中心，在全市范围内，开展民俗文化挖掘，将村民生活中的优良文化记录下来，通过论文集、村史、口述史等方式，将优良民俗文化进行保护、传承、弘扬。

蓬莱市加强文化遗产保护。重点实施蓬莱阁石碑石刻保护工程、蓬莱阁古建筑群消防、防雷工程等一批重要保护工程。海阳市深入提炼优秀的历史文化和农耕文化蕴含的思想观念、人文精神、道德规范，不断赋予新的时代内涵。推进乡村记忆工程，使乡村成为有历史记忆的精神家园。

福山区推进“乡村记忆”工程，深入挖掘有乡村特色的文化符号，加大传统村落、民居保护力度，使乡村成为有历史记忆、地域特色的文化之乡、精神家园。实施非物质文化遗产“六个一”保护措施，深入开展“我们的节日”主题活动，利用传统节日组织开展灯会、庙会等民俗活动。整理保护有地方特色的历史建筑、传统生产生活用品等物质文化遗产，传承保护民间表演艺术、传统戏剧曲艺、传统手工技艺、民俗活动、民间传说等非物质文化遗产，鼓励和支持传承人开展传承、传播活动。福山区将福山雷鼓传承人与学校进行结对，培养福山雷鼓非遗学员 40 余名，成功举办“纪念王懿荣发现甲骨文 120 周年国际甲骨学研究经验交流会”。

5.2.2　创建新时代文明实践中心，营造凝聚乡情的活动阵地

搭建“实践中心—实践分中心—实践站（所）”三级组织体系，融合各类功能空间及活动形式的新时代文明实践中心。建立集思想引领、道德教化、文化传承等多种功能于一体的基层综合平台，建设“传播思想、实践文明、成就梦想”的百姓之家。文明实践中心的主要实施内容：传思想，持续深入学习宣传习近平新时代中国特色社会主义思想；传政策，深入宣讲新旧动能转换、乡村振兴战略、法制建设实践以及农业农村教育、医疗、环境等各方面的方针政策，宣传相关法律法规知识；传道德，弘扬社会主义核心价值观，倡导社会公德、职业道德、家庭美德、个人品德，培育崇德向善、文明有礼的社会风尚；传文化，弘扬中华优秀传统文化、红色文化，传习文学艺术、绘画书法、传统习俗；传技能，组织开展劳动技能、科学技术、健康保健、传统技艺等实践活动，满足不同群体的工作生活需要。

县级层面，成立新时代文明实践中心，负责文明实践工作的统筹协调、工作指导和督查考核，指导镇（街、园、区）、部门、村（社区）开展工作，做好工作规划、教材编写、志愿队伍建设、人员培训、活动组织等工作；镇（街、园、区）层面，成立新时代文明实践分中心，做好向上对接、向下传导的工作，负责对辖区文明实践活动和村级文明实践站的规划建设、统筹指导、人员培训等；村（社区）层面，成立新时代文明实践站，整合村文化大院、综合文化活动中心、村史馆、文化广场、公开栏等现有农村基层阵地，因地制宜打造规范化的新时代文明实践站（所），开展各具特色的文明实践活动。

龙口市作为全省、全国试点市，创新推进新时代文明实践中心建设，16 处镇街区文明实践分中心、600 余处村(社区)文明实践站实现全覆盖。2019 年以来，新增注册志愿者 10 万余人，发起微项目活动 6 000 多个。5 个省定贫困村完成“村村建有文化活动室”的文化扶贫任务。全市建有 97 个镇级固定演出点和 498 个村级简易演出点，每年为基层群众演出 5 000 余场次。

蓬莱市整合资源打造新时代文明实践中心，全市共建成镇街级新时代文明实践分中心 11 处，村居(社区)新时代文明实践站 87 处，组织开展新时代文明实践活动 640 多场次；构建“1＋3＋N”志愿服务体系，全市注册志愿者 2.4 万人，注册大型、专业志愿服务队伍 30 多支，各类志愿服务小分队 470 多支，开展各类新时代文明实践志愿服务活动 4 000 余场次。

福山区推进铸魂强农，推进新时代文明实践中心建设。具体工作中，主要是注重“三个活”：一是“鲜活”政治宣讲，二是“盘活”文化资源，三是“激活”志愿服务。

招远市推进新时代文明实践中心建设，打造了市级新时代文明实践中心 1 处，新时代文明实践分中心 14 处，全市 30％以上村庄建立新时代文明实践站。

1. 多功能文化广场，五彩乡村文化生活

文化事业发展的载体是文化产业。乡村传统文化为开展丰富的文化事业活动、进行文化产业项目开发起到良好的支撑作用。每个地方都有自己独特的乡村文化，对乡村文化进行挖掘开发，打造富有浓郁地方特色，具有广泛群众基础，深受农民喜爱的区域形象、活动和品牌，使每个新农村都拥有自己特定的文化符号和标志。

烟台市积极增加公共文化产品和服务供给，深入推进公共图书馆、博物馆、文化馆(站)、纪念馆、美术馆等免费开放，为市、县两级图书馆、文化馆配备流动服务车，延伸服务半径，以农村为重点开展巡展巡讲巡演等流动服务，以市、县图书馆、博物馆、文化馆、美术馆为中心，在城乡基层，特别是在乡镇农村设立分馆，开展“一卡通”服务，打通公共文化服务“最后一公里”。

培育乡村文化根脉。乡村振兴既要塑形，也要铸魂，实现文化育民、乐民、惠民的功效是关键。烟台市注重把送文化与种文化相结合，不仅努力把文化送到乡间，更努力把文化种进地里，做到村村都有文艺人，人人都有拿手戏，让村民的文化生活全面开花、多姿多彩，文化的滋养、涵育的作用得到极致的展现。全市 13 个县市区的戏剧艺术家志愿者们和农民庄户剧团演员，因地制宜地筹划、创作、编排了一批艺术水准更高、泥土芳香更浓的戏剧节目，既有优秀传统戏剧，也有新编大型现代吕剧，小型戏曲；他们以实际行动和精湛演艺打通为农村群众服务的"最后一公里"，惠及农村上万名群众。目前已创建了30余处农村文学、书画、诗词等各类创作采风培训基地，各协会定期对农村基层文艺工作者和爱好者进行公益培训。

龙口市实现镇街综合文化站、村居（社区）综合性文化服务中心、农家书屋全覆盖。5个省定贫困村完成"村村建有文化活动室"文化扶贫任务。莱山区坚持"改扩建为主、新建为辅"，坚持"一堂多能、一室多用"，各街道（园区）把综合性文化服务中心建设与美丽乡村建设紧密结合，充分整合党建、体育、教育等相关场地，统筹规划，合理布局，使基层综合性文化服务中心成为提高基层组织服务水平，提升村（社区）开展各类文化活动积极性的有效载体。蓬莱市也将农村老年人、未成年人、残疾人、留守妇女和儿童、生活困难群众作为公共文化服务的重点对象，实施公共文化服务"暖心工程"。招远市建设基层公共文化服务阵地，建成综合文化站14个，建成村（社区）文化大院724个，并对36个省定贫困村和20个"332"扶贫工作重点村实施了文化大院图书、乐器等器材奖补，实现了村（社区）文化活动室、农家书屋、社区书屋全覆盖。

2.多样化文化讲堂，倡扬时代健康风尚

大力提升农民自身的文化素养，塑造新农民。农民是农村生产的主体，是传承创造新型农村文化的主体，他们素质的提高直接关系到整个农村的发展水平，为构建和谐的社会主义新农村提供持久的精神动力。优秀的传统文化在实现现代转型后，应该为培养适应新形势的拥有新技能、创新精神和创新能力以及政治素养、审美能力的新农村新农民做出贡献。

招远市开展"新农村新生活"培训，全市14个镇街举办培训84场、培训人数4 000余人次，有力地推动了基层文明素质提升；推进"尼山书院"建设，采用"图书馆＋书院"的服务模式，打造儒学讲堂14处。福山区整合道德讲堂等现有的农村基层阵地，通过"讲、评、帮、乐、庆"等多种形式，传播社会主义核心价值观，倡扬时代新风尚。莱山区培育壮大乡村文化队伍，抓好基层文艺团队、文艺骨干和文化志愿者培训辅导，整合市级专业艺术院团、区级文化场馆和街区综合文化站等文化资源。2019上半年，深入村居开展一期基层文艺骨干培训班，培训学员500人以上，村居文化队伍自主开展文化活动 600 场次以上。龙口市积极弘扬优秀传统文化和红色基因，在市图书馆建设“尼山书院”，开设国学讲堂，每月至少开展 1 次活动；创排红色题材大型现代吕剧《突围》，在省会大剧院、烟台大剧院等演出 10 余场，目前开始在镇街区、部门单位进行巡演。

3.多元化农家书屋，提高乡村文化素质

实施农家书屋总分馆制和“一卡通”管理模式，构建以县级图书馆为总馆、乡镇中心农家书屋为分馆、村(社区)农家书屋为馆藏点的总分馆服务网络，城乡借阅一卡通用。

福山区推进镇街园、村居两级文化服务设施建设，实施农家书屋网络化建设工程，推进重点扶贫工作重点村农家书屋数字化升级服务，推广农家书屋总分馆制，构建以县级图书馆为总馆、乡镇中心农家书屋为分馆，村(社区)农家书屋为馆藏点的总分馆服务网络。海阳市构建了以市图书馆为总馆、各镇街综合文化站农家书屋为分馆、村(社区)农家书屋为馆藏点的总分馆服务网络。

4.仪式化节日庆典，宣传培育文明礼仪

不断提升大众对节日仪式重要性的了解认知。加强清明节、端午节等承载着传统文化记忆的节日纳入国家法定节假日体系的节日活动及宣传，采取主流媒体浓墨重彩地推出传统节日宣传报道与深度分析、自媒体生动有趣及深入浅出的展现方式。针对节日出现的“空心化”倾向，即历史的、文化的、民族情感的内核被消费文化冲击，原本内涵丰富的传统节日容易简化为单纯的“吃”“买”“游”消费模式，结合当代生活特点，对传统仪式进行创造性转化和创新性发展，赋予传统以当代气息。在传统节日中，有许多仪式与百姓生活密切相关，富有生活趣味，采取创新方式调动民众的参与兴趣。深入发现和挖掘生活化节日仪式的科学价值和文化价值，倡导人们在日常生活中保留传统仪式，丰富节日民俗活动，逐渐实现“见人见物见生活”的文化传承理念。如莱山区 2019 上半年，积极开展“冬春文化惠民活动”“正月十五闹元宵”、烟台市民文化节“春之声”“夏之舞”等形式多样的文化活动 800 余场，活跃农村文化市场。结合莱山区消夏系列演出活动，组织开展了“激情盛夏·润泽莱山”海滨消夏群众文化展演 5 场、“爱在莱山”专业艺术院团送文化进基层 12 场、市民文化节八大赛事比赛活动 3 场，放映电影 500 余场。龙口市民文

化节“春之声”“夏之舞”“秋之韵”及八大赛事活动有序推进。

5.公益化网络平台，构建新型文化载体

烟台市文联号召各文艺作家协会在发挥好自有网络、期刊、移动端服务平台和载体作用的基础上，创造性地优化服务方式和内容，用好用活“烟台文艺大讲堂”“文艺战线党旗红”“中国民博会民间艺术大学堂”等载体，建立各类文艺培训、采风创作基地，广泛开展阅读推广、辅导培训、艺术普及等活动。

5.2.3 深入挖掘与丰富群众性文化活动，提升乡村生活质量

群众性文化活动形式、内容丰富多样。主要文化活动包括文化科技卫生“三下乡”、烟台文化惠民消费季、烟台文化艺术季、专业艺术院团演出季、烟台文化大讲堂等群众性活动；推出公共文化服务“暖心工程”“六进工程”；开展“书香乡村”建设，精心组织农民读书节、读书月和“三农”主题书展、书市、大讲堂等活动；莱州市平里店镇利用乡村自发的吕剧活动，成立吕剧协会，周末或节假日在镇域及乡村巡演，将文化活动与村民日常生活结合起来，极大地充实了村民的精神生活。

招远市积极开展丰富群众性文化活动，丰富农村文化业态。弘扬儒家文化，延伸图书馆功能，开设国学讲堂，广泛开展以国学讲座、经典诵读、礼乐教化、道德实践、情趣培养为主要内容的系列文化活动；提高公共文化服务供给质量，推出了“市民文化节”“百姓大舞台”“和谐大舞台，全民共欢唱”“春晚”“秧歌进城汇演”“我看你行”“招远名人书画展”和“讲金都故事，建文明城市”全民阅读活动等 20 多个文化活动品牌，其中“和谐大舞台，全民共欢唱”系列广场文化活动被授予烟台市公共文化服务优秀品牌；组织开展文化下乡活动，文化馆、吕剧团、电影公司送戏下乡 200 余场、送电影下乡 8 000 余场，开设书法、国画、声乐、摄影、戏曲等多个班次免费艺术培训，培训学员 700 余人。

栖霞市以传承乡土文明、乡风文明为先导，加强农村公共文化建设，深入开展群众文化活动，创作文化精品，进一步推动乡村文化繁荣。2019 年投入近 400 万元对 305 个村级综合性文化服务中心进行改造提升，全市村（社区）综合性文化服务中心建设率达 90%。先后举办了群众文化节、社区文化节、全民读书活动等群众性大型活动 190 多场。开展关爱空巢老人、帮助困难学生、关爱残疾人等志愿服

务活动50余次。投资6 000万元拍摄30集电视连续剧《苹果熟了》，于2018年年底杀青，目前已完成后期剪辑制作，正在配合投资方开展样片送审工作，预计今年在央视播出；电影《苹果村的喜事儿》已完成拍摄，于2019年10月16日在栖霞市影剧院成功首映，为新中国成立70周年献礼；电影《决不言弃》已取得放映证，正在申请龙标；以衣家村为原型，吕剧团编排的吕剧新剧目《衣家人》，已正式上演。

5.3 推广健康生活方式，培育乡村文明风尚

乡风文明是乡村文化振兴的保障，是乡村振兴的灵魂，是乡村和谐文明、健康发展的润滑剂。文明乡风为乡村注入向心力，提供积极的精神动力和智力支持。实施乡村振兴，不能抛弃传统文化和良好民俗，应赋予农村精神文明新内涵，让乡风文明符合时代要求，更加富有生命力。加快农业现代化，促进乡风文明绕不开移风易俗这道坎儿。随着生活水平的提高，农村的攀比之风给广大村民带来了巨大的负担。为了打破陈规陋习，顺应民心民意，烟台市5 771个行政村全部成立了红白理事会，积极引领群众做到喜事新办、丧事简办、厚养薄葬、杜绝封建迷信，大力倡导文明节俭办理红白事的新风尚，特别是让移风易俗精神在镇村基本做到了人人知晓，有效遏制了某些人情歪风和不良风气。有的村组织村民参照规定标准，召开党员大会和村民代表会议，共同商定农村婚丧嫁娶、婴儿满月、子女升学事宜，并把这一内容纳入村规民约且公示上墙，引导村民遵守，使村规民约成为村民办理婚丧的指导。通过长期的宣传教育和村规民约的引导约束，大多数村民的思想观念和行为习惯都发生了深刻的转变，使镇村的整体文明程度进一步提高，村风民风随之改变。

1.移风易俗，革除陋习

大力推进移风易俗，革除陈规陋习，倡导勤俭节约、文明理事的社会新风尚，引导农民自我约束、自我管理、自我提高，培育"文明、和睦、互助"的乡村文化精神，着力培育优良民风、和谐村风、文明乡风。烟台市积极实施移风易俗提升工程，广泛开展"乡村文明—青年志愿者在行动"等活动，发动农村群众积极参与爱心公益行动。烟台市充分发挥"烟台市精神文明建设精品工程"、烟台文艺创作奖、烟台市繁

荣舞台艺术“双演”工程等的引导作用，不断推出反映农民生产生活尤其是移风易俗方面的优秀文艺作品，充分展示新时代农村农民的精神面貌，增加广播电视、电影、图书、报刊、音像、电子出版物为农村服务的资源总量，增加农村节目、栏目和播出时间。烟台地区镇政府出台党员红白事务报备制度文件，监督党员的移风易俗；由村居支部书记挂帅红白理事会会长，规范理事流程；红白理事会纳入村规民约，兑现奖惩；红白事务，理事会全程参与。实行村居两委、党员干部带头承诺制度，督促党员、干部签订承诺书，教育党员、干部在日常小事、生活细节上，带好头、做好表率。引导“两委”干部、党员、红白理事会、居民代表、乡村“知名人士”和家族代表等，对抵制婚丧大操大办、抵制高额彩礼问题表态、高调发声，形成正面影响，带动社会风气好转。街道配备了一支公道正派、热心服务、崇尚节俭、群众公认的红白理事会人员队伍。继续实施移风易俗重大事务公示制，通过对村居移风易俗事项进行公示，促进建立完善红白理事会，推动移风易俗制度化、常态化，切实提高群众对移风易俗工作的满意度。街道从村居实际出发，增加红白事务公用物品。深入宣传发动，广泛开展面对面入户宣传和政策解读，通过红白事务办理公示、入户宣传、微信公众号宣传等形式，推动移风易俗工作深入人心，使群众真心支持和积极参与移风易俗工作。传承中华文化精髓，融入现代文明理念，突出庄重感和仪式感，用蕴含优秀民俗、体现时代风尚的婚丧新文化取代旧陋习、旧风俗。目前，乡村广泛成立红白理事会，主要以印发“明白纸”、村居大喇叭、“新农村新生活培训”等方式宣传移风易俗工作。总结和宣传各地的好经验和好做法，解读新政策新措施，宣传移风易俗新理念，对恶习陋俗进行曝光，形成强大的舆论导向。强化移风易俗文化墙建设，将移风易俗作为文化街文化墙建设的重要内容，在美化家园的同时传播移风易俗理念、营造浓厚氛围、形成强大声势。

招远市大力推进移风易俗，营造移风易俗工作宣传氛围，利用宣传栏、标语横幅、墙体绘画、电子显示屏等形式进行宣传，发放移风易俗宣传明白纸 5 万多张。大力推行婚事新办、丧事简办，推行免费颁证和婚礼式颁证服务，进一步提高红白理事会规范运作及服务群众的能力，从源头上遏制陈规陋习，抵制封建迷信活动。目前，招远市全市 724 个行政村红白理事会全部建成，达到 100％全覆盖。福山区在全区打造 5 个移风易俗示范点，起草并下发了示范点的参考标准；上大集、进社区发放宣传单；举办殡仪馆第二届“社会公众开放日”；成立移风易俗志愿者服务队。招远市深化城乡殡葬改革，加快殡葬改革试点工作，修订完善了《招远殡葬改革实施意见》和《招远市公益性公墓建设实施方案》，进一步完善全市公益性公墓布局，在已建成3处镇级（联村）公墓和17处规范的村级公益性公墓基础上，新建金岭东店公墓，加快推动架旗山城市公益性公墓建设。

2.倡导新风，控制规模

倡导婚丧嫁娶新风，倡导婚事新办，引导广大青年树立新型婚恋观，消除盲目攀比、大操大办、“天价”彩礼等不良现象；倡导厚养薄葬、丧事简办，简化流程，控制规模，减少花费，文明办丧。加强公益性墓地建设，举办公益性海葬活动，加大乱埋乱葬整治力度，推行节地生态安葬，推进殡葬改革发展。以《烟台市人民政府办公室关于推进殡葬改革工作的意见》（烟政办发〔2015〕11号）为依据，编制近期和中长期公益性公墓建设规划，推动公益性公墓发展规划与城市总体规划、土地利用规划、生态环保规划等相衔接，将公益性公墓建设纳入政府基本建设和基本公共服务保障范畴。全市公益性海葬活动实现常态化开展。殡葬改革综合试点，在推进节地生态安葬、治理农村散埋乱葬等方面，推出具有本地特色的可复制、可推广的政策措施和工作模式。抓好殡仪馆搬迁改造和设施环保改造。开展殡葬改革综合试点，治理农村散埋无序安葬，提高节地生态安葬率。预计到2020年基本建立覆盖城乡居民的殡葬公共服务体系，到2022年节地生态安葬率达到70%。

龙口市坚持政府主导和群众自治相结合的原则，健全完善红白理事会，提出婚事新办“六提倡、六反对”，丧事简办“八提倡、八反对”。加强村居红白理事会建设，采取媒体宣传、社会宣传等多种形式宣传移风易俗政策，大力倡导婚事新办、丧事简办。市财政拿出600万元作为补助基金，推动丧事简办工作的落实，取得良好的效果，丧事简办比例逐月提升。目前，全市村居红白理事会实现全覆盖，2019年1—8月实施丧事简办补助734例。

长岛县在婚事办理上，倡导集体婚礼、公益婚礼、慈善婚礼等现代文明婚礼形式，推行免费颁证和婚礼式颁证服务。提倡厚养薄葬，倡导仪式从简办理、文明办理。实施公益性公墓建设工程，深入开展殡葬改革综合试点，加大对殡葬公共服务的资金投入，把公益墓地建设作为民生需求和移风易俗的重点项目加以推进。

5.4 挖掘文化资源价值，开发文化发展动力

烟台市结合特色民俗民风文化，针对乡村文化产业发展基础开展多层次、多渠道、多领域的文化产业招商，推动乡村文化与科技、互联网、旅游融合，通过创新提升乡村文化内涵，加快开发乡村文化新产品，培育乡村文化新业态，打造乡村文化品牌，催生乡村文化产业链条。

创新文化发展模式是以市场需求为中心，为实现用户价值和企业持续盈利目标，对市场经营的各种内外要素进行整合和重组，形成高效并具有独特竞争力的商业运行模式。这是一种新赛道，一种颠覆性创新。“文化＋”发展模式及理念，引领产业融合发展，实现文化价值及资源的保护传承弘扬，谱写文化繁荣新篇章。

1.“文化＋旅游”融合发展，助推旅游产业升级

文化是旅游的灵魂，旅游是文化的载体。文化具有旅游价值、教育功能等多种优势。文化的本质是发现价值和创造价值，旅游的本质是体验价值和分享价值。旅游彰显了文化的价值，赋予文化更大的动能；教育是文化传输的重要工具，也是文化传递的重要工具，还是文化传播的重要工具。教育传递着文化，因而使得新生一代能较为迅捷、经济、高效地占有人类创造的精神文化财富的精华。传承创新优秀文化，将文化创意与旅游开发完美融合，实现经济与文化双丰收。

烟台市有丰富的海洋资源，从保护生态环境出发，打造渔业与文化生态休闲旅游融合发展。为推进休闲渔业加快发展，市发改委颁布《烟台市休闲渔业发展规划（2019—2025年）》，提出促进休闲渔业持续健康发展的政策体系、打造休闲渔业规范管理的制度创新标杆、增强休闲渔业发展的内生动力、促进捕捞渔民转产转业、提升休闲渔业综合服务能力、推进休闲渔业全产业链融合发展、突出特色经营做强休闲渔业品牌、开展休闲渔业试点示范项目创建、坚持环境保护与休闲渔业开发协调发展、完善休闲渔业的基础信息管理等10项主要任务。

蓬莱突出“文化＋”促文化振兴，用“文化＋旅游”让乡村文化资源活起来。以“全域旅游”建设为契机，完善乡村旅游发展布局，通过“点线面”的发展模式，串点成线、连线成面。“点”重点打造北林院、三里沟、七里庄村乡村旅游样板，“线”上完

善以206国道沿线和丘山谷片区为核心“葡萄酒＋乡村旅游”精品线路，“面”上重点打造丘山谷乡村旅游集群片区和刘家沟特色小镇。

福山鲁菜文化展示与传承，提升区域品牌形象。魅力南庄田园综合体项目重点打造开心农场、美食街、农家乐等10个板块，其中鲁菜文化对产业推动作用突出，充分发挥三大国字号品牌优势，重点打造“一区一带一线”3条精品旅游线路。乡村旅游与壮大集体经济相结合，集中打造涵盖乡村振兴、乡村旅游和集体经济发展的示范点。

推进莱州湾东海神庙文化产业园项目，打造集观光、休闲、居住于一体的生态旅游区。发挥海洋牧场平台作用，依托渔业生产过程、渔民文化生活和渔区风情风貌，完善蓝海科技芙蓉岛垂钓基地、明波水产太平湾水上体育运动中心等旅游配套功能，发展渔业观光、海上垂钓、水上运动等富有特色的休闲渔业项目，布局建设一批渔家乐园、海上垂钓中心、海滨俱乐部，建设休闲渔业主题公园。

长岛县坚持从传统捕捞到深海养殖，从“靠海吃海”到“养海护海”。近年来，以渔业供给侧结构性改革为主线，推进渔业转型升级，建立健全海洋生态环境保护长效管理机制，推动海洋渔业可持续发展。渔民“靠海吃海”有了“新吃法”，如海钓、民宿、渔家乐、渔事体验、渔文化节庆活动等。在渔村民宿，游客们不仅能品尝到当地海鲜美食，了解悠久的耕海历史，更重要的是还能近距离体验和感受赶海习俗和文化。

2.“文化＋教育”协同发展，拓宽乡村文化功能

围绕中小学生农事教育，开展实施中小学生社会实践大课堂、自然教育与农耕基地、休闲农园、农耕园等建设，融合文化、科技、教育功能于一体。招远市以“爱国主义教育”活动为重点，进一步加强和完善乡村学校少年宫建设，推动学校教育、家庭教育、社会教育有效衔接，丰富广大农村未成年人的课外文化生活；免费开放爱国主义教育基地，在青少年中广泛开展“童心向党”“网上祭英烈”等活动；围绕“清明节”和“端午节”两大传统节日，在全市主要组织开展了西山烈士陵园“清明祭扫英烈”活动、“文明祭奠”倡导活动、“粽香招远·和谐端午”主题教育活动；在全市范围内开展了国学小名士选拔活动，泉山学校、玲珑镇沟上完全小学荣获烟台国学小名士组织奖。牟平区的儒学讲堂示范点，将国学讲堂向乡村推广，为乡村孩子及村民提供传统文化教育，极大地推动了人群交流，推动了地域产业发展。

3.深挖地域特色资源，传承优秀传统文化

建设乡村文化文明要兼顾“乡土”与“乡愁”。烟台市一方面在保护好青山绿水、传统村落、文物古迹等有形的“乡土”风貌上下功夫，为防止出现“千村一面”，积极实施“百镇千村”建设示范工程。另一方面全市计划用两到三年的时间，在全市扶持发展海阳大秧歌、八卦鼓舞等民间特色文艺团队100支以上，培育“非遗＋景区”优秀演艺项目20个以上，让古老的“非遗”迸发出新的活力；大力支持民间艺术、民风民俗等文化资源的传承发展，以保留“乡愁”味道。

海阳市充分发挥大秧歌、螳螂拳、祭海、行村镇庶村“跑灯官”、郭城摔面、海阳大饽饽、海阳剪纸等一批地域文化的优势，开展节庆、展示等民俗文化体验活动，打造具有精致品位、丰富多彩的农村文化生活。推进朱吴镇北洛村、盘石店镇嘴子后村等古村落的保护与建设，对古树、古井、古街和匾额的保护和开发。通过政府资金支持和吸引社会资金投入相结合的形式，加强“海阳秧歌贺年会”的文化品牌建设，提升海阳对外展示窗口的知名度。

第 6 章

树立生态文明典型，优化乡村生态格局

党的十八大以来，以习近平同志为核心的党中央全力引领生态文明建设，开展了一系列具有根本性、长远性、开创性的工作，创造了中国生态文明的新局面。党的十九大报告明确指出，需要加大力度推进生态文明建设，增强贯彻绿色发展理念的自觉性和主动性，加快健全生态文明治理体系，加强生态环境治理力度，成为全球生态文明建设的重要参与者、贡献者、引领者。生态宜居作为乡村振兴战略的五大要求之一，是中国在全球生态环境保护方面高度责任感的具体体现，是建设美丽中国的重要组成部分，是实现人与自然和谐共生的基本内容，是提升人民幸福感的重要保障。

自乡村振兴战略规划实施以来，烟台市相关区市和部门以“创新、协调、绿色、开放、共享”的发展理念，以习近平总书记新时期“绿水青山就是金山银山”的生态理念和“产业兴旺、生态宜居、乡风文明、治理有效、生活富裕”的乡村振兴总要求为根本遵循，立足于烟台“北方、滨海、半岛、丘陵”等自然地理特点，因地制宜，系统、全面、持续、有效地推进乡村生态振兴工作。烟台市结合实际情况，出台了《烟台市乡村振兴战略规划（2018—2022年）》，对加快美丽乡村建设、推动生态振兴工作进行了部署，并印发《烟台市推动乡村生态振兴工作方案》，明确提出，坚定践行“绿水青山就是金山银山”的理念，以生态文明引领乡村振兴，以生态文明改造传统农业，以建设美丽宜居村庄为导向，以乡村绿色发展、环境靓丽为主攻方向，不断加大生态保护与修复力度，统筹山水林田湖草系统治理，聚焦聚力农村“七改”，持续开展农村人居环境综合整治，全面提升美丽乡村建设水平，努力实现生态美和百姓富的有机融合，切实为建设美丽中国、美丽山东增绿添彩。在生态治理方面，坚持以人民为中心，以美丽乡村建设为抓手，以乡村绿色发展、环境靓丽为主攻方向，加大生态保护与修复力度，树立“山水林田库海岛城一个生命共同体”理念；在人居环境方面，聚力乡村“七改”，开展乡村人居环境整治，建设高标准美丽乡村典型，提升美丽乡村建设水平，让美丽乡村更有“里子”；在生态增收方面，以生态文明改造传统农业，推进农业的可持续发展，让农民吃上“生态饭”，努力建设乡村振兴烟台篇章。

同时，制定《烟台市推动乡村生态振兴工作方案》，并将任务合理分配至下属各镇、县、村，让全市各处同进步共发展，为生态振兴贡献自己的烟台力量。随着战略部署的一步步推进，生态保护与修复已经取得了实质性进展。预计到 2020 年，全市农村人居环境明显改善，成为实施乡村振兴战略的重要阶段性成效，基本建成全市水土流失综合防治体系。到 2022 年，建成一批特色鲜明、生态宜居的美丽乡村，主要农作物化肥、农药利用率分别达到 40%以上，全市森林覆盖率稳定在 38%。到 2035 年，全市农牧循环格局基本形成，农村生态环境根本好转，美丽宜居乡村基本实现。到 2050 年，全面实现农村美化。

6.1 实施生态治理与修复，构建“山水林田库海岛城”

1. 开展自然生态治理，促进人与自然和谐共处

烟台市拥有丰富的自然资源，优美的自然景观，坚守“人与自然和谐共生”理念，聚焦“山水林田库海岛城” 生命共同体协同治理，坚持生态保护与绿色发展并重，建设健康、和谐、可持续的乡村生态文明。烟台市构建以国家公园为主体的自然保护地体系，划定生态保护红线，实施生态环境分区管治，以区域资源环境承载力为底线，保护生态屏障，构建生态廊道和生态网络，推进生态系统保护和修复。

关于森林生态治理，烟台市重视自然保护区建设管理工作，将其作为保护发展森林资源、促进全域环境改善的载体。通过加强机构建设、健全管理机制、加大资金投入等措施，建成林业自然保护区 18 处，总面积达 14.87 万公顷，其中国家级 2 处、省级 13 处，均居全省首位。烟台市按照国家林业和草原局、省、市部署安排，

推进森林城市三级联创工作。市林业局印发《关于进一步加强林地保护管理工作的通知》，对严格项目占用林地审核审批、加强林地保护管理提出明确要求。烟台市实施全域绿化三年行动计划，完成造林和生态修复 13 万亩、森林抚育 20 万亩、湿地保护与恢复 8.5 万亩。至 2020 年，烟台市完成造林和生态修复 32 万亩、森林抚育 60 万亩，森林覆盖率达到 38%。招远市深入推进国土绿化提升三年攻坚行动，实施森林生态修复与保护、退耕还果还林、生态廊道建设工程，已完成造林 1.68 万亩，完成特色经济林榛子园、用材林四倍体泡桐、楸树等 5 800 亩，新发展林下育苗、养殖、观光经济等 3 000 亩。

关于水生态治理，烟台市现已建成全市水土流失综合防治体系，实现预防保护，治理防治地区的水土流失，改善城乡环境质量。到 2020 年，烟台完成水土流失综合防治面积 540 平方千米；林草植被得到保护与恢复，输入江河湖库的泥沙减少，另外，大陆自然岸保有率不少于 40%，保持天然湿地面积不减少。烟台市也加强重点流域湿地建设，依据省政府部署要求，烟台市政府办公室印发《关于加快推进湿地保护修复的实施意见》，明确至 2020 年全市湿地总面积不低于 268 万亩，自然湿地面积不低于 210 万亩。2019 年以来，烟台市通过植树造林、清淤治污、恢复湿地植被等措施，完成湿地保护与修复 7.6 万亩，湿地生态功能持续改善。招远市推进农村生态清洁小流域治理，以村庄周边、房前屋后的河塘沟渠为重点，全面实施清淤疏浚整治，已累计完成清淤疏浚各类河塘沟渠内生活、建筑垃圾 81 万余立方米，清理沟渠 620 000 余米，河塘 50 余亩。

关于海洋生态治理，烟台市积极加强国家级海洋生态文明示范区建设，大力推进长岛海洋生态文明综合试验区建设，积极争创长岛国家公园，加快建设蓝色生态之岛、休闲宜居之岛、军民融合之岛。坚持生态优先、人海和谐，严格执行海洋功能区划、海洋生态红线等管控措施，强化海洋保护区管理，构建布局合理、功能完善的海洋保护区体系。积极开展海域、海岛和海岸带生态系统建设，防控渔业养殖污染，改善近岸海水水质，增加滨海湿地面积，修复受损海岛，增强滨海湿地的污染净化和生物栖息功能，并加强近岸海域污染防治，构建陆海统筹的污染防治区域联动机制，全面提升近岸海域环境水平。到 2022 年，近岸海域海洋功能区水质达标率 100%，在以上清洁海域面积中占比达到 90%以上。

2.实施乡村生态修复，全面打造生态建设高地

生态修复治理需要科学规划和经年累月的贯彻实施。古时被誉为“烟霞仙境，山水绝佳”的昆嵛山是其中的区域典型。昆嵛山国家级自然保护区树立“绿水青山就是金山银山”理念，坚持“人与自然和谐共生”，以生态安全为底线，以生态健康为目标，实施“绿水青山生态修复”工程，修复破损地貌，还原自然肌理。昆嵛山保护区打击非法开矿、采石挖沙、水体污染等行为；建立天敌繁育中心、生态修复自然保护区、水源地保护及周边的养殖棚；建设遥感监测及自查自测整改问题点位；开展野生动物种群数量调查，实时掌控珍稀野生动植物物种群落动态变化情况；展开环境卫生整治任务，疏浚河道、清理垃圾，开展农村人居环境专项整治，农厕无害化改造，每月开展“昆嵛清洁日”活动，不断巩固环境卫生整治成果。目前昆嵛山原生物种种群稳定，中药材种群数量增加，原生河蟹等湿地生物重现河道。

长岛县围绕全域生态保育，多领域、立体化地开展生态环境治理。山上，引进裸露山体客土喷播治理新技术，对北五岛、西三岛 8 个乡镇共 17 处，约 5.4 万平方米破损山体实施生态修复和景观提升。岸上，聚力实施岸滩整治修复，投资 13 亿多元，累计拆除岸线破旧建筑 74 万平方米，整治修复岸滩 20 多千米，直接减少入海排污口 1 038 处。海上，按照“生态优先、规划引导、保障民生”的工作原则，启动了近海养殖腾退，已完成腾退 1 150 亩。长岛县还构建起纯电动公交车、旅游观光车和新能源共享汽车为支撑的绿色公共交通体系；推行全域生活垃圾分类处理；加快岸线整治及全国海洋生态保护和持续发展标准化示范区建设。

招远市九曲蒋家村是“中国黄金第一村”，“山高石头多，出门就爬坡。旱天沙尘飞，树木没几棵”是当年的九曲蒋家村的真实描写，九曲蒋家村通过在尾矿库上复垦消化尾矿库里的尾砂，消除尾矿扬尘污染，找回失去的土地。九曲蒋家村还在尾矿库上兴修水利，并通过退坝还湖，提高九曲蒋家村的生态建设水平。水利工程为九曲蒋家村整体水资源的循环利用奠定了坚实的基础。

栖霞市大力推进“山水林田路湖”综合治理，积极争创国家重点生态功能区，持续巩固提升生态优势，打造蓝天白云、繁星闪烁、三季有花、四季常青的生态宜居环境。全年共完成造林 1.66 万亩，完成 5 个省级森林村庄、1 个市级森林镇、11 个森林村建设。

6.2 整治乡村人居环境,建设生态宜居乡村

推动生态振兴,要持续改善农村人居环境。烟台市将以垃圾污水治理、改厕和村容村貌提升为重点,推进乡村环境综合整治,着力补齐短板,加快建设美丽乡村,确保“一年提标扩面、两年初见成效、三年全面提升”。加快补齐突出短板,全市深入实施农村人居环境整治三年行动,加快农村饮水安全巩固提升工程建设,推进农村饮水同网、同源、同质,扩大集中规模化供水覆盖面,农村自来水普及率保持在96%以上。靠近城镇的村庄优先选择城镇的配水管网延伸供水,其他村庄提倡建设联村、联片、单村或分质供水设施。积极推进农村清洁取暖,宜气则气、宜电则电,优先支持地热能、生物质能、太阳能等可再生能源替代分散燃煤。

加快推进美丽乡村标准化建设,全市坚持在省内率先建成新时代美丽乡村的目标,在现有A类标准美丽乡村达到20%的基础上,到2020年实现A类标准美丽乡村达到33%,到2022年A类标准美丽乡村达到40%,在全省率先建成生态宜居的新时代美丽乡村。深入开展新时代美丽乡村建设三年行动计划,集中2018年至2020年3年的时间,以镇域为基本单元进行全域推进、整体提升,每年培育新时代美丽乡村建设示范镇10个,建设新时代美丽乡村建成镇30个。深入开展新时代美丽乡村建设“双百工程”,按照抓两头、促中间的工作思路,连续三年,每年建设100个新时代美丽乡村示范村、提升100个后进村,不断提升美丽乡村建设整体水平。全面核实确定全市农村危房改造对象,对新出现的群众住房安全问题,及时纳入危房改造计划,因户确定改造模式。2018年完成低保户、农村分散供养特困人员、贫困残疾人家庭等重点群体的存量房改造,整合利用闲置房屋,确保群众住上安全房。健全环境整治长效机制,全市推行市场运作,推动城乡环境卫生体系高效运转,逐步建立管干分离、监管有力的环卫作业新机制,开展环卫一体化企业托管服务,农村保洁引进市场化运作模式。建立农村人居环境基础设施建设、维护专项资金,对农村人居环境基础设施建设、运营给予一定比例补贴,县、乡两级将农村人居环境基础设施建设、运营费用纳入本级财政保障。

1.规范乡村空间布局，健全生态管理制度

“矩不正，不可为方；规不正，不可为圆。”要想使生态振兴系统化，规范化，就必须因地制宜细化和完善治理机制和管理制度，合理规划乡村空间布局，实现乡村生态振兴的持续规范发展。烟台市统筹推进村庄规划工作，在2019年年底前，按照“集聚提升类、城郊融合类、特色保护类、搬迁撤并类”的分类标准，基本完成村庄分类工作。到2020年年底，烟台结合国土空间规划编制，将在县域层面基本完成村庄布局工作，让有条件的、有需求的村庄做到村庄规划应编尽编。到2020年年底，全市农村人居环境明显改善，成为实施乡村振兴战略的重要阶段性成效。基本实现村庄规划编制、生活垃圾收运处置、无害化卫生厕所改造全覆盖，生活污水处理率大幅提高，村容村貌明显改观。到2022年，各项管护长效机制建立完善并规范运行，农民健康卫生意识普遍增强，农村生态环境质量显著提升，建成一批特色鲜明、生态宜居的美丽乡村。

烟台市着重把握突出实用性、彰显乡村风貌、尊重农民意愿三个方面进行村庄规划工作。立足未来十五年的发展目标，统筹安排乡村地区生产、生活、生态空间，合理划定农业生产、村庄建设、产业发展和生态保护等功能区，形成管用、实用、好用的一本规划、一张蓝图。今后要做到不规划不建设，不规划不拆村。针对村庄风貌规划，烟台市运用乡村营造的方法，体现乡村田园风光和自然脉络，传承乡村历史文化，塑造乡村风貌特色。坚持“慎砍树、不填湖、少拆房”，尽可能在原有村庄形态上改善居民生活条件。同时市委市政府切实发挥好村民主体作用，把村庄规划的决策权交给农民，充分调动农民积极性、主动性，对事关农民切身利益的各类问题，充分听取农民意见，深入细致做好农民思想工作，不搞强迫命令“一刀切”。

“科学有序推进合村并居”，烟台要求以县为主导、乡为主体，不下指标、不定时限，积极扎实稳步推进，不留后遗症。针对基层反映的“合村并居财政配套扶持政策没有明确”问题，文件提出“完善政府转移支付资金分配机制，确保合村并居或建立社区并将社区内行政村合并后财政扶持资金不减少”。同时围绕解决基层反映的“村庄规划无技术标准”问题，烟台提出“制定省级村庄规划编制技术规程”文件解决实际困难。

在围绕盘活农村土地资源方面，烟台提出强化乡村振兴用地保障、盘活利用农村闲散土地、创新农村用地方式、管好用好农村宅基地、完善农村土地经营权配套政策等内容，涉农市县每年安排不少于10%的用地指标，保障乡村振兴和脱贫攻坚新增建设用地需求。同时鼓励各地探索“点状”供地模式，稳步开展集体建设用地建设租赁住房试点等政策。

招远市深入推进美丽乡村创建活动，编定《2019年美丽乡村建设工作要点》《2019年美丽乡村建设专项补助资金管理办法》《美丽乡村后续规范化管理办法》，创建1个美丽乡村示范镇、6个省级美丽乡村示范村、51个市级美丽乡村、14个新时代美丽乡村示范村，提升改造17个美丽乡村后进村，完善3条美丽乡村精品线路；大力推动“美丽庭院”建设，联合六部门出台《2019—2020年招远市“美丽庭院”建设工作实施意见》；加大“四好农村路”三年集中攻坚推进力度，编制完成了《招远市2019年重点交通建设项目施工组织计划》，对每个项目列出进度表、做出施工计划，梯次推进、压茬实施；以庭院村内村外“三五无”、农村路域“三不见”为目标，开展春季农村人居环境集中整治行动、村庄清洁行动“夏季战役”、农村路域环境整治等。

蓬莱市科学规划，合理布局，力求乡村风貌协调统一。编制蓬莱市村镇风貌设计导则和村庄规划编制技术导则，将乡村打造成为独具胶东韵味的风貌景观。在抓好美丽乡村示范片建设，推进示范片提质扩面的同时，明确时间进度安排，统一建立台账，落实周调度、月通报制度，跟踪抓好落实。另外，着眼于“记得住乡愁”的视角，融合乡村所处地域的自然环境特色，注入生态文化、历史文化和民俗文化等元素，规范和引导蓬莱市乡村风貌总体格局、街巷空间、建筑形态、环境设施等方面，塑造乡村整体形象和地方特色，提升乡村空间品质。

福山区通过科学规划布局，整合优势资源整体打造“魅力南庄”乡村振兴示范区。该区按照政府主导、农民主体、社会参与、共享发展的模式，以五大振兴为基础，结合当地实际，科学编制乡村振兴示范区规划，对涉及的村庄实施多规合一的村庄规划，明确建设重点和任务目标，制定工作清单，实行周调度、月通报制度，推动工作开展，做到发展功能定位准确，产业、园区、村庄、道路、公共服务设施等布局科学合理，实行区级领导、区直部门、镇级指挥部“三位一体”工作推进体系。

长岛县立足长岛城区乡村地域产业高度融合的实际，聘请中国农业大学的专家编制2018—2022年乡村振兴战略规划及工作方案，科学统筹渔村生态建设、产业发展、基础建设等工作，有序推进旧区旧村改造；推进北部岛屿海缆更新改造，开工边远海岛智能微电网示范工程，打造全域双回路双主变的安全电网。

莱阳市姜疃镇濯村坚持把改善村民的生产生活条件作为根本出发点和落脚点，进行合理的规划布局。濯村先后获评“全国美丽宜居村庄”“中国十大最美乡村”等30余项荣誉称号，建成“三纵十一横一环”的街道格局，打造“三季有花、四季常青”的花园式村庄，走出了一条独具特色的乡村振兴之路。

栖霞市大力推进农村人居环境三年整治行动，深化农村“七改”，统筹兼顾农村田园风貌保护、环境整治和生态庭院建设，注重胶东风情和乡土味道，打造灰瓦白墙、整洁有序、望得见山水、记得住乡愁、最具胶东风情的田园风光。着眼于打造秀美的田园风光、美丽的山水画卷、农民安居乐业的美好家园，牢固树立和践行“绿水青山就是金山银山”的理念，走乡村绿色发展之路，让良好生态成为乡村振兴的支撑点。

莱山区深入分析研究，逐村确定治理方式、建设时序和资金来源，并与村庄布局规划、村庄建设及相关整治规划、垃圾治理、厕所革命、农村黑臭水体治理等规划统筹衔接。

2.治理乡村人居环境，提升生态环境质量

1）推进乡村生活垃圾处理

深入推进城乡生活垃圾分类与处理，是贯彻落实中央和省级部署的必然要求。中央、省、市上下一体，对垃圾分类工作非常重视。2019年8月，山东省召开全省推进城乡垃圾分类工作座谈会，全面启动16个设区市的垃圾分类试点工作。烟台市委市政府全面启动城乡垃圾分类试点，打造垃圾分类“烟台模式”，让各级各有关部门确保城乡垃圾分类工作深入推进、取得实效。

长岛海洋生态文明示范区，是山东省唯一的海岛县，也是国家级重点生态功能区和渤海最重要的生态屏障。该区在烟台市率先积极推行全域生活垃圾分类处理，成立工作领导小组，实行专班工作制，出台垃圾分类管理办法，将垃圾分类与个人征信和企业信用评级相挂钩，探索建立生活垃圾分类信用评价机制，推动全区垃圾分类工作进一步规范化，打造垃圾分类“长岛标准”，强化全民参与。这对于保护长岛海洋生态和防治污染损害，促进长岛经济和社会可持续发展具有重要意义。

海阳市辛安镇向阳村在乡村振兴过程中，进行垃圾日产日清，全面推进卫生环境综合整治和垃圾集中清理工作，建立村庄环境卫生管理长效机制，保持村庄道路干净整洁。

莱山区目前正探索建立生活垃圾回收利用体系，坚持“政府主导，市场化运作，多元监管，全域覆盖”的城乡环卫一体化管理工作思路，实行“户集、企收、区运、市处理”的运行模式，全面实施城乡环卫一体化综合整治管理。

福山区各镇街园构建起“村收集、镇集中、区转运”的农村生活垃圾收运体系。新增、维修、更换垃圾桶（箱）150 余处。排查出的 31 处环境卫生问题点现已整改完毕。门楼镇、福新街道通过安装防护栏，有效解决了垃圾堆易反复问题，减少了垃圾堆的产生。

招远市开展非正规垃圾堆放点排查，深入推进全域洁净专项整治行动，建设城南中转站 1 座，增设更换垃圾桶 1 010 个，年转运垃圾 9 万余吨、污水 4 100 吨，稳步推进大秦家街道梁家村、玲珑镇睦邻庄村农村垃圾分类试点工作。

2）开展乡村厕所革命

“小康不小康，厕所算一桩”，农村改厕作为乡村振兴战略的一项具体工作，是高标准谱写乡村振兴“齐鲁样板”烟台篇章中的重要一环。烟台市委、市政府高度重视农村改厕工作，将其作为乡村振兴战略的一项具体工作来推进，大力抓好农村改厕，推进农村改厕规范化、长效化，持续完善长效管护机制，努力补齐这块影响群众生活品质的短板。到 2019 年年底，烟台确保有改造意愿且符合条件的群众都能用上卫生厕所，无害化卫生厕改普及率提高到 85%以上。

目前各市区持续推进农村“厕所革命”。龙口市编制了改造建设指南，对各街区分管领导和技术人员进行实地培训，建立周汇总、月调度、季通报制度，适时掌握改厕进展情况。招远市则制定《招远市人民政府办公室关于建立农村改厕长效管护工作机制的实施意见》（招政办字〔2019〕25 号），下发了《农村公共厕所建设与管理规范》，全年计划实施涉农街道厕所改造 229 户，目前已超额完成任务，完成改造 382 户。

蓬莱市在推进农村“厕所革命”过程中，将改厕后续管护纳入城乡环卫一体化工作，加大农村人居环境整治力度，让保洁公司正式接手镇街环卫作业，积极推进了城乡环卫一体化进程。

莱山区 2019 年共进行农村无害化厕所改造 4 179 户，加快推进了农村改厕改水一体化建设。福山区则实施厕所革命。现已基本完成涉农街道农村改厕，

300 户以上自然村基本完成农村公共厕所无害化改造。

长岛县完成省市改厕任务，全县共计改造 5 339 户，其中“三格式”改造 1 792 户、“水冲式”改造 113 户，落实改厕农户每户财政补助 1 100 元、共计 209.56 万元。

海阳市深入推进农村“厕所革命”专项行动，科学选择改厕模式，完善后续管护长效机制，提升广大民众对改厕工作的满意度，当前烟台市户厕普及率达到 85%，2019 年完成厕所改造 23 998 座。

3)加强乡村生活污水处理

生活污水的处理也是乡村振兴生态文明建设的重要一环，不仅关系到农村水域的保护和改善，还关系到人民生活水平的稳步提升。目前烟台市各市区均积极致力于污水处理。

蓬莱市积极推进农村生活污水治理，优先解决集中式饮用水水源地、自然保护区等环境敏感区域的村庄污水治理问题；开展清洁空气保障行动、大气污染综合整治和农村生活污水治理工作，集中整治农业面源污染，建设畜禽养殖场粪污处理设施；推进城市污水管网向农村延伸覆盖，城市建成区周边的村庄接入城镇污水管网；位置偏远、达到一定规模的村庄，鼓励采用生态处理工艺，积极推广低成本、低能耗、易操作、易维护、高效率的污水处理技术，建设经济实用的污水处理设施。

长岛县深化污水无害化处理，建设城乡污水处理站 14 处，两年内实现全域 95%以上近岸水质达到一类标准，实现城乡污水处理设施全覆盖，所有地埋式污水处理厂截至 2020 年全部建成使用。招远市推进农村生活污水治理，开展全市农村生活污水治理情况调查，编制完成了《招远市县域农村生活污水治理方案》(2019—2025 年)初稿，力争 2020 年年底，全市 50%以上的村庄对生活污水进行处理，农村新型社区基本实现生活污水收集处理。

莱山区加快推进农村改厕改水一体化建设，目前已制定《莱山区农村改厕改水一体化工作实施意见》，选取朱柳、南水、金村、曲村作为试点村，进行推广；在做好试点村居改造工作的基础上，又确定了朱堌堡村、大山后、沐浴村等 8 个村庄作为改造的村庄，均明确改造方式，正在开展村庄改厕改水一体化改造实施方案设计工作。

福山区为了提高农村生活污水处理能力，开展农村雨污分流改造。完成门楼水库周边 32 个库区村生活污水直排整治，解决生活面源污染等问题。

4)深入开展清洁取暖改造

推进农村清洁取暖改造，正在全市农村深入开展。以海阳市和福山区西罗村为例：中国燃气在海阳市 4 个镇实现 5 万多户的施工全覆盖。海阳市将制定清洁取暖发展规划，按照“宜电则电、宜气则气、宜煤则煤、宜热则热”原则，研究制定未来 3 年清洁取暖发展规划。在福山区西罗村，新铺设的煤气管道已通到居民家厨房。通过建立政府统一领导、市场化服务相结合的推进机制，加快补齐民生短板。

根据烟台农村地区天然气管网建设现状看，下步清洁取暖改造需以电代煤模式为主。采用性能可靠、稳定性强的空气能热泵等设备，需要较高的改造成本。对此，烟台市委市政府下一步将用“两条腿”走路，既要加大财政补贴力度，还要拓宽筹资渠道，灵活用好政策性金融机构资金，采取 PPP、特许经营、贷款贴息等方式，吸引社会资本投资清洁取暖建设和运营。

3.发展乡村生态产业，提升乡村生态价值

实施乡村振兴战略，坚持生态优先、绿色发展，坚定不移推进生态产业化、产业生态化，做强做优大生态、大旅游、大健康“三大长板”，推动把“绿水青山变成金山银山”，催生包括生态农业、生态工业、生态服务业等生态产业，推动生态产品有效经营，最大程度释放生态产品的经济价值，化“绿水青山”为“金山银山”，用好山、水、林、气，让空气变人气、青山变金山、绿水变富水，真正让绿水青山变为“聚宝盆”。

福山区大力发展“生态＋”产业，实施原生态保护，创建一批特色生态旅游示范村和精品路线，打造绿色生态环保的乡村生态旅游产业链。福山区加快发展森林旅游、河湖生态观光等产业，积极开发观光农业、游憩休闲、健康养生、生态教育等服务，大力发展乡村生态旅游，充分发挥三大国字号品牌优势，打造形成以研学旅行、休闲健康、餐饮娱乐为特色的文旅健康综合体验度假区和以深度体验为特色的南部返璞净心乡村旅游线。

长岛县围绕绿色发展，大力实施经略海洋和乡村振兴战略。现已推进多功能平台、人工鱼礁、深远海养殖网箱等海工装备布局应用，大力推动海洋牧场开发向规模化、工程化、信息化、绿色化方向发展，引领近岸养殖向深远海转移。

昆嵛区坚持生态增绿和生态增收并举，积极发展特色生态产业，实施“生态发展惠民利民”工程，全方位发展生态产业，分享生态红利。全面落实普惠民生实事，实施了全域生态文明乡村建设和生态文明示范村培育工程。

招远市推进乡村生态修复工程。招远推进国土绿化提升三年攻坚行动，实施森林生态修复与保护、退耕还果还林、生态廊道建设工程。该市大户陈家以高效农业优质化、标准化、生态化种植为一产核心，实行高效农业生产区、绿色粮食生产区及优质果品示范区“三区”联创。

海阳郭城镇山东村作为乡村生态振兴典型，正打造一个以休闲养生为功能，以住宿服务为载体，以各类民俗活动、农事体验和休闲娱乐为内容的生态旅游乡村项目，打造有厚度的可复制可推广的“齐鲁样板”村。

4.全面改善村容村貌，助力乡村生态振兴

良好的生态环境是农村最大优势和宝贵财富。烟台市围绕“以人为本、村民参与、生态优先、因地制宜”的总体要求，积极学习省内先进地市经验做法，按照省里统一部署，开展田园建筑示范，加强农房设计指导，打造乡村特色风貌。在乡村振兴的路上，烟台市持续提升美丽乡村建设水平，充分发挥典型带动、示范引领作用。

海阳市按照“三年完成80%、五年实现全覆盖”的既定目标，高标准推进86个美丽乡村建设，目前累计完成美丽乡村643个。8个省级美丽乡村示范标准村、6个提升改造后进村、1个示范镇和2个建成镇列入烟台市新时代美丽乡村建设“双百工程”，4个村庄列入2019年度省级美丽乡村示范村，进行高标打造、形成样板、树立典型。实施农村人居环境整治村庄清洁行动，紧紧围绕“三清一改”，压茬开展“三大战役”，打赢百日会战攻坚行动，开展全市农村人居环境整治集中验收评价活动，在海阳电视台、《今日海阳》等新闻媒体开设专栏曝光整治不到位、不彻底的现象，跟踪落实整改到位，推动村庄环境干净、整洁、有序。海阳市辛安镇也牢牢把握全市经济发展“一二三四五六”基本思路，围绕建设省级特色“海织小镇”，依托国家农村综合改革试点的契机，加快推进新旧动能转换，全力推进“英雄气质、浪漫情怀、开放精神、精致品位”的乡村振兴“海阳模式”，开启生态文明乡村建设新征程。

莱山区制定印发《莱山区深入推进村庄清洁行动“夏季战役”暨实施“百日会战攻坚行动”工作方案》，对村庄清洁行动“夏季战役”暨实施“百日会战攻坚行动”进行部署，并开展集中整治工作。2019年上半年，区综合行政执法局组织保洁人员近千人，在抓好农村“三大堆”清理规范的基础上，全面解决村居街巷、绿化带、房前屋后、公共场所乱倒垃圾、乱堆乱放、碎石烂瓦、乱贴乱画、杂草、河面漂浮物等问题。共规范村居“三大堆”100余处、清理村内村外卫生死角150余处，生活垃圾、建筑垃圾共80余吨，累计拆除各类违法建设843处、拆除面积49.43万平方米，实现农村生活垃圾清运全覆盖、无死角。

招远市深入推进美丽乡村创建活动，提升美丽乡村覆盖率，不仅推进省级美丽村居建设试点，筛选确定大户陈家村申报第二批美丽村居建设省级试点村，还大力推动“美丽庭院”建设，加大“四好农村路”三年集中攻坚推进力度。截至目前，各建设村庄正在按照规划扎实推进，全部村庄主体工程基本完工，已有45个村庄完成创建工作，完成投资总额3 600多万元；全市80%以上的村建有“美丽庭院”示范户，建设示范户4 302户；推进省级美丽村居建设试点，筛选确定大户陈家村申报第二批美丽村居建设省级试点村，目前正在按照规划全力推进试点村庄建设；道路建设方面，完成路网提档升级38.5千米，自然村通达12.1千米，养护大中修及预防性养护160.8千米，危桥改造16座；开展春季农村人居环境集中整治行动、村庄清洁行动“夏季战役”暨村庄清洁“百日会战攻坚行动”、农村路域环境整治等，累计出动机械4 500台次、人工10.5万余人次，清理垃圾2.5万余吨、野广告9 000多条，拆除违章建筑1 590余处，硬化道路2.5万米，新增绿化面积9.6万平方米，全市农村面貌发生显著变化；扎实开展“大棚房”专项整治，共排查各类大棚3 842个，共计7 205.8亩，对发现的4处“大棚房”问题进行了拆除复耕。

福山区深入实施美丽乡村三年行动计划，重点整治建筑垃圾、河道生态等方面，实现了农村垃圾无害化处理全覆盖，全区美丽乡村覆盖率达到65%以上，县级及以上文明村镇覆盖率达到80%，有力推进了美丽乡村建设。完成造林和生态修复1.01万亩，村庄绿化覆盖率达到25%，森林覆盖率达到53.3%，自然湿地保护率达到70%。该区还实施村庄绿化专项行动，加快推进绿色村庄创建，合理选择绿化模式，进行立体、多层次、多功能的绿化美化。

栖霞市在全面推进城乡环卫一体化的基础上，加大全市农村厕所和农村危房改造力度，结合扶贫工作开展，将建档立卡贫困户、农村分散供养的五保户、低保户、贫困残疾人家庭作为危房改造的首选对象，经过多部门联合协作，将甄别出的69户危房列入当年改造计划。在示范村创建上，充分引导发挥村“两委”、党员的组织力和号召力，激发群众热爱家乡、改变村貌的迫切愿望，调动一切积极因素，让广大农民群众参与乡村建设，改变了过去“就项目干项目、干部干群众看”的局面，增强了群众的归属感和荣誉感。在宜居家园方面，以美丽乡村建设为载体，投入4 100余万元，完成20个B级村升A级村、70个CD级村升AB级村任务，美丽乡村覆盖率达到65％。

龙口市以基础设施建设为统领，打造乡村生态振兴示范点，持续提升美丽乡村建设水平。龙口市充分发挥典型带动、示范引领作用，今年以来申报创建省级美丽乡村示范镇1个、省级美丽乡村示范村5个，启动了黄山馆镇、诸由观镇乡村振兴齐鲁样板示范区创建工作。

蓬莱市坚持建管并重促生态振兴。坚持绿色发展理念，改善农村人居环境，构建生态文明，一手抓整治，一手抓维护。现已持续抓好美丽乡村示范创建，全力推进丘山山谷乡村振兴片区建设，积极申报乡村振兴省、市级示范区。

长岛县高标准推进美丽乡村建设。实施“美丽乡村”标准化建设三年计划，推动新一轮渔村基础设施及环境提升工程。全区A级“美丽”乡村覆盖率已达到35％，群众生产生活环境得到显著提升。

6.3　推广绿色农业生态，保障农业持续发展

烟台市以农业供给侧结构性改革为主线，以绿色发展为导向，注重保护和节约利用农业资源，努力实现耕地数量不减少、耕地质量不降低。同时注重环境友好，推进农业化肥、农药投入减量化和规范化使用，生产清洁化、产业模式生态化，不断提高农业废弃物资源化利用和无害化处理水平。烟台现已走出一条产出高效、产品安全、资源节约、环境友好的可持续发展道路。

牢固树立“绿水青山就是金山银山”的理念，规划明确提出，坚持绿色兴农，推进农业绿色生产方式，开展绿色发展行动，加快资源节约环境友好型农业建设，缓解农业资源环境压力，提高农业生态服务能力。强化农业资源保护利用，全市将落实最严格的耕地保护制度，强化农田生态保护，实施耕地质量保护与提升行动，开展农用地土壤污染状况详查、开展土壤与农产品协同调查。落实最严格水资源管理制度，发展节水农业，完善农业节水工程措施，在井灌区重点发展管道输水灌溉，积极发展滴灌、喷灌、微灌等水肥一体精准灌溉技术，提高水肥资源效率，到2020

年节水灌溉工程面积达到 400 万亩以上，占灌溉面积的比例提高到 75%以上，到 2022 年节水灌溉面积达到 410 万亩。发展生态循环农业，推进农业投入品减量，实现农业高质量发展，到 2022 年新增现代生态循环农业面积 165 万亩。

1.推进农业绿色生产，促进农业健康发展

烟台市制定“一控、两减、三基本”总方针，积极推进各项农业绿色生产行动。“一控”，要控制农业用水的总量，要划定总量的红线和利用系数率的红线。规划要求，到 2020 年，农业用水利用系数要从现在的 0.52 提高到 0.55，这主要需要通过工程措施和节水技术措施，并且鼓励农民节约用水的办法来解决，同时发展旱作农业和节水农业。“两减”，是把化肥、农药的施用总量减下来。按照规划的要求，2020 年化肥农药的施用量要实现零增长。解决化肥的问题，主要是要防止或者减少过度施肥和盲目施肥，通过测土配方等技术来提高用肥的精准性，提高利用率。对于农药来说，主要是解决过量的、不安全的施用问题，要用“管住高毒、减少低毒、科学用药”的办法来解决。鼓励农民通过绿肥、农家肥的使用，来替代化肥，培肥地力。“三基本”，是针对畜禽污染处理问题、地膜回收问题、秸秆焚烧的问题采取的有关措施，通过资源化利用的办法从根本上解决好以上 3 个问题。

招远市深入推进耕地保护与质量提升，促进化肥减量增效、水肥一体化及高效缓释肥技术集成示范、重金属污染修复，已建成粮田和果树耕地质量保护提升技术示范区 15 000 亩，发展生态循环农业 7 万亩，主要农作物化肥利用率达 37.5%，测土配方施肥技术推广覆盖率达到 95%，农药利用率达到 36.8%，且用量减少 30%以上。招远市大户庄园全面推行绿色防控生产，推广高效低毒生物源、矿物源农药，“四诱”技术（光—杀虫灯、性诱—性信息素、色诱—粘虫板、食诱—诱捕箱）实现了全覆盖，有效减少了农业面源污染，提升了耕地质量，取得了良好的经济效益、生态效益。同时，为了提高果品质量，合作社为利用本地豆粕、畜牧粪便、秸秆等资源大力生产有机肥料，投入 270 余万元建设了 1 500 立方米的沼液储存池和 300 立方米的稀释池，并配套了管路设备设施，既提高了果品质量，又减少了生产成本。

福山区和龙口市积极推动农业绿色发展。福山推动农业绿色发展，主要农作物化肥、农药利用率达到 40%以上。龙口市深入推进耕地保护与质量提升，促进化肥减量增效、水肥一体化及高效缓释肥技术集成示范、重金属污染修复。该市兰高镇后霍家村还聘请农业院校专家教授进行瓶颈技术攻关，执行绿色食品生产技术规程，减少农药用量，保证了基地产品的优质性。

海阳市推进国土绿化行动，实施村庄绿化工程，建设绿色生态村庄。深入实施耕地质量提升规划，2019 年全市测土配方施肥技术推广覆盖率达到 90%。

2.应用农业先进技术，提升农业综合效益

因为胶东地区丘陵地形较多，土壤形成时间较短，土壤有机质含量低，砂土含量较高，保水保肥能力较差，在目前大多年份偏旱的气候现状下，传统的清耕模式已不适于当前的胶东生态环境。清耕的弊端有：一是加剧水肥流失。尤其是在山地有坡度的果园，雨季地面形成径流，易发生大面积的水土流失，进而导致土壤内的元素流失，影响果树生长。二是降低土壤养分。长期清耕，土壤有机质和土壤养分含量降低得非常快，导致土壤营养不足，不足以满足果树的生长发育，需人工施肥，增加了物力和财力支出，而且化肥非常容易流失。三是破坏土壤生态。清耕后，由于缺少了蚯蚓及微生物的作用，耕作层的下层土壤会变得更坚硬，不利于果树根系的呼吸，同时土壤裸露的果园生态条件极差，害虫的天敌减少，导致虫害的高频发生。

所以，烟台市积极推广应用覆盖保墒、增施有机肥、化学调控、保护性耕作等技术，以及果园树下种植绿肥、生草技术来替代清耕法。绿肥、生草覆盖保墒，可以有效减少土壤水分的蒸发；绿肥、生草经过夏季雨季腐烂后，可提高土壤有机质和腐殖质含量，从而提高土壤的保水、保肥能力。该技术蓄住自然水、用好灌溉水，增加田间土壤蓄水能力，实现农艺节水目标，非常适合胶东地区丘陵地形的水土保持和耕地质量提升，可在烟台丘陵地区大面积推广，全面提高农业可持续发展水平。

另外，烟台地区作为中国苹果主产区之一，苹果产业是该地区的农业支柱产业之一。烟台市 2019 年 12 月 11 日出台的《关于加快推进苹果产业高质量发展的实施意见（2020—2022 年）》中提出，到 2022 年全市苹果种植面积保持在 280 万亩左右，总产量 560 万吨左右，产值达到 260 亿元，基本完成老龄低效果园更新改造；全市优质果率达到 90%，年出口鲜果 80 万吨以上，推进苹果深加工，大力发展休闲观光旅游，巩固提升“烟台苹果”中国果业第一品牌地位，实现果业强、果乡美、果农富。

烟台的苹果产业将加快技术创新，改革传统栽培模式，集成创新现代集约轻简化栽培模式，同时研究有机肥替代化肥、提高质量保证产量的技术。烟台苹果产业在开展抗重茬砧木和生物菌剂筛选，克服连作障碍的同时，创新病虫害绿色防控技术，开展天敌自然涵养、内生拮抗菌及植物提取液控害技术研究，实施农业、物理、生物和化学方式相结合的综合防治，加强气象观测及灾害性天气预警，推动主动避灾。到2022年，烟台苹果示范园的目标是土壤有机质含量达到1.3%以上，肥水利用率提高28%以上，用药量减少25%以上。同时更新改造老龄果园。烟台市苹果产业采取伐老建新、改造提升等模式，因地制宜推进老龄果园更新改造，同时鼓励农村集体经济组织、农民专业合作社等新型经营主体，开展规模化改造，并按照“三改三减”（改品种、改树体、改土壤，减密度、减化肥、减农药）技术规程，对适龄郁闭果园进行现代化改造。2020—2022年，烟台苹果产业将达成每年更新改造40万亩老龄果园的目标。

招远市大户陈家合作社是应用农业先进技术的范例。该合作社目前不仅完成了大户陈家村1 500亩土地的流转，还成功流转了周边侯家沟、西梧桐夼等6个村耕地、荒山荒坡8 000余亩，统一进行现代化农业设施改造，投资5 000多万元建成了3 500亩苹果矮砧集约栽培、鲜食葡萄、猕猴桃、大樱桃、秋桃等多品类的高效农业园区。建立科技助农效益平台，抓住“互联网＋农业”发展趋势，将农业物联网和水肥一体化技术成功应用于农业实践。该物联网控制中心平台主要有五大功能：土壤监测和滴灌、水肥一体化、全程追溯、网上销售、远距离控制。由中科院研发的物联网“大户庄园安全农业云”系统可以在电脑、手机上视频追溯苹果、葡萄种植管理的全过程，开展苹果、葡萄等网上认购活动，网上销售占比40%左右。投资冷链技术，建成2 000吨苹果和300吨葡萄冷风库各一座、9 000吨粮食加工生产线一条，农产品交易市场一处，有效解决了社员农产品贮存、销售难题。开展规模化标准化生产，稳步发展“三品一标”，建成了物联网模块下的农产品质量安全追溯管理信息平台，并正常运行。

福山区大力推广水肥一体化技术，积极开展水肥一体化示范点（区）创建活动，引导水肥一体化技术和设备广泛应用。水肥一体化灌溉施肥肥效快，养分利用率高，比常规施肥省肥率达到50%～70%。近年来福山区将推广水肥一体化技术作为省工节肥降污染的重要工作，自2014年起推广建设水肥一体化面积5万余亩，其中涉及门楼水库水源地一二级保护区范围内70%的土地面积，2019年围绕水源地保护区周围，继续大力推广建设水肥一体化，按照先建后补的奖励机制，计划新增水肥一体化 2.17 万亩。目前该区正式承担国家测土配方施肥补贴项目，共采集检测土样、植株、水样品 6 600 多个，共计 4.6 万多项次，累计推广测土配方施肥技术面积 160 多万亩，涉及水源地保护区范围内 9 万亩。

栖霞市整合现代农业产业园区、高效特色农业发展平台、高标准农田建设、节水灌溉等项目，扶持建设市、县、镇、村四级标准化生产示范园区。会同市农科院建设烟台苹果多品种集成创新示范园，在种植品种、栽培模式、管理技术等方面进行集成创新示范，并应用物联网、生态循环改良、病虫害绿色防控、机械化等技术，打造一批全国领先的高质量示范园区。

3. 开展生态循环经济，提高资源利用效率

烟台市践行“绿水青山就是金山银山”的理念，在生态治理方面，坚持“山水林田库海岛城一个生命共同体”理念，提升生态环境保护和修复的规模；在人居环境方面，持续整治乡村人居环境，提升美丽乡村建设水平；在生态增收方面，发展绿色生态农业，努力建设乡村振兴烟台篇章，打造乡村振兴战略齐鲁样板。

农业废弃物资源化利用是改善环境污染、发展循环经济、实现农业可持续发展的有效途径。烟台市以资源循环利用机制为导向，以畜禽粪污资源循环化利用、秸秆资源综合利用、农膜资源回收利用等为重点，大力推进农业废弃物资源化综合利用，促进种养结合、生态循环、绿色发展，不断改善和优化农业生态环境，提高农业可持续发展水平。烟台市组织畜禽养殖重点镇，积极争取实施粪污资源循环化利用试点项目，鼓励有条件的区市开展乡村废弃物的收集、转化和应用三级网络试点工程建设，整体推进畜禽粪污资源循环化利用。与此同时大力推广绿色、便捷、高效的粪污处理技术和简易治污、沼气治污、生态治污和有机肥制作技术，积极推广“养殖—粪污利用—种植”结合的生态农牧业发展模式，在重要库区、河流周边探索发展环水有机农业。

福山区推进农业废弃物资源化利用工程和畜禽粪污资源化利用项目。积极争取实施粪污资源化利用试点项目，整区推进畜禽粪污资源化利用，改造完善粪污收集、处理、利用等整套粪污处理设施；秸秆综合利用项目，以秸秆还田和肥料化、饲料化利用为主导，以燃料化、基料化利用为补充，以原料化利用为辅助，大力推进秸秆还田，在商品有机肥加工、秸秆养殖食用菌、生物质能源和新型材料等领域积极推进秸秆综合利用，探索建立完善秸秆收储运体系，构建秸秆综合利用长效机制；

清洁地膜推广，按照福山区不同作物覆膜面积和种植区域分布，在花生、马铃薯等作物和设施蔬菜集中种植区域，推广双降解地膜与生物降解地膜栽培技术；在露天蔬菜集中种植区域，推广使用0.01毫米以上标准地膜。目前福山区推广水肥一体化面积4万亩，推广太阳能杀虫灯348盏，大力推进秸秆还田，全区秸秆综合利用率达到94%。测土配方施肥技术推广覆盖率达到90%以上，农作物秸秆综合利用率达到95%；畜禽粪污综合利用率达到90%，规模养殖场粪污处理设施装备配套率达到100%。

招远市探索畜禽粪污、秸秆、农膜等农业废弃物资源化多元化利用，开展秸秆快速腐熟还田、秸秆堆沤还田、秸秆深加工，提升秸秆综合利用水平，新增秸秆还田6.45万亩，年加工生物炭肥料3 000吨，秸秆加工颗粒4万吨，利用秸秆5万吨，实现秸秆综合利用率达到95%以上；加快推进畜禽粪污资源化利用进程，开展规模养殖场粪污处理设施建设，全市291家规模畜禽养殖场粪污处理粪污综合处理利用设施配套率达到98.97%，畜禽粪污综合利用率为86.6%。

长岛县注重保护和有效利用海洋资源，更加注重环境友好，推进渔业养殖从近海向深远海发展，探索推广混合循环生态养殖模式，改进单一资源依赖型和劳动力密集型的传统养殖模式，不断提高渔业废弃物资源化利用和无害化处理水平。生态健康的生产方式得到全面推广，资源消耗和污染物排放得到有效降低，深海开发有序推进。

海阳市推进畜禽粪污、秸秆、农膜等农业废弃物资源化利用，实现畜禽粪污资源化利用治理全覆盖，规模场粪污处理设施配建比例达到98%，畜禽粪污综合利用率达到90%以上。

作为一家传统粉丝企业，龙口双塔食品将大力发展循环经济作为转型升级的重要突破口，创新思路、创新技术、创新模式，创造了多元大循环发展体系，推动企业降本增效、快速膨胀裂变，2016年被确定为“国家循环经济教育示范基地”建设单位、“国家循环经济标准化试点示范企业”。双塔集团牢固树立绿色发展理念，着眼于废水、废渣等循环再利用，统一对废水资源化利用、统一利用余热集中供暖，并且将沼气处理为生物天然气，用于公交车、出租车等机动车辆燃料及居民生活。

6.4 完善生态保障体系，健全长效保护机制

1.实施生态保护工程，扎实生态制度保障

生态保护红线优化工作方面，烟台市在《烟台市生态保护红线规划（2016—2020年）》的基础上，按照国家、省有关要求，组织开展生态保护红线优化工作。生态保护红线勘界定标工作方面，市政府正式印发生态保护红线方案后，全面启动生态保护红线勘界定标工作。烟台将生态保护红线落实到地块，明确生态系统类型、主要生态功能，开展生态保护红线内违法违规项目和历史遗留问题调查和登记，并在勘界基础上设立统一规范的标识标牌，确保生态保护红线落地准确、边界清晰。自然保护区违法违规问题整改方面，烟台扎实开展“绿盾”行动，加快推进自然保护区违法违规问题整改，完善自然保护区规范化管理体系建设，强化对自然保护区的监督管理，开展对自然保护区的生态补偿和绩效考核。

烟台市践行“绿水青山就是金山银山”发展理念，实施严格的水资源管理制度，清理整治县级饮用水源地保护区环境问题。落实河长制、湖长制、湾长制，全面推行林长制，深入开展“绿满齐鲁・美丽山东”国土绿化行动，科学编制海岸带综合保护与利用总体规划。烟台同时推进生态文明顶层设计和制度体系建设，生态环境损害责任追究、排污许可、禁止洋垃圾入境等制度出台实施，提升生态环境治理水平。

烟台市加大农业污染治理力度，部署秋季农业反光膜清理回收、循环利用，秸秆综合利用，提高农业资源利用率来稳步推进生态环境保护，同时制定相应的环境保护制度，让环境治理有法可依，有制可循，有责可追。

2.推行特色河长制，打出水域治理“组合拳”

烟台市“全域治水三年攻坚行动”，坚持“治、用、保”并举，从2018年到2020年，利用3年时间开展“六水并治”大会战，即“重节水、抓集水、引客水、用中水、淡海水、清河水”，实现“地表水、地下水、外调水、非常规水”四水联调，着力完善本地水、客水“双水源”保障体系，构建“河库相连、互补互济”的供水格局，提升全社会节

水水平，保障城乡供水安全和防洪安全，打造“绿水青山、秀美河湖”的水生态格局。

其中“清河水”重点在于全面实行“河长制”工作。烟台市推进河道综合治理工程，加强水污染防治和水环境综合整治，加快河道清淤和底泥清理，切实改善城乡水生态环境，保障防洪和生态安全。到2020年，烟台已实现城市集中供水水源地水质达标率100%，农村饮水水质合格率90%以上，大沽夹河、五龙河等重点河流的水环境功能区达标率达到90%以上，重点河段达到国家规定防洪标准，城市建成区黑臭水体全部消除，地下水实现采补平衡，海水入侵得到有效改善的目标。

烟台市以开展“河长制”作为实践“两山”理念的试验田，“河长制”工作开展以来，烟台市已建成市、县、乡、村四级河长组织体系，设立9名市级河长，党政主要负责人在担任市级总河长的同时兼任市级河长。9位市级河长已现场巡河13次，并多次召开现场会，督导相应河库的管理保护工作；县级河长开展巡河行动500余次。为完善河道长效管护机制，烟台市积极搭建延伸“河长＋民间（义务）河长＋河管员”三级联动工作网络，明确网格点管理责任，“清管”结合，抓好河长制“最后一公里”建设。为保障河长制顺利推进，烟台市委、市政府把“河长制”工作纳入全市经济社会发展综合考核，特别是将“清河行动”、河道清淤和底泥清理等重点工作列入考核内容，充分发挥考核杠杆，全力推动河长制工作落实。

蓬莱市将农村水环境治理纳入河长制、湖长制工作任务。蓬莱市全面推进河长制、湖长制、湾长制工作制度，遵行“一河一湖一政策”实施综合整治，将12条河流干流及水库纳入市级河长制湖长制管理，将12条市级重要河流支流村庄内外小支流及其他水库塘坝等纳入镇、村两级河长制湖长制管理，清理镇街河湖管理范围内乱搭建、乱倾倒、乱采挖等违法活动，清理打捞河道水面漂浮物、周边垃圾。

福山区全面落实全域治水三年攻坚行动：实施河长制、湖长制；实施内夹河水环境再造工程，优化区域水资源配置，建设新型河道生态休闲区；落实“清河行动”目标任务，完成水环境突出问题整治工作；投资100万元，完成30个村庄净水设备安装工程。

3.建立生态补偿机制，促进生态可持续发展

烟台市进一步健全生态保护补偿机制，提高自然资源的科学利用水平，提高生态保护与修复综合效益，让保护生态环境得到实实在在的收益。

一是健全生态保护补偿机制。烟台市进一步健全完善生态保护补偿机制，促进生态补偿可持续发展，完善以政府购买服务为主的公益林管护机制，建立重点生态公益林补偿标准动态调整机制和以森林植被碳储量为切入点的市场化生态保护补偿机制，继续实施国家、省级重点公益林营造、抚育、保护和管理的生态效益补偿。烟台按照国家、省林业部门部署，做好国家级湿地公园生态保护补偿试点相关工作，逐步在省级湿地公园推广，还研究制定以地方补偿为主、中央和省级财政给予支持的横向生态保护补偿机制办法，对现有生态补偿政策进行整合，建立生态保护红线生态补偿机制。到2020年，烟台实现全市森林、湿地等重点领域和禁止开发区域、重点生态功能区等重要区域生态保护补偿全覆盖，初步建立多元化补偿机制，基本形成符合市情的生态补偿制度体系。

二是增加生态产品和服务供给。结合自身生态资源优势和群众对乡村优美风光、生态产品和服务需求不断增长的趋势，烟台市正确处理开发与保护的关系，将乡村生态优势转化为发展生态经济的优势，提供更多更好的绿色生态产品和服务，促进生态和经济良性循环。目前正加快发展森林旅游、河湖生态观光、冰雪海上运动等产业，积极开发观光农业、游憩休闲、健康养生、生态教育等服务。还大力发展“生态＋”产业，实施原生态保护，创建一批特色生态旅游示范村和精品路线，打造绿色生态环保的乡村生态旅游产业链。另外烟台实施森林生态标志产品建设工程，建设一批种苗花卉、特色林果、木本油料、林下经济等标准化生产基地，增加优质绿色生态林产品供给。市政府充分发挥多种功能，积极推动一二三产业融合发展，大力开发林业“新六产”，建设完善一批森林公园、观光果园等田园综合体。烟台加快开发森林旅游、森林康养、森林体验和森林新资源食品、森林生物制药、林业新技术新材料等新产业新业态，并探索开展集体森林资源资产化经营。

三是发挥自然资源多重效益。烟台在进一步盘活森林、湿地等生态资源的同时，充分灵活利用农村集体建设用地，对集中连片建设生态保护与修复工程达到一定规模的经营主体，允许占用1％～3％治理面积依法从事旅游、康养、设施农业等相关产业开发的优惠政策。烟台正深化集体林权制度改革，放活对集体和个人所有的人工商品林采伐和运输管理，扩大商品林经营自主权。市政府鼓励各类社会资本通过租赁、转让等方式取得林地经营权，探索建立林权收储担保补助政策，支持开展林权收储担保业务；烟台市还鼓励金融机构将企业参与生态保护修复情况纳入信用评级体系，鼓励银行业金融机构开展林权抵押贷款业务，开发符合林业特点的信贷产品，适度提高林权抵押率，合理确定林权抵押贷款期限，适当延长贷款周期。烟台目前正在开展“林权抵押＋林权收储＋森林保险”贷款模式，建立“企业申请、部门推荐、银行审批”运行机制，拓宽林业投融资渠道，探索开展林业经营收益权和公益林补偿收益权市场化质押担保贷款，加大开发性、政策性贷款支持力度，完善林业贷款贴息政策。

第 7 章

实施“三级联创”，构建“党支部+”乡村治理机制

乡村治理既是实现乡村振兴的坚实基础，也是国家治理体系的重要组成部分。为了落实党中央提出的乡村振兴战略，烟台市各级党组织经过积极探索与大胆创新走出了一条党支部领办合作社的中国特色社会主义乡村振兴之路。其最典型做法与经验，就是以“党建引领”为主导，以党支部领办合作社为载体，把农村群众组织起来抱团发展，走新型集体化道路，实现共同富裕。

烟台市是全国社会治安综合治理“七连冠”城市，创新开展“法德共进”、“四德”工程等一系列农村基层治理基础工程建设。[①] 自出台《烟台市乡村振兴战略规划(2018—2022年)》后，全市上下以提升农村基层党组织组织力为重点，以实现乡村治理体系和治理能力现代化为目标，坚持以党组织建设带动其他组织建设、以组织振兴促进乡村振兴，着力健全完善乡村组织体系，激发乡村各类组织活力，凝聚乡村振兴的整体合力，到2020年，制约乡村组织振兴的突出问题得到有效解决，构建起乡村振兴的组织体系和政策框架；到2022年，形成领导有力、运转有序、治理有效的乡村组织振兴制度机制。

---

① 打造乡村振兴齐鲁样板中的烟台篇章——《烟台市乡村振兴战略规划(2018—2022年)》解读之一。

7.1 加强“领头雁”队伍建设，提升基层党组织治理水平

在推进乡村振兴的工作实践中，烟台市把打造过硬党组织书记队伍作为提升村党组织组织力的重中之重，通过实施“头雁领航”工程，逐项理清任务清单，逐一落实工作措施，大力实施村党组织带头人队伍“优化提升”行动。

1.提高选人用人门槛，创新村干部选拔任用机制

提高选人用人门槛，创新村干部选拔任用机制，在源头上把好农村基层党组织带头人质量和水平。村“两委”换届选举在提高选人用人门槛，提高选人用人质量的过程中处于至关重要的环节。烟台市以承担山东省换届的试点为契机，针对以往换届中长期困扰基层的难点问题，从制度层面进行集中攻关，形成了自荐参选、查处贿选、标准化会场设置、明纪警示谈话、严明党员参会纪律、法律顾问团监督等6方面制度成果。

在村干部选拔任用方面，招远市坚持政治标准，强化从“好人中选能人”导向，选优配强村“两委”班子特别是党组织书记。海阳市积极推进村党组织书记通过规定程序担任村委会主任、农村集体经济组织主要负责人，推动村党组织班子成员、党员担任村务监督委员会、集体经济组织负责人，提高村委会成员、村民代表中党员的比例，引领带动农村各类组织结合各自职责做好乡村治理工作。栖霞市实施“头雁领航”工程，规范选拔培养机制，探索优秀书记跨村兼职、机关干部脱产任职等方式，推动村党组织书记队伍整体优化提升。莱山区着力提升村干部素质能力，开展“三个一批”头雁培育行动，从机关干部、退役军人、离职退休和返乡创业人员中优选村党组织书记7人。

2.理论培训和实践历练相结合，提升村干部治理能力和治理水平

在选拔任用思想硬、能力强、勇担当、敢作为的干部的基础上，在“育”上强本领，加强农村干部的教育培训，推动村干部整体水平不断提升，是实现农村治理能力现代化的有效路径。烟台市着眼于理论培训和实践历练相结合，全方位提升村干部治理能力和治理水平，将村党组织书记教育培训纳入干部教育培训总体规划

和年度计划，每年轮训一遍。2019 年 6 月份，烟台依托蓬莱市委党校建设了烟台市乡村振兴学院，先后对 100 多批次 3 000 多名市内镇村干部进行了专题培训，接待省外各地 1 500 多名学员来校学习。2019 年，烟台市组织 100 名村党支部书记走进浙大进行专题研修。截至目前，各县市区共举办村党支部书记培训班 70 期，培训 16 827 人次，人均参训 2.61 次。

烟台市将村党支部领办合作社作为锤炼储备干部的平台，依托示范村，全市共高标准打造乡村振兴实训基地 54 处。除此之外，烟台市与中国农业大学烟台研究院合作，设立农村干部市级教学点，对全市学员进行集中面授，既让农村干部系统提升文化理论素养，又促进互相交流、互相学习。目前，全市村“两委”成员大专以上文化程度的占 15.46%，力争到 2020 年大专以上文化程度的达到 30%以上。

莱阳市为提升培训的针对性和实效性，根据村级班子综合研判和年度考核结果，将 784 个村从好到差划分为 4 类村庄，将培训线路划分为省外“精英线”、省内“精品线”、市内“优质线”等 8 条线路，分期分类组织学习培训。

招远市进一步挖掘发扬“老支书”精神，健全落实农村党员定期培训制度，把村党组织书记培训纳入年度培训计划，每年举办农村党组织书记培训班。

海阳市依托党支部领办合作社示范村成立了 4 处新时代乡村振兴讲习所，组织安排全市村级后备力量到讲习所接受培训，在邀请专家教授授课的同时，还组织学员实地观摩乡村振兴现场，既提升了理论素养，又锻炼了实践能力。海阳市实施“一对一”帮带制度，跟踪培养、动态调整，组织党支部书记参加浙江大学、深圳大学培训班，提高农村“带头人”的素质能力。

蓬莱市推进村干部队伍整体优化提升，采取村居党组织书记全员进党校提能力、重点村党组织外出参观拓视野等方式，对 1 600 余名“两委”干部进行了集中轮训。莱山区加强村干部教育培训，结合党员冬训春训，依托村居干部进课堂、书记主任讲坛等载体，实现党员干部轮训全覆盖。

福山区正在实施“聚福英才”计划，打造一流人才工程。采取灵活评价机制和优化评选程序，在全市率先启动实施第二轮人才政策。

3. 从严从实管理村干部，构建科学管理及奖励机制

烟台市制定出台了《关于从严管理村干部的规定（试行）》，烟台市健全村党支部书记县级备案管理制度，从县级层面统一加强监管，建立了村干部警示谈话制度和有错无为退出制度。通过建立常态化退出机制，倒逼村干部严守规矩、规范用权。各区县纷纷加强日常监管、建立村干部常态化退出机制、持续开展农村干部干事创业活动、畅通晋升渠道以及提升待遇保障水平5个方面狠抓落实，实现对基层干部的高标准和高要求。

在从严管理村干部的同时，也着重构建奖励机制。烟台市加大从优秀村干部中选拔乡镇机关事业单位工作人员的力度，同时也注重选拔树立先进典型，明确规定全市评选表彰“优秀共产党员、优秀党务工作者”，农村党支部书记数量不低于25%。烟台持续加大财政资金投入，建立与财政收入相适应的村级组织运转经费正常增长机制。同时响应山东省的号召，进一步提升村级组织建设保障水平，加强村级组织运转经费保障工作。烟台全市开展农村干部“干事创业”活动，引导村干部在发展集体经济、为民服务中展示作为。市里每年从发展贡献较大、示范作用明显以及前后变化较大的村中，组织评选100个“干事创业红旗村”和100个“干事创业进步村”，并按5%～10%的比例提高支部书记绩效报酬。

招远市在村干部监督考评激励工作中，建立动态调整机制，健全完善村党组织书记绩效考核评价、履职情况定期评估、党员群众评议等制度，对不胜任、不合格、不尽职的村党组织书记及时进行调整，实行规范化管理，严格落实村党支部书记县级组织部门备案管理、述职考核等制度，促使村干部履职尽责、为民服务。

海阳市制定农村党支部书记规范化管理办法，搭建服务党员平台，开展“双联双诺”党群连心活动，提高党员队伍建设管理水平，先后制定了《关于从严管理村干部的规定（试行）》和《海阳市农村党支部书记规范化管理办法（试行）》，严肃用人导向，净化村干部队伍。

栖霞市完善村党组织书记绩效考核评价、履职情况定期评估、党员群众评议等制度，健全优秀村党组织书记发展晋升机制，以及增量收益绩效奖金提取等机制。

莱州市委组织部制定了《村“两委”成员履职情况定期评估、动态调整实施办法》，完善岗位目标责任制，健全定期评估机制，建立动态调整机制，进一步加强农村干部队伍建设、规范村干部管理。另外，建立农村干部干事创业“大公示、大考核、大排名”制度，每年年初，通过“群众提、村庄定、镇街审”，村村签订《干事创业承诺书》，村村设立“干事创业竞秀榜”，以乡镇为单位全面公示进度。每年年底，市委组织部牵头对977个村进行大排名，召开农村干部干事创业表彰千人大会，对村庄评选“一等奖”“二等奖”“进步奖”，分别给予1万元、5 000元和3 000元的奖励，村党支部书记报酬同步提高7%、5%和3%。

蓬莱市对党建资金优先投入，对重点打造的党建示范区，市管党费每个给予10万元奖补资金，镇街财政配套不低于30万元，扶持提档升级；将财政资金向示范区发展集体经济倾斜，各个示范区内先后有7个重点村纳入发展农村集体经济试点村，每村扶持100万元专项经费，撬动各类财政和社会资金用于发展壮大村级集体经济。

4.注重后备人才培养，实现治理效能可持续发展

要使村党组织永葆生机活力，实现健康可持续发展，为乡村振兴战略提供源源不断的治理效能，必须注重后备人才的培养。烟台市打破就村抓村的路径依赖和选人用人机制，不断拓宽村干部来源渠道，健全后备干部人才库，不断强化村级后备干部的人选物色、培训锻炼。目前各县市区均建立村党组织书记后备人才库，共储备后备力量19 517名，村均3.03名，其中高中以上学历19 425人，43岁以下的12 718人，女性有6 123人，占比31.4%。

一是实施本土人才“挖潜计划”，组织各县市区对现任村“两委”成员、农村致富能手、合作经济组织负责人、专业大户、乡村医生等群体进行深入摸排，掌握了一批优秀人才信息，并按照不同类型的人才，逐人落实培养教育措施。2019年，共有69名政治觉悟高、有本事的“能人”担任了村党组织书记。

二是实施机关干部“下派计划”，对村庄内确无党组织书记合适人选或人选不能胜任履职要求的，注重从机关企业事业单位中有计划地选派一批综合素质高的优秀年轻干部、有农村工作经验的干部以及具有涉农方面专业特长的干部，到村担任党组织书记。现已安排35名机关干部到村任职。下一步将加大政策支持力度，对在职干部到村任职的，与原单位脱钩，保留原待遇不变，参照第一书记标准发放工作生活补助；对实绩突出的，原单位干部调整时优先选拔使用，优先推荐进入镇街领导班子。

三是实施在外人才“回引计划”，各县市区组织乡镇（街道）与劳动就业部门、驻外流动党组织等建立对接联络机制，全面掌握在外工作的优秀人才，定期开展分析研判，研究制定回引计划。对自带项目、资金、技术回乡创业或愿意通过党支部领办合作社等渠道发展村级集体经济项目的，县乡两级优先给予土地审批、小额信贷、创业培训等优惠政策；回村任职的专项公益性岗位退役军人、镇街劳务派遣人员，保留原待遇不变，参照村干部业绩考核奖励落实相应待遇。2019 年以来已有 53 名农村优秀人才回村担任党支部书记。

招远市建立村党组织书记后备人才库，采取压担子培养、一对一帮扶等方式，让村党组织书记后备人才尽快锻炼成长，有序推进村党组织书记新老交替。栖霞市统筹城乡人才资源，培养农村党组织书记后备人才，以镇街区为单位建立党务人才库。

莱山区实施村后备干部“递进培养计划”，选优配强后备力量，加大从优秀人才中培养入党积极分子、发展党员的力度，并以区级为单位建立了村党支部书记后备人才库，以街道为单位建立了村“两委”干部后备人才库。

龙口市抓住春节返乡有利契机，开展本土人才资源排查，确定 1 700 多名村干部后备人选。

5.选派第一书记，充实乡村治理外部力量

作为村庄治理的外部力量，第一书记在抓党建促乡村振兴过程中起到了至关重要的作用。烟台市党政机关领导高度重视第一书记工作，把第一书记工作纳入基层党建三年规划（2017—2019 年）、基层党建工作要点、打赢脱贫攻坚三年行动实施意见、乡村振兴战略规划（2018—2022 年）中，并以市委文件和党建工作领导小组文件下发。全方位强化第一书记工作保障，为第一书记每年安排 20 万元扶贫专项资金。实行派出单位项目、资金、责任“三个捆绑”政策，建立第一书记担纲、派出单位当后盾、本单位党员干部积极参与的“三位一体”工作机制。2019 年以来，第一书记累计协调投入资金 1.69 亿元，培育特色产业和致富项目 280 多个，促进集体增收 1 520 多万元。

烟台全市制定出台《第一书记管理制度》，从严从实开展督导考核，要求第一书记做到“四个必须”：每月驻村必须 20 天以上；必须全脱产开展工作；必须在每个工作日上午 9 点前通过“钉钉”软件签到；离村半天以上的，必须严格履行请、销假手续。明确不胜任第一书记召回制度，出现不胜任 10 种情形的，要求其派出单位予以召回、重新选派。同时，加大督查力度，制定《第一书记工作督查通报制度》，细化

3 大项 11 小项督查内容，要求各县市区至少每季度对第一书记工作情况进行一次督查，目前各县市区累计督导检查 80 余次。秉持“奖惩并行”的管理思想，烟台市自从选派第一书记以来，对年度考核优秀的，以党建工作领导小组名义进行通报表扬。对优秀的市派、县派第一书记提拔重用。对作风扎实、工作突出的，通过新闻媒体等形式进行宣传推广，发挥典型示范作用，推动第一书记工作整体提升。

招远市积极开展与德州市互派干部挂职工作，根据基层实际和工作需要，招远市从各级党政机关、企事业单位选派优秀党员干部到工作基础薄弱村担任党组织书记。并建立市派扶贫挂职干部、第一书记临时党支部微信群，每周一逐人交流上周工作完成情况和本周工作打算。除此之外，烟台市全方面开展业务培训，强化第一书记的教育培训，截至目前累计对第一书记教育培训 54 期、1 100 人次。

栖霞市充分发挥第一书记在抓党建促脱贫、助推乡村振兴中的重要作用，在实现第一书记对扶贫工作重点村和软弱涣散村的全覆盖基础上，全面推行向集体经济空壳村选派第一书记，建立选派第一书记工作长效机制。

蓬莱市积极组织第一书记业务培训，2019 年 4 月举办村居党组织书记培训班，以党支部领办合作社发展壮大集体经济为主要培训内容，同时涉及习近平新时代中国特色社会主义思想、乡村振兴、基层组织建设实务等相关内容，共计集中培训 530 人。①

牟平区要求第一书记在每个工作日上午 9 点前、下午 4 点后通过“钉钉”软件签到，同时根据工作需要随时签到，签到情况每月通报。莱州市将第一书记组织党员干部外出学习考察纳入党建项目化管理并给予适当党费补助，其中车费全额补助，餐费按 15 元/人的标准补助，所有费用由党费列支。

福山区实施年轻干部战略培养工程，组织相关部门每半年进行一次考核、考察，实行进位升级、退位降档评价机制。莱阳镇街党委成立第一书记工作检查组，每季度为第一书记工作打分，成立专门工作组，深入一线了解工作开展，形成追踪考察制度，对表现优异的第一书记优先使用。

① 蓬莱市委党校举办村居党组织书记培训班暨党支部领办合作社推进会议。

7.2 实施“三级联创”计划，打造过硬基层党支部

1.突出规范化建设，创建治理有效村庄

烟台加强农村党务村务“1清单6规范”标准化体系建设，进一步厘清村级组织职责权限，制定村干部小微权力清单，对每项权力设计流程图，引导农村干部“按图索骥”“照单操作”行使权力。此外，推进村级事务决策、“三资”管理、党内政治生活、发展党员、党务村务公开、村规民约“6个规范化”建设，建立权责明晰、公开透明、操作规范、监督有力的村级事务运行体制和机制，指导县市区健全完善村级审计和党务村务督查制度。

海阳市推进党支部规范化标准化建设，严格落实《农村党支部堡垒指数星级评定办法》，细化党组织星级评定实施细则和评价标准，通过定期评定、动态调整、晋位升级，全面落实“三会一课”、主题党日、组织生活会、民主评议党员等党的组织生活制度，不断扩大先进支部增量、提升中间支部水平、整顿后进支部。

莱州市加强全市村级组织活动场所标准化规范化建设管理使用工作。完善村级组织活动场所的功能设置和设施配套，按照“一院五室”的基本标准，规范功能设置；按照“两栏六有”的基本标准，完善设施配套；按照“三原则、三统一”的基本标准，提升规范化水平。进一步发挥村级组织活动场所的党员教育管理功能、培训新型农民功能、民主议事决策功能、倡导文明新风功能。

2.突出精准化服务，创建党群连心品牌

烟台市政府立足群众需求，通过整合内外两方面资源，开展针对性、实效性强的服务。一方面，强化内力激发，在全市农村开展党员干部“双联双诺”联系服务群众活动，即村干部联系党员和村民代表全覆盖、党员和村民代表联系群众全覆盖，村党组织和党员、村民代表公开承诺为民服务事项；村党组织承诺要与健全落实“亮诺、践诺、述诺、评诺”制度相衔接，示范带动党员、村民代表主动联系群众、开展服务活动。另一方面，强化外部帮扶，通过调度督查、严格奖惩等方式，抓实、抓好部门包村、第一书记负责等工作，帮助群众解难题、办实事。

为进一步加强农村基层服务型党组织建设，深入推进农村干部“干事创业”活动，着力提升村党组织的战斗力、凝聚力，烟台市建立村党组织“亮诺、践诺、述诺、评诺”制度。各村党组织要通过村务公开栏、明白纸等方式，亮出承诺内容，接受党员和群众监督；村党组织对照承诺内容，制定具体践诺措施办法，明确工作职责，督促抓好推进落实；乡镇街道党（工）委召开村党组织书记述职评议会议；烟台乡镇街道党（工）委根据日常履职和年底评议情况，综合评定“好、较好、一般、差”四个等次。

各县市区的具体做法各有特色。福山区实施区镇村三级党群服务平台升级行动，构建农村“15 分钟便民服务圈”；实施后进村党组织综合整治工程，先后投入 1 260 万元，撬动各方资金 5 400 多万元，实施整治项目 159 个，解决 230 多个群众反映强烈的修路、架桥、改水等问题。

海阳市大力提升乡村公共服务质量，着力办好农村寄宿制学校和小规模学校，全面推进乡镇中心幼儿园“镇村一体化”办园模式；继续招聘公办幼儿园教师，充实到乡镇中心幼儿园，实行“六统一”管理；健全农村社会救助体系，完善农村最低生活保障制度，新增农村低保 109 人，城市低保 11 人，特困 211 人，全面复核清退不符合特困条件 17 人；扩大残疾人单独纳入低保范围，将重病、就学等支出型困难家庭纳入低保范围。

莱山区成立由院格庄街道工委主要领导牵头，组织、纪委等部门负责同志参与的工作专班，建立走访调研制度，定期到村开展走访工作，掌握村情民意，建立村“两委”谈心谈话制度，定期与村“两委”成员开展谈心谈话，了解思想动态，梳理矛盾根源。建立工作组参会制度，通过参加“两委”会、党员大会和村民代表会，充分倾听党员群众心声，真正做到从源头上化解矛盾，维护好全村的发展和稳定。

3.突出区域化统筹，创建农村党建示范区

农村基层党组织强弱不均、经济发展不平衡、服务群众能力有限等问题亟须解决。烟台市根据经济发展、区位特点、资源类型等实际情况，深化拓展联村共建帮带发展、村企共建互促发展、合村共建融合发展等不同模式，统筹区域内人才、产业、项目、设施等资源，以“地域相邻、产业相近、治理相融、人缘相亲”为原则，按照辐射 2～3 千米半径区域创建农村党建示范区，在组织联建、党员联管、资源联享、产业联兴、服务联做上下功夫，探索推行大带小、强带弱、中心辐射周边、村企联合等多种模式。重点推行了“一核心四统筹”工作机制，建强示范区党组织核心，由传统的“村居建党”向“区块建党”转变，统筹活动阵地建设、党员管理、产业发展、村级治理、公共服务，发挥集群效应。

烟台市综合同一区域内村级班子、党员队伍、基础设施、产业结构、项目建设、村务管理、民生需求等特点，集中打造功能完备、工作规范、内涵丰富、优美整洁的党建示范区。主要探索出3种突出的建设模式：一是联村共建，帮带发展。依托基础条件较好的中心村或经济强村，与邻近一个或几个村联合整合资源、放大优势、弥补短板，构建以强带弱的共建格局；二是村企共建，互促发展。靠近园区或企业的村庄与就近企业联合打造，找准企业与村庄的需求点、结合点，加强基层党建、基础设施、产业项目、人员就业等方面的深度合作，形成优势互补、互促共赢的共建格局；三是合村共建，融合发展。将合并在一起的村庄进行集中打造，有效整合各村资源，统筹对居民的教育培训、就业安置、文化活动等各项服务和管理，形成互联互通、合力发展的共建格局。烟台市创建农村党建示范区实践，通过优化组织设置、突出政治功能、统筹区域资源，形成各类要素的聚合效应，同时根据党建示范区建设特点，分类施策、突出重点，着力在“五联”——组织联建、党员联建、资源联享、产业联兴、服务联做上下功夫。

招远市以区域化党建打破行政村壁垒，推动乡村治理体系变革提升。一是实体化运行示范区党委，把区域整体工作“统”起来，将示范区党委与镇工作区全面融合，明确岗位职责，制定考核管理办法，确保示范区党委有职、有权、有人统领区域全部工作。二是体系化下沉公共服务，把群众需要的服务“沉”下去，创新“1＋94”公共服务体系，“1”，即在党群服务中心设置“村级印章镇级代为存放点”，对所有仅涉及村级印章的服务事项，一体化实行现场即时办理；“94”，即对低保审核、养老保险、医疗保险、农业支持保护补贴等94项公共服务事项，逐项明确办理条件、申请材料、办理流程、办理期限等，实行全程代办。三是系统化构建党员联户网格，把农村各项工作“融”进去，采取“线下＋线上”模式，以党员联户网格化的管理模式，促进农村各项工作落地落实。

4.完善党支部管理细则，打造过硬党支部

打造过硬党支部，必须完善党支部管理细则。烟台市通过深入开展村级党组织评星定级、抓紧抓实主题党日制度、细化党员量化积分管理等，进一步完善党支部管理细则。

一是深入开展村级党组织评星定级。一方面需要细化管理办法，烟台市指导15个县市区全部制定出台村党组织星级化管理具体办法，采取量化指标、定量考核、定期评定、动态管理的办法，每年年底对村级党组织“评业绩”“定星级”，通过以业绩评星级，以星级定奖惩。二是持续整顿软弱涣散党组织。对评定为二星级以下的村党组织，视情况纳入软弱涣散村，抓好集中整顿，促进转化提升。建立全市软弱涣散村党组织台账，实行销号管理，指导县市区，统筹各方面力量，明确责任人、整顿办法、具体转化时限，精准选派第一书记。

二是抓紧落实主题党日制度。一方面需要强化顶层设计，制定出台《关于进一步健全完善“主题党日”制度的意见》，在农村党组织推行“4＋X”组织模式。“4”即学习讨论、组织生活、议政议事、实践锻炼4项规定动作；“X”即自选动作项，结合村内具体工作通报情况、解决问题，确保主题党日内容实在，让党员乐意参加。另一方面需要提升信息化水平，借助“互联网＋”，为村级党组织开展主题党日提供科技支撑，解决好村党组织自身教育资源匮乏、组织形式单调等问题。

三是细化党员量化积分管理。烟台制定出台《关于推行党员量化积分管理的指导意见》，指导县市区制定具体详细的农村党员量化积分日常管理办法，以党员积分量化管理为抓手，以党支部为单位，围绕党员义务履行、参与组织生活、先锋作用发挥等方面，对每名党员进行量化积分，每季度末公示，每年年底拉大榜。

福山区结合村党组织评星定级，严格落实村干部履职承诺制度，建立完善村干部“量化考核”具体办法，推行“项目化管理、差异化考核”。另外，每周通过远程可视服务系统向农村基层推送一部党性教育课件和一部红色电影。

蓬莱市推进党支部规范化标准化建设，深化村级党组织评星定级，通过定期评定、动态调整、晋位升级，全面落实“三会一课”、组织生活会和民主评议党员等党的组织生活制度，不断扩大先进支部增量、提升中间支部水平、整顿后进支部。同时打造“仙境党员之家”学习教育智慧平台，通过广电闭路网络在全市500个村设立会场终端，采取学习时间统一步调、学习内容统一安排、市委组织部干部统一主持“三统一”模式，全市2万多名农村党员同步在线学习，同时借助平台实时轮巡功能，对各会场组织情况全过程即时监控。

7.3 创新“党支部＋”管理模式，壮大农村集体经济

近年来，烟台市推行村“党支部＋”管理模式，发展集体资金、资产、资源入股，群众以土地、劳动力、资金等入股，把群众组织起来抱团发展、共同致富。截至目前，全市已有1 470个村党支部领办合作社，占村庄总数的22.8%，村集体增收3.8亿元，群众增收4.9亿元。

1.提升村集体经济实力，开展“党支部＋合作社”百村示范行动

烟台市筛选100个村探索推行“党支部＋合作社”发展村级集体经济模式，鼓励和引导农民加入合作社，提升村级集体经济实力，到2020年，全市农民合作社数量稳定在1.6万家，家庭农场达到4 000家，农业社会化服务组织达到2万家。坚持以党建引领乡村振兴，通过加强村党支部建设、找准村居“带头人”、吸收村居“能人”进支部等方式，增强村级党组织把方向、管全局、保落实的能力，以“党支部＋合作社”模式，带动贫困群众增收。

莱山区由村党员干部牵头领办专业合作社或股份合作社，明确集体收益份额，赋予双层经营体制新的内涵，形成党支部领办合作社的莱山品牌。莱山区南水桃林村大力发展集休闲、度假、餐饮、娱乐于一体的乡村旅游综合体，由党支部垫资建设的南山桃源产业基地项目，采取“支部＋合作社＋基地＋农户”的模式，农户将土地、闲余资金变作资产入股，合作社把撂荒土地变废为宝，用于种植草莓、樱桃等果蔬，直接销售给市内各大酒店，既保障了村民个人收益，又增强了村集体造血功能。

莱阳市积极探索推广“党支部＋合作社”发展模式，谭格庄镇成立了前施格庄、后施格庄等五个村庄的联合党支部，由联合党支部牵头成立合作社，充分发挥合作社成员“能人优势”，与龙头企业鲁花集团签订高油酸花生、油菜花种植合作项目，共流转成方连片土地2 600亩，5个村庄年均增加集体收入25万元。沐浴店镇西石河头村通过党支部牵头，成立振兴果蔬农民专业合作社，充分利用当地的优质土壤资源及丰富的水资源，大力发展大棚樱桃、红富士苹果、优质土豆共计1 000余亩，通过合作社“统一生产资料、统一包装、统一销售、统一储存”的规模化经营，突出打造特色产品品牌，不断提升产品附加值。

招远市大力推行党支部领办合作社，为乡村振兴注入新活力。着眼村集体与村民“双增收”、基层党组织组织力与服务力“双增强”，全力推进党支部领办合作社增量增效，强化全方位的培训指导和“普惠式”的政策扶持，制定落实《关于构建“1215”扶持体系，实施村级集体经济发展三年行动计划的意见》，强化“抱团式”的共建共兴的发展模式，让基础弱的村不掉队、有盼头，发挥乡镇党委和农村党建示范区党委统筹作用，推动强村带弱村、优势产业拉动区域提升。阜山镇、毕郭镇、金岭镇等镇街成立镇级合作社联合社，以区域优势资源互补推动合作社做大做强，其中，阜山镇成立党支部领办合作社融合发展中心，建立统一的电商销售平台，解决合作社发展的后顾之忧。大户陈家、地北头王家、南院庄、朱疃、青龙夼、灵山蒋家等党建示范区，依托中心村主导产业，均拉动了周边3～9个村实现一体化、抱团化发展。

栖霞市着眼于发挥村级党组织的坚强战斗堡垒作用和头雁效应，到2020年80%以上的村级党组织领办创办合作社，所有村集体收入均达到5万元以上。目前，全市已发展党支部领办的合作社698个，占全市村庄总数的73.2%，已远超年内60%的预期，涌现出了亭口镇衣家村、蛇窝泊镇东院头村等一批有影响力和带动力的先进典型。从实践看，村级党组织领办合作社，抓住了解决农村问题的“牛鼻子”，实现了村级组织由“弱”到“强”、群众由“散”到“聚”、产业升级由“跟跑”到“领跑”、强村富民由“怠速”到“提速”。

龙口市后霍家村组织部分村民加入了由龙口市蔬菜站牵头成立的龙口市诚信果蔬专业合作社，以村委会为核心，新成立了龙口市兰高镇后霍家草莓专业合作社，为草莓种植户提供产前、产中和产后服务，形成了草莓种植户以龙口市兰高镇后霍家草莓专业合作社为载体，接受龙口市诚信果蔬专业合作社的技术服务和指导的发展格局，按照“合作社＋基地＋农户”的产业化模式运行，推行标准化生产，实行产供销一条龙服务。

福山区发挥村党组织对发展经济的引领作用，以“党支部＋合作社”为主路径，在全区大力推行“低风险保障型”集体经济发展模式，鼓励和引导农民加入合作社，通过盘活资产资源、发展特色产业、优化物业经济、开展乡村旅游、发展电商经济、三产融合发展等多种途径，做大做强村级集体经济。将扶持发展集体经济列入区级涉农资金任务清单，加大政策资金支持。

2.坚持多条腿走路，做大做强村级集体经济

坚持多条腿走路，烟台市农村通过盘活资产资源、发展特色产业、优化物业经济、开展乡村旅游、发展电商经济、三产融合发展等多种路径做大做强村级集体经济。此外，设立村级集体经济发展专项资金，开展集体经济示范村“双百”评选，每村给予1万元扶持资金，确保到2019年年底基本消除集体经济空壳村；2020年年底基本消除集体收入3万元以下村；力争到2022年年底全部达到5万元以上，其中50%以上的村超过10万元。

烟台市实施村级集体经济全域提升三年行动计划，依托“灯塔—党建在线”综合管理服务平台，建立在线数据库，推行党支部领办合作社发展村级集体经济模式。出台专门意见，把村党支部工作融入产业发展、促进农民和集体增收之中。建立村集体与群众经济利益共同体，由村党支部注册成立合作社，村集体以资金、资产、资源入股，群众以土地、基础设施、劳动力等入股，发展适度规模经营、提供集约化服务，既保证了合作社“姓公不姓私”，又建立起党支部与群众的经济联结纽带。①

坚持强村与富民相统一。村集体通过入股经营等方式促进增收，入社群众可获得土地流转、分红、务工三方面收入，在党支部带领群众一起干、一起闯的过程中，增强了群众的集体观念。坚持示范引领全域推进，开展党支部领办合作社发展集体经济百村示范行动，整合财政、农业、供销等部门力量给予政策支持，市级财政向示范村列支1 000万元，县级配套不少于20万元。目前，100个示范村入社社员2.48万人，示范带动560个村党支部领办了合作社。

烟台市从集体经济收入超过50万元的村中评选86个“干事创业红旗村”，从集体经济收入超过5万元且增幅在50%以上的村中评选100个“干事创业进步村”进行通报表扬，每村给予1万元的“干事创业”奖补资金，专项用于村级公益事业建设。

3.做好整合文章，激活发展合力

从单打独斗、个体营销的分割型、零散型传统发展模式，到抱团发展、区域联动的一体化、集群化发展模式，烟台市将单个村庄纳入农村党建示范区的“大棋盘”中，以更高的视野统筹区域内各类资源，引导优质资源向优势产业聚集，增强村集

---

① 人民网—山东频道2019/01/10：山东省烟台市培育壮大村集体经济实力(周超)。

体经济发展后劲。

“要确保村庄不断实现新的发展成就，单靠本村的力量是远远不够的，必须整合周边村庄资源，进行优势互补，拓展村庄发展空间。”马家沟村党支部书记马继业抓住全市创建农村党建示范区的契机，联合周边5个村成立了马家沟党建示范区。近年来，先后投资近百万元，帮助周边村庄建设活动广场、改善基础设施，通过党总支领办合作社盘活流转示范区内土地600多亩，开发采摘园、农家乐、电子商务、特色种植等9个产业项目。周边村300余名村民在马家沟风景旅游区务工，示范区内旅游人数年均增长20%以上，所辖村平均每村年增收20多万元。党建示范区的建立，让强村的发展空间得到进一步拓展，弱村的发展难题也因集体经济的发展壮大迎刃而解。

与马家沟“强村带弱村”的发展模式不同，福山区门楼镇斗余农村党建示范区党总支探索了“低风险保障型”集体经济发展路子。这个示范区在党群服务中心广场建设23间商铺，由党总支统一对外发包租赁，每年获得租金11.5万元，安装光伏发电设备1 100平方米，每年获得稳定收入12万元。全部收益由示范区党总支统筹，反哺到村，既增强了示范区党总支的凝聚力，也使示范区所覆盖的8个村获得了稳定收益。在蓬莱市蔚阳河畔，西吴村、刘家村等7个村成立了蔚阳河党建示范区。依托民生葡萄、蔚阳农机两个国家级示范合作社，示范区培育发展了12个专业合作社，对刘家村有机小米、西吴村富硒花生、大姜家村海藻鸡等统一包装、统一营销，提升产品附加值，年可带动863户群众增收600多万元。

4.聚焦党建“支点”，撬动融合“杠杆”

长期以来，由于村多村小、资源分散，村庄单打独斗难成规模，公众服务难以集约，发展后劲明显不足。特别是一些小村弱村因党支部攻坚能力不强、村级集体经济薄弱，成为基层党建和社会发展的短板。目前，这一短板正在被补齐。

福山区回里镇成立狮子山片区党建示范区，建立起“1＋8＋X”组织体系，其中“1”就是新成立的示范区党总支，由镇党委委员任党总支书记，示范区内村党支部书记任副书记、支部委员；“8”就是狮子山片区党建示范区下辖的胡家夼、谭家庄等8个村党支部；“X”就是在党总支下设的综治联防、环境卫生、爱心公益等特色党支部。各党支部既独立运行，又接受示范区党总支统一领导，示范区党员接受村党支部和示范区党组织的双重管理、统一支配、统一考核，形成“关系在本村、活动在区域、奉献双岗位”的管理方式。

招远市大户陈家村是远近闻名的经济强村，自成立农村党建示范区后，大户陈家党委安排本村两名委员，分别到示范区内的西华山村、南冯家村担任第一书记，驻村帮助解决班子不团结、派系斗争严重、基础设施落后等问题。两名第一书记任职后带领村“两委”落实了自来水管网建设、纯净水设备安装、进山道路整修等8项民生工程。南冯家村党支部书记董秀兵说：“俩村挨得这么近，人家的发展咱看着也眼红，现在作为一个示范区，帮我们搭上了大户陈家发展的‘快车’，老百姓也都感受到了实实在在的变化。”

7.4 探索“村社合一”新模式，建立“三治”融合乡村治理体系

完善乡村自治体系是推动组织振兴的重点任务之一。创新构建乡村治理体系，必须提高乡村自治水平，鼓励和支持村民广泛参与，激发社会活力，促进政府治理和居民自治良性互动。

1.加强并完善村民自治民主

完善村民自治民主制度，支持村“两委”树立威信、发挥作用，为“两委”履职尽责、开展工作创造条件，对乡村治理有重大意义。烟台市建立审计监督正常机制，及时发现查处侵害群众利益、以权谋私等违法违纪行为。坚持村民的主体地位，积极调动基层群众当家做主的积极性，完善民主选举制度和程序，切实保障外出务工农民的民主选举权利；健全民主决策制度，规范议事决策程序，拓宽群众参与民主决策的渠道；推进民主管理，充分发挥村民自治章程、村规民约积极作用；完善民主监督，建全村“两委”成员述职、评议、任期和离任经济责任审计等制度，完善党务、村务、财务等信息公开制度，加强村务监督委员会建设，构建权责明晰、衔接配套、运转有效的村级民主监督机制。

海阳市建立完善村民自治制度体系。建立完善村务监督委员会以及人民调解、治安保卫、公共卫生等委员会和配套组织。实行“四议两公开”和“一事一议”工作方法，建立具有村级决策协调议事性质的村民会议和村民代表会议制度，将村经

济社会发展规划、村规民约、集体资产处置、公益事业建设筹资、土地征收、农村低保、村务公开等重大事项纳入议事范畴，实施全过程监督，乡村治理机制进一步完善。

蓬莱市加强规范村民自治组织制度化建设，2019年印发了《关于认真做好村规民约和居民公约制定修订工作的指导意见》《关于修订调整〈蓬莱市村务公开目录〉的通知》和《关于加强和完善城乡社区治理的实施意见》等一系列政策文件，推动制度化、规范化、程序化建设，打牢基层基础，健全乡村治理体系。

2.坚持法治为本，推动法治乡村建设

推动法治乡村建设，规划要求，坚持法治为本，梳理依法治理理念，完善乡村法律服务体系，强化法律在维护农民权益、规范市场运行、农业支持保护、生态环境治理、化解农村社会矛盾等方面的权威地位。为了加强农村法治宣传教育，烟台市深入实施“七五”普法，大力宣传普及与乡村振兴发展和农民切身利益相关的法律法规，增强农村基层干部和农民群众的法治观念和依法维权意识，在乡村形成依法办事、遇事找法、解决问题用法、化解矛盾靠法的良好法制环境。其次，全市大力开展公安法治文化建设，加大公安重点人员、重点行业领域和特殊时段节点的普法教育力度。另外深入开展乡村中小学法治课程教育，切实保证法治教育课时、教材、师资、经费“四落实”，积极开展学校法治教育活动。坚持学用结合、普治并举，推进“民主法治示范村（社区）”创建活动。加强法治宣传一条街、法制书屋、远程教育等法治宣传阵地建设，大力开展法治文化活动，构建覆盖县、乡、村的法治文化体系。

增强基层干部法治为民意识，将政府涉农各项工作纳入法治化轨道。全市深入推进综合行政执法改革向基层延伸，推动执法队伍整合、执法力量下沉，探索建立乡镇（街道）综合执法平台，加大农村的执法力度，进一步完善执法标准规范。同时，健全农村公共法律服务体系，抓好村（社区）法律顾问工作，落实“一村一法律顾问”，加强对农民的法律援助和司法救助，降低法律援助门槛，扩大法律援助范围，抓好困难群众法律援助工作。建立健全乡村调解、仲裁、司法保障的农村土地承包经营纠纷调处机制。

龙口市司法局、市普法办结合“不忘初心、牢记使命”主题教育，组织律师、公证员、法律援助志愿者组成“践行新思想、法律润民心”法律援助实践团，到社区、农村、校园、企业，普及法律知识、提供法律援助。“送法进农村”“送法进社区”和“送法进学校”，在美丽乡村植入法治元素。举办法律讲座，结合发生在群众身边的典型案例，加大对扫黑除恶专项斗争、反邪教、防范电信诈骗、维护网络安全等宣传，增强广大群众的守法意识。

3.提升乡村德治水平，完善居民公约引人向善

提升乡村德治水平，坚持德治为先，传承弘扬农耕文明精华，以德治滋养法治精神，让德治贯穿乡村治理全过程。烟台市将深化“法德共进”工作，深入开展立家训家规、传家风家教，倡文明树新风、革除陈规陋习等活动，推进家风建设、文明创建、诚信建设，依法治理、道德评议等行动。将法治教育和道德教育有机结合，以“一堂一会一阵地”建设为着力点，大力推进“法德共进”工作。依托乡村会议室、群众活动中心等场地，广泛建立法德讲堂，建立法德共促会，普及法律知识。大力弘扬社会主义核心价值观，深入挖掘乡村熟人社会蕴含的道德规范，通过完善村规民约、居民公约等，引导农民向上向善、孝老爱亲、重义守信、勤俭持家。建立道德激励约束机制，引导农民自我管理、自我教育、自我服务、自我提高，实现家庭和睦、邻里和谐、干群融洽。深入宣传道德模范、身边好人的典型事迹，鼓励见义勇为，弘扬真善美，传递正能量。将社会心理咨询服务场所建设纳入各级特别是基层综治中心标准化建设管理范畴，在全省二级以上综合医院普遍设置心理科，重点临床科室配备专兼职心理咨询师，乡镇卫生院和社区卫生服务中心设置心理咨询室，专业化开展精神卫生和心理抚慰工作，聘请专业社会工作者或心理辅导人员、志愿者，开展心理健康宣传教育和心理疏导。此外，充分利用现代信息技术，做好流浪乞讨、服刑、刑满释放、社区矫正、社会戒毒人员和孤寡老人、留守儿童妇女及易肇事肇祸严重精神障碍患者等的人文关怀、心理疏导和危机干预。

2019年8月，长江乡福山村组织群众代表、党员代表、组长30余人，开展“移风易俗大家谈”活动。建议群众要做移风易俗、勤俭节约、文明办事的表率；并要求居民群众动员自己的家属及亲朋好友积极行动起来，谢绝各种违规宴请，反对奢靡之风，形成良好的社会氛围，严格遵守《福山村村规民约》，大力倡导厚养薄葬、红白喜事节俭、反对铺张浪费、反对婚丧大操大办，把文明新风理念带进小区、楼栋，引导居民群众破除陈规陋习，倡导文明新理念，树立和谐社会新风尚。

招远市着力提高乡村法治、德治水平。开展法治宣传教育和法律进农村活动，建立村级法律顾问制度，健全农村公共法律服务体系。加强乡村综治平台标准化

建设，深入实施“雪亮工程”，打造立体化动态化数字防控体系，创新社会治安综合治理，深化平安智慧村庄（社区）创建，2019 年全市“技防村”创建比例达到 70%，经济条件好的镇街实现全覆盖。组织开展好社会治安防控、矛盾纠纷化解、重点特殊人群服务管理等综治维稳工作，建设平安乡村。推动社会治安防控力量下沉，统筹各类组织和党员队伍、网格管理队伍、志愿者团队等各方面力量，构建“多网融合、一网统筹”的网格化服务管理体系，实行乡村网格化服务管理中心与综治中心一体化运行。

栖霞市坚持德治为先，强化道德教化作用，深化“法德共进”工作，培养健康社会心态；坚持自治为基，以全面推进村级民主选举、村级民主决策、村级民主管理和村级民主监督等“四个民主”为重点，加强农村群众性自治组织建设，鼓励和支持村民广泛参与，激发社会活力，健全和创新村党组织领导的充满活力的村民自治机制，促进政府治理和居民自治良性互动，强化法律在维护农民权益、规范市场运行、农业支持保护、生态环境治理、化解农村社会矛盾等方面的权威地位。

4. 村村组建巡防治安队伍，推进平安乡村建设

推进平安乡村建设，也是实现组织振兴的重要任务。规划要求，在农村开展平安建设，使农村矛盾纠纷排查调处机制更加健全，农民合法权益得到保护，农村治安防范体系更加完善，突出治安问题和治安乱点得到有效整治，建设平安、法治、和谐乡村。

按照国家、省标准，烟台市建立“9＋*N*”模式的镇街综治中心机构，通过组织集中办公等方式，依托综治信息系统，建立协作配合、精干高效、便民利民的实体化工作平台；组建综治干部队伍、综治中心队伍、网络员队伍和村居专业综治力量等“四支队伍”。健全完善乡村基层人民调解组织，及时调整充实农村（社区）人民调解委员会，有效解决基层人民调解委员会缺失、松散等问题。全面建设人民调解组织的组织、场所、工作、制度、报酬、经费“六落实”和名称、印章、标志、徽章、工作程序、文书格式“六统一”规范化，形成完备的县、乡、村三级调解网格。另外，构建警务助理工作平台，推进其管理规范化、精细化建设；实施“雪亮”工程，到 2022 年视频监控系统实现村村通。深化农村示范社区创建工作，推进“平安村居”创建工作顺利进行；深入开展“扫黑除恶”专项行动，排查整治黑恶势力易于滋生发展的地区；完善宗教工作联席会议制度和联合执法机制，加强统战、宗教、公安、安全等部门之间的配合，依法加大对农村非法宗教活动和境外渗透活动的打击力度，依法制止利用宗教干预农村公共事务的违法行为。

莱州市司法局以基层人民调解工作提档升级为抓手，努力提高该市人民调解员业务水平，发挥群防群治组织作用。全市将加大对农村地区的治安防范资金投入，进一步整合农村治安资源，巩固和发展政府出资建设的农村保安队伍，充分发挥农村群防群治组织作用，全方位、多层次地组织群防群治力量开展群众性治安巡逻、看楼护院、联户联防等巡逻防护工作，组建农村巡防队伍、治安志愿者队伍。加强农村治保组织建设，大力推行“警治联勤”等新型勤务机制。莱山区建立预警机制，充分发挥各村居治保会的作用，在辖区 24 个村居建立信息排查、回访等预防机制，变事后处理为事前化解，变被动调处为主动预防，及时掌握苗头动向，努力获取深层次、预警性、行动性信息。另外，每周一分析，每半月一会商，并将分析会商结果报上级公安机关和同级党委政府，为领导决策提供依据。与此同时，建立排查机制。针对村居纠纷多集中于田边地角、排水走路、婚嫁彩礼且容易激化的特点，认真分析当前土地和排水等纠纷发展变化特征，依托社区警务室，组织民警进村入户，开展经常性排查摸底工作，建立快速反映纠纷信息网络和调控预防工作机制，做到早发现、早报告、早处置，把问题解决在萌芽状态。

第3篇

烟台市乡村振兴典型案例研究

案例 1

中粮长城葡萄酒(蓬莱)公司
——龙头企业带动产业振兴

蓬莱市把培育龙头企业作为引领特色农业转型的重要抓手,大力培植中粮长城、民和牧业等一批农业龙头企业,形成了以龙头企业为引领、农民专业合作社为支撑的现代农业发展新格局。例如,蓬莱依托中国葡萄酒重要产区优势,通过引进中粮长城葡萄酒——国家级农业产业化重点龙头企业,实现由龙头企业带动葡萄与葡萄酒加工产业振兴,产生了显著的联动效应,实现农业增效、农民增收和农产品国际竞争力增强。

1.中粮长城葡萄酒(蓬莱)公司战略定位

中粮长城葡萄酒(蓬莱)有限公司是中粮集团的全资企业,专业生产"长城"牌干红、干白葡萄酒。公司占地面积420亩,员工268人,其中国家级酿酒大师1人,国家一级酿酒师3人,国家级葡萄酒专业评委9人,高级工程师2人;拥有国际一流的专业生产设备220台套,每小时灌装能力为29 000瓶,可年产干红、干白葡萄酒50 000吨。

在科技创新平台建设方面,中粮长城葡萄酒(蓬莱)公司建有山东省中粮酿酒葡萄苗木工程技术研究中心、山东省葡萄酒工程技术研究中心、山东省企业技术中心、中粮营养健康研究院酿酒葡萄与葡萄酒研发中心等国内葡萄酒行业一流的科研创新平台。

在葡萄原料品种方面，中粮长城葡萄酒（蓬莱）公司在国内葡萄酒行业中首创了“公司＋合作社＋农户＋标准化”的基地建设模式，先后从意大利、法国引进世界优质酿酒葡萄品种40个、品系70个，筛选出泰纳特、紫大夫、赤霞珠、小芒森、马瑟兰、小味儿多等10多个适合我国栽培的优良品种（系），研究出中国第一棵酿酒葡萄嫁接苗，填补了国内空白。

在质量管控能力建设方面，中粮长城葡萄酒（蓬莱）公司坚持中粮集团的全产业链发展理念，积极构建“从田间到餐桌”的葡萄酒全产业链。在国内葡萄酒行业内率先开发使用“葡萄酒全产业链信息化管理系统”，构建“智能化葡萄园”“信息化葡萄酒生产平台”“全过程产品质量监测平台”“一键式质量追溯管理平台”和“互动式电子商务管理平台”等信息平台，实现了集葡萄栽培、葡萄酒生产、食品安全保障、产品质量追溯、物流销售管理于一体的全产业链信息化管控，成为国内葡萄酒行业首家“数字化工厂”。

在产品研发体系建设方面，中粮长城葡萄酒（蓬莱）公司先后开发出长城庄园系列、长城海岸葡园系列等几十种干红干白产品及长城天然起泡酒、长城窖藏白兰地等系列产区特色产品，建立起能够满足不同市场需求、具备较强市场竞争力的产品结构，产品先后荣获“布鲁塞尔”和“品醇客”等国内外著名葡萄酒品评赛多项大奖。公司先后荣获农业产业化国家重点龙头企业、全国食品工业优秀龙头食品企业、全国酿酒行业排头兵企业、山东省省长质量奖、山东省富民兴鲁先进集体等荣誉。

2. 中粮长城葡萄酒（蓬莱）公司产业链管理模式

中粮长城葡萄酒（蓬莱）公司目前共有酿酒葡萄基地5 000多亩，采用两种产业链管理模式，即合作基地模式和自有基地模式。

1）合作基地模式

中粮长城葡萄酒（蓬莱）公司推出了“公司＋合作社＋农户”基地发展模式，实现公司与农户的双赢带动农民致富。农户用自有土地和从周边农户手中流转的土地，加入合作社，中粮蓬莱工厂负责苗木、架材、建园肥料、人工费等方面的投入。

在葡萄种植的前两年（未达产），农药、肥料、水费和人工费等仍由公司投入，农户负责按照标准进行农事操作。从葡萄种植的第三年（达产后）起，农药、肥料、水费和人工费等生产费用由农户承担，公司按收购价格收购农户所产的葡萄，并通过管理质量奖、糖度奖励、有机肥投入奖励等政策，鼓励、引导农户从思想上由追求高产向生产优质原料转变。

在肥料、农药等葡萄园投入品管理方面，公司每年进行公开招标，统一采购、统一供应，费用由公司先行垫付，年终从农户交售的葡萄款中扣除。在收购价格方面，公司实行最低保护价收购，目前最低保护价为 6 元/千克，加上糖度奖励可达 8～10 元/千克，平均每户比市场价格收购多收入 2 000 元以上，切实保护了农民利益。

2）自有基地模式

中粮长城葡萄酒（蓬莱）公司将从农户手中流转的土地建成自有基地，建园及生产运行的所有费用都由公司承担。自有基地的优点是，可完全按照标准化进行生产，可将优质作为第一生产目标，不受农户影响。

3.中粮长城葡萄酒（蓬莱）公司的产业振兴效果

1）形成企业集聚效应

蓬莱以中粮长城葡萄酒为标杆，吸引了一大批葡萄酒加工企业，形成产业集聚。一方面，蓬莱市葡萄酒品牌包含了中粮长城、烟台张裕、天津王朝、新天国际、华东百利等国内葡萄酒业“巨头”；另一方面，法国拉菲特、法国瑞枫奥塞斯、意大利罗迪、英国登龙红、菲律宾康达等国外知名企业也入驻蓬莱投资建厂，形成葡萄酒生产和加工企业的集聚效应。

2）实施企农双赢战略

中粮长城葡萄酒（蓬莱）公司在国内葡萄酒行业中首创了“公司＋合作社＋农户＋标准化”的基地建设模式，在保证农民土地经营权不变的前提下，按照“民办、民营、民受益”的原则成立葡萄生产合作社，农户按土地品质折价入股，与龙头企业签订配套合同，结成紧密的利益共同体，按照合作社出劳务和技能、企业出资金和技术的方式组织生产，种植葡萄由企业统一按保护价收购，农户按劳计酬、按股分红。

3）延长全产业链条

中粮长城葡萄酒（蓬莱）公司坚持中粮集团全产业链发展理念，构建“从田间到餐桌”的葡萄酒全产业链。蓬莱以此为契机，以建设“优质产区、特色葡园和精品酒庄”为主攻方向，实现了葡萄与葡萄酒产业由低端向高端迈进，由单一型向复合型发展，形成了以精品酒庄为引领，集苗木繁育、葡萄种植、葡萄酒生产和酒庄酒堡观光旅游于一体、涵盖一二三产业的复合产业链条，逐渐成为国内葡萄与葡萄酒产业发展的地标城市。目前，已建成精品酒庄 18 座，形成了君顶酒庄、国宾酒庄、苏格兰酒堡和文成酒堡等为代表的特色酒庄群落。

4）带动附近群众就业

葡萄园喷药、施肥、锄草等环节基本实行机械化操作，在引绑、采收等方面，每年需要劳动力 10 000 多个，可带动附近劳动力 1 000 多个，每年累计可带动农户增收 1 000 多万元。正是靠着中粮长城葡萄酒（蓬莱）公司的强力拉动，才实现了蓬莱市以葡萄酒及葡萄酒加工等农业优势产业的快速发展，进而推动了与农业有关的第三产业发展，实现了产业发展体系完善、产业集聚和规模效应显著、农业产业化经营继续深化的发展趋势。

案例 2

龙口市乡村文化旅游新发展
——三产激活乡村振兴新动能

龙口市认真贯彻烟台市推进乡村振兴战略的部署安排，遵循“产城融合、一体发展”的思路，坚持普惠发展与因村施策并重、亮点带动与集群推进并举，实现了乡村产业新发展。黄山馆镇就是龙口市通过深入挖掘优秀传统文化，实现文旅融合发展的典型代表。

1. 倡导和树立乡村文明新风，强化乡村思想政治引领

1)提升农民文明素养

在建设文明乡村中，黄山馆镇村干部发挥引领作用，将创建文明村工作列入村级考核中，并根据村级创建工作进行资金奖补；重点突出乡贤智者引领作用，组建红白理事会、道德评议会等组织，引导村民移风易俗，破除封建迷信思想；重点突出本土优秀企业家的带动作用，采用举办讲座、上文明教育课等形式，增强群众的文明观念。

2)推进新时代文明实践活动

黄山馆镇以“习语润心”新时代文明实践品牌为统领，推动古驿爱心联盟建设，将志愿服务与精准扶贫相结合，探索“3＋4＋X”模式。其中，“3”是指古驿爱心联盟、志愿梦工厂和志愿梦农场；“4”是指爱心银行、爱心厨房、爱心发屋和爱心超市；

“X”是指爱心企业和社会力量。此外，黄山馆镇抓村级文明实践骨干队伍建设，推动志愿者数量占镇域人口的比例达15%以上。

3）深化乡村文明行动

为推进“乡村记忆”工程，深度挖掘“乡愁元素”，唤醒乡村沉睡的本土文化资源，黄山馆镇编写了《古驿黄山馆镇志》。以人居环境、乡风民风、文化生活“三个美起来”为目标，实施人居环境、“四德”建设、新农村新生活、移风易俗、平安村庄、文化惠民“六大提升工程”。

4）实施“四德”工程

深化基层道德品牌创建。首先，总结推广基层企业、农村、机关、学校、社区街区等“四德”工程建设经验，积极推动“四德”工程示范点建设。其次，广泛开展市镇村三级“榜上有名”先模人物评选活动，建好用活善行义举“四德”榜，使得该区域建立一批“四德”主题广场、主题公园、主题社区、主题街区。最后，深入开展“道德模范”选拔和“龙口好人之星”“新二十四孝贤”评选活动，进一步健全村、镇街区、市梯次推进的选拔机制，推出宣传一批群众身边的典型模范，以身边人、身边事为教材，教育引导广大农民见贤思齐、崇德向善。

5）开展移风易俗行动

充分发挥红白理事会的组织作用，传承中华文化精髓，融入现代文明理念，突出庄重感、仪式感，用蕴含优秀民俗、体现时代风尚的婚丧新文化取代旧陋习、旧风俗。采用木兰文明实践志愿服务队进家入户宣传、发放移风易俗明白纸、签订丧事简办承诺书等方式规范婚丧嫁娶，推进绿色殡葬改革。

2.全面深化乡村文化振兴，提升乡村文化内涵

1）传承发展农村传统文化

黄山馆镇挖掘文化资源，强化文化传承，展现独具特色的文化魅力。在馆驿文化方面，依托现黄招路以东的村庄内遗存着诸多旧时驿站专用的拴马桩、碑石等老物件，规划打造11个村落路口节点标志，塑造古代馆驿形象特征。

2)打造"红驿+黄山馆"文化品牌工程

黄山馆镇立足深厚文化底蕴,实行"传承+发展+运用"的发展模式,突出馆驿文化、红色文化、农耕文化和孝德文化特色,深入推动传统文化挖掘和传承,集中打造"红驿+黄山馆"文化品牌。

3)传承红色基因

激活镇域内"红色元素",围绕辛亥革命先驱徐镜心故居,以徐镜心事迹为主题,进行文化扩展,绘制徐镜心故事墙。深入挖掘弘扬徐镜心革命事迹,加强地方课程建设,与中国历史教材编辑部、中国社会科学院近代史研究所联系,推进徐镜心革命事迹进教材、进学校、进课堂,同时结合中华人民共和国成立70周年主题,组织开展巡回宣讲,传承红色基因,弘扬爱国精神。

4)加强乡村文化遗产保护

加大徐镜心故居保护力度,开展省级古村落修复工程,重点对徐镜心故居进行完善修复;加强革命文物、乡土文化遗产保护。首先,投入110万元,推进"乡村记忆"工程,因地制宜建设一批民俗博物馆、乡村记忆展室,使乡村成为有历史记忆、地域特色的文化之乡、精神家园。其次,加大历史文化村落保护力度,加强对古居、古树、古井、孝德牌匾、节孝碑等历史文化要素的保护利用。最后,进一步加强"传统古村落"的保护性开发,对村内已损坏或老旧房屋进行以旧修旧,还原老村风貌。同时深入发掘区内特色非遗项目,进行推介申报。

3.推动文旅产业深度融合,提升乡村旅游功能

1)打造乡村旅游精品

坚持"生态保护、文化传承"绿色发展理念,充分挖掘黄山馆文化资源和产业优势,提炼各个村庄特色,加快发展休闲农业和乡村旅游,投入420万元,打造贯穿全镇的乡村文化旅游线路。到2020年,年可接待游客5万人,实现收入400万元以上。

2)推动文旅融合发展

依托馆驿文化、红色文化、农耕文化资源,重点打造"平安驿站""桃园驿站""老

家一分地”等休闲农业项目；推进镜心湖挖掘和村庄核心区域修复工程，并配套桥梁、凉亭等特色建设，推动红色旅游与民俗游、生态游相结合；同时依托格润富德田园综合体，建设天鹅湖、动物乐园、全隔离养牛观光等特色旅游产业，打造现代农业生态游精品。

3)打造乡村旅游集群片区

打造农业“新六产”融合发展模式，探索多种利益联结机制，加快农产品加工业、休闲农业等产业发展，促进农村一二三产业融合发展。一方面，以全域旅游发展为契机，依托乡村自然风光，挖掘丰富的乡村民俗、农事体验、红色文化等资源，提升乡村旅游品牌内涵和知名度，打造以乡村、城市为主体的乡村民俗体验、红色文化之旅等多样化旅游线路。另一方面，形成以海盟公司为主体的第二产业集群和以格润富德田园综合体、茂源生态园为主体的一三产业集群，配合后徐村农耕文明展览馆，及前徐采摘园、90 果园等休闲农业项目，打造业态丰富、功能完善的一二三产业融合发展的乡村旅游集群片区。

案例 3

昆嵛山国家级自然保护区
——增绿和增值助力生态振兴

昆嵛山国家级自然保护区位于山东半岛东部，总面积 154 平方千米，横跨烟(台)威(海)两地，诞生于 16 000 万年至 14 000 万年前的元古造山运动，属长白山系崂山山脉。黄海、渤海的形成，使昆嵛山与长白山主体长期分离，暖温带三面环海的地理特征发育形成了独特的生态系统，从而有着极高的生态地位和巨大的保护价值。

为解决保护与发展的矛盾，更好地保护昆嵛山不可复制、不能再造、弥足珍贵的自然生态系统、地下矿藏和自然地貌，烟台市委市政府设立昆嵛山保护区工委管委，作为市委市政府派出机构，统一领导、管理昆嵛山生态建设。同时，按照生态系统的内生需求，在国务院公布的保护区范围之外，增设 20 平方千米保护带，并依托保护带内的 36 个村(1.2 万人)组建昆嵛镇，纳入重点保护范围，同国有昆嵛山林场(昆嵛山国家级自然保护区的核心支撑和管理依托)一起，由保护区工委管委直接领导。

昆嵛山国家级自然保护区在烟台市委、市政府的领导下，牢记习近平总书记提出的“绿水青山就是金山银山”“保护生态，留一张白纸”“坚持人与自然和谐共生”“还自然以宁静、和谐、美丽”等理念，以生态安全为底线，以生态健康为目标，以甘当绿叶的情怀全力做好昆嵛山保护发展事业。

1. 完善相关管理机制，奠定保护区生态保护基础

1）给予行政地位

为从根本上解决保护与发展的矛盾，烟台市委市政府在国务院公布的保护区范围之外，增设了20平方千米的保护带，把紧邻保护区的36个村、1.2万人口新组建了昆嵛镇，由保护区领导。目前，昆嵛山自然保护区下辖国有昆嵛山林场和昆嵛镇，成为与烟台其他县市区一样的独立“行政区”。

2）赋予县级管理权限

昆嵛山自然保护区工委管委机关设立了办公室、党群部、财政局、建设局、资源保护综合执法局、公安分局、国土分局、规划分局和森林公安等十几个部门单位，具有地方执法权。

3）实施财力保障

施行“三保”政策：保区工委管委和镇机关正常运转、保国有林场规范化管理、保辖区群众基本生活和全区基础设施建设。帮助建立了较为完善的森林防火管护体系。在决策指导上，成立了由沈国舫院士等5名专家学者组成的专家顾问组；在装备设施上，实施了以水灭火工程，建成防火直升机起降平台，将森林防火视频监控纳入了110指挥体系，启动了数字昆嵛山建设，配备的扑火灭火、人员运输、日常巡逻、应急通信等各类设备先进，储备充足；在队伍管理上，实行专业防范和“人民战争”有效结合，党员干部“身穿迷彩服、臂戴红袖章、手提垃圾袋”的做法在全市产生了积极和深远的影响。

2. 开创全民一体化管理新模式，让“生态红利”受惠于民

烟台市委市政府积极挖掘昆嵛山保护区的经济价值，坚持生态增绿和生态增收并举，实施“生态发展惠民利民”工程，全方位发展生态产业分享生态红利。以全方位的惠民措施开创全民一体化管理新模式，让保护区人民群众实现“生态红利”和“绿色福利”。

积极发展特色生态产业。自 2015 年开始，每年安排 300 万元专项资金，适度有序扶持群众发展生态农业，现已培育出昆嵛金米银米、金果雪果、烟薯 25 地瓜和昆之阳蜂蜜等六大系列特色生态农产品。在保护区外围保护带建成林家乐乡村旅游项目，为游客提供生态采摘、特色餐饮和休闲民宿等服务，群众通过从事餐饮务工等方式实现就地就业、转产转业，将保护森林、利用森林间接作用改善生活作为发展的根本之策。

全面落实普惠民生实事。首先，村村组建文艺演出队，实施危旧房和低压电力线路改造、环区免费公交服务、农村厕所无害化改造、社会治安防控“天网”工程、饮水水质保障等惠民利群实事，免费为全区 60 岁以上老人办理了意外伤害保险。其次，实现全区玉米、花生、小麦种植政策性保险投保全覆盖。再次，积极完善相关基础设施建设，投资 7 000 余万元，将 40 余千米的省县乡道路整饬一新；投资 3 000 万元，实施了全域生态文明乡村建设和生态文明示范村培育工程，努力还群众清水绿岸、鱼翔浅底的景象，留住鸟语花香的田园风光；投资 3 400 余万元，发展节水灌溉面积 9 000 余亩，修缮、改造滴水灌溉、农村饮水设施 40 余处。最后，采取购买服务的方式，发动群众组建起看山护林、道路养护、卫生保洁、网格监控等专职、兼职队伍，用工 300 余人。

3. 实施“科研宣教质量提升”工作，挖掘昆嵛山保护区生态价值

昆嵛山保护区管理局与中国林科院合作建立了世界上第一个以有害生物防控为目的的“定位研究站”——昆嵛山森林生态系统定位研究站。研究站设有 50 处固定样地，重点研究森林有害生物生态调控机理及其技术，对指导人工植被恢复、天然林保护和提出森林有害生物生态控制基础理论体系意义重大。昆嵛山保护区管理局先后承担昆嵛山生态定位站标准地数据拓展采集与集成技术研究、昆嵛山森林健康评价等重点研究课题，到目前为止，已从昆嵛山定位站走出了 5 名博士研究生、3 名硕士研究生。先后在《生态学报》《生态学杂志》《中国森林病虫》等重点期刊上发表论文数十篇。

保护区管理局与清华大学、北京林业大学、南开大学、中国林科院等 20 余所高等院校、科研机构建立了科技情报研究、科技信息交流关系，与北京林业大学、山东

大学等合作进行了“中国赤松现状和保护对策研究”“昆嵛山腮扁叶蜂生物学特性和防治技术研究”“昆嵛山自然保护区生态服务价值评估与生态林工程关键技术研究”等多项课题研究，多次获省市科技类奖项。

昆嵛山保护区高度重视科普教育，建成了展示展览面积 3 000 平方米的山东省首家森林文化博物馆和 150 平方米、收藏名蝶 581 种的蝴蝶馆。开通了动植物科普微信平台，举办了昆嵛山区蛇类展览、“爱鸟周”志愿服务等活动，聘请罗菊春教授等专家学者举办生态知识讲座，开办了“心明眼亮·终身学习大讲堂”。昆嵛山保护区先后荣获“全国青少年科技教育基地”“省级林业科普基地”“省级环境教育基地”等荣誉称号。

4.坚持可持续发展，全方位开展生态保护

昆嵛山保护区明确了建区指导思想：严格保护、合理利用、富民强区、特色发展。明确了规划建设理念：尊重自然、传承历史、彰显特色。明确了发展战略：在发展模式上，坚持生态立区保护优先，坚决反对破坏生态“饮鸩止渴”；在规划建设上，坚持虚心借鉴保持本色，坚决避免盲目抄袭“邯郸学步”；在工作作风上，坚持一分部署九分落实，坚决消除表面文章“华而不实”。

昆嵛区在农村实施了一系列生态保护措施，并取得了丰厚的保护成果。纵深开展“大地环境全面整治”工程，疏浚河道 25 千米，清理历史遗留垃圾 7 万多吨、“白色污染”90 余吨；全力推进“绿水青山生态修复”工程，关停了区内所有开矿采石挖沙项目，全面启动废弃山矿、裸露山体、残破地貌生态恢复项目，增加造林绿化面积 2 万余亩；建立天敌繁育中心，每年投放周氏啮小蜂 1 亿余头；大力实施“原生动物种群保育”工程，坚守“在保护区是生命都有生存的权利”的理念，重拳打击盗捕盗猎行为，开展野生动物种群数量调查，设立“河道湿地生物物种恢复监测点”，禁捕所有两栖类、水生生物，严禁任何污染水体的行为。

案例 4

海阳市农村改革新篇章
——规划引领乡村振兴战略

烟台海阳市以国家级农村综合改革试点为契机，邀请中国农业大学烟台研究院的有关专家整体规划，从拓宽集体经济发展渠道、强化基层组织建设、培养新型职业农民、建设生态文明乡村等方面切入，统筹推进农村综合改革，以深化改革推动乡村振兴，农民群众的幸福感、获得感不断增加。

1. 以乡村产业振兴为支撑，带动农民多渠道增收

将农村集体产权制度改革作为推动集体经济发展的重要举措，在深入推进农村集体产权制度改革的基础上，构建“归属清晰、权能完整、流转顺畅、保护严格”的农村集体产权制度，确定了村集体经济的发展方向，不断探索农业发展的新形式和新途径。

1)村企合作

西古现村在农企合作、农超对接、农社联合方面探索创新，与山东伟雨种苗公司达成农业种植合作协议，伟雨种苗公司提供技术指导、种苗和销售帮扶，打通农业生产的价值链，提升了附加值，靠“卖得好”带动“种得更好”，实现了村企共赢、农民增收。

2)农产融合

向阳村依托现有草莓种植产业优势，成立“村社一体”合作社，通过股份改造模式，建设集种植、采摘、贮藏、加工、销售为一体的规模化草莓深加工产业链。同时与烟台市宏顺有限责任公司签订保护价格协议，每年纯收益按村集体、合作社、入股农民 4∶4∶2 的比例进行分红。

3)城乡联动

西张家庄村依托毗邻“碧桂园”高消费群体的优势，利用城乡交界优势打造“农业体验园”项目，建立农业体验综合服务中心，引入农业生态学、温室系统等技术打造定制生态循环农业，重点打造农产品定制、田园旅游、生态体验等项目，形成独特的城乡田园风光景区，将农民职业有前景、农业发展有奔头、农村生活更美好的愿景变为现实。

4)文旅协同

战场泊村放大“许世友将军在胶东纪念馆”所在地、八路军胶东军区机关旧址等优势，依托厚重的红色文化打造集革命传统教育、党性教育、红色旅游教育、青少年教育等于一体的综合教育基地，成为胶东地区最具代表性的“胶东红色文化体验村”。山东村强化“经营山水、经营文化”理念，依托优良的旅游资源、厚重的人文历史，成立村集体旅游公司，流转百年古梨园 200 亩，租赁民居 32 套，重点打造明清民宿群，发展旅游度假、休闲观光、乡村民宿等新业态，举办山东村古梨园文化采摘节，打造美丽经济产业带。山东村与战场泊村的串联打造、差异化营销，初步形成了抱团发展的农村区域旅游新格局。

2. 以基层党组织建设为统领，推动乡村治理优化升级

海阳市以村为点，建立党建示范中心，传承红色基因，弘扬红色文化，提升基层党组织为民服务的意识，不断增强村“两委”的凝聚力和号召力。

1)建立农村干部管理体系

制定农村党支部书记规范化管理办法，建立村党支部书记后备人才库，储备村级发展力量。实施“一对一”帮带制度，跟踪培养、动态调整。组织党支部书记参加

培训班，提高农村“带头人”的素质能力。

2）完善农村党员管理体系

为创新党员教育管理，搭建服务党员平台，开展“双联双诺”党群连心活动，提高党员队伍建设管理水平。

3）创建农村党建管理体系

按照党支部“六个一”建设标准，着力抓好乡村党建示范区建设，制定了党支部堡垒指数星级评定办法，对党支部进行星级验收评定、动态调整、晋位升级，实现党支部工作的标准化和规范化。

4）建立完善村民议事制度体系

建立完善村务监督委员会以及人民调解、治安保卫、公共卫生等委员会和配套组织，加强对村务决策、执行、公开情况的监督，保障村民管理村事的合法权益。实行“四议两公开”和“一事一议”工作方法，建立具有村级决策协调议事性质的村民会议和村民代表会议制度，将村经济社会发展规划、村规民约、集体资产处置、公益事业建设筹资、土地征收、农村低保、村务公开等重大事项纳入议事范畴，实施全过程监督，群众的法律意识不断提高，乡村治理机制进一步完善，农村发展更加和谐和安定。

3.以营造文明乡风为保障，凝聚乡村振兴正能量

海阳市着眼强农业、美农村、富农民，坚持农业农村优先发展，以实施乡村振兴战略为总抓手，对标全面建成小康社会“三农”工作必须完成的硬任务，抓重点、补短板、强基础，以乡风文明为保障，凝聚乡村振兴正能量。

1）加强农村思想道德建设

海阳市完善身边好人评选机制，以打造“厚德海阳”品牌为目标，开展“争当最美海阳人”“孝行海阳”等主题实践活动，建立“海阳好人”月报季评制度，拓宽评选渠道，挖掘乡村先进典型。组织开展“好家风好家训”“爱心陪伴空巢老人”“寻找最美家庭”“美德少年评选”等活动，弘扬家庭传统美德。

2)抓好基层公共文化服务阵地建设

海阳市在市级文化服务设施向所有群众免费开放的同时，加强政策机制保障，推进镇、村两级文化服务设施建设，全市基层综合性文化服务中心达标率达85%。推进全市43个省定扶贫工作重点村农家书屋数字化升级服务，推广农家书屋总分馆制和“一卡通”管理模式，构建了以市图书馆为总馆、各镇街综合文化站农家书屋为分馆、村(社区)农家书屋为馆藏点的总分馆服务网络。

3)提高农村公共文化服务供给质量

通过举办包括“扭进春天”秧歌广场舞展演、“万人同唱一首歌”大合唱、“鲁韵声声”市民文化节吕剧专场演出等各类大型文化活动，以群众喜闻乐见的文化活动汇聚合力、增添动力，丰富了群众的文化生活。

4)开展新时代文明实践中心试点

统筹建设了文明实践中心、文明实践一条街、文明实践广场、文明实践基地等活动场所，打通宣传群众、教育群众、服务群众的“最后一公里”。弘扬“奉献、友爱、互助、进步”志愿服务精神，通过评选爱心企业、组建志愿服务组织、招募爱心志愿者、推进志愿服务等工作助力乡村文化振兴。

5)深化农村殡葬改革

以殡仪馆搬迁建设项目为契机，推进农村公益性公墓规划建设，提升殡葬管理服务质量。全面开展全市违法违规私建“住宅式”墓地突出问题专项摸排行动，巩固殡葬领域突出问题专项整治行动成果。

4.以培养新型职业农民为抓手，助力基层创新创业

发挥农民在农业农村改革发展中的主力军作用，着力培育新型职业农民，推动传统农民向现代职业农民转变，不断激发农民群众的创新和创业能力。

1)创办新型农民教育培训机构

有针对性地培育试点镇村技术人员、农业科技示范主体以及村级服务站点负责人，提高基层农技推广服务水平。南邵家村、西张家庄村、大山所村、战场泊村、

山东村等试点村成立了“新型职业农民培训学校”，定期邀请山东工商学院、中国农业大学的专家到村里开展农村电子商务培训。开通网上销售平台，拓宽农产品网上销售渠道，有效激发农民创新创业、劳动致富的内生动力。

2)开发培育乡村人才

鼓励和支持农民自主创业、大学生返乡创业。山东村的支部书记原在北京发展，为加快家乡改革发展，回村担任党支部书记，带领群众深挖民俗资源潜力，开发乡村旅游，为乡村发展注入新活力。

3)打造区域标准化品牌

依靠乡村人才技术能手，打造“郭城夹河”“辛安当日鲜”等产品区域公用品牌，提高了以苹果、梨、核桃、板栗、小黄米等为代表的郭城镇特色农产品，打开了以草莓、桑葚、桃、海产品为代表的辛安镇特色农产品的知名度和市场认可度。

5.以打造生态文明乡村为依托，建设幸福和谐家园

截至2019年，海阳市试点村全部完成美丽乡村打造。

1)持续改善人居环境

按照“村收集、镇运输、市处理”的垃圾清运处理模式，健全完善两级硬件配备、环卫队伍，确保垃圾日产日清。试点村均优化了农村保洁员队伍，完善了农村垃圾一体化处理工作机制。

2)推进美丽乡村标准化升级

坚持一村一策，以保留村庄本色、打造亮点为原则，加大资金投入，推进美丽乡村改造升级，保留保护古树、古屋等特色资源，加强基础设施建设，促进传统村落、自然风貌、文化保护、生态宜居相融相生。

3)塑造独具韵味的乡风文明

积极搭建村级文化平台，开展海阳大秧歌、广场舞和螳螂拳等特色文体活动，依托农民大讲堂开展形式多样、生动活泼的宣传教育，推进移风易俗，倡导文明乡风、良好家风、淳朴民风。

案例 5

长岛县海洋生态文明综合试验区
——海岛品牌助力乡村振兴

烟台市长岛县是山东省唯一的海岛县，在实施乡村振兴战略方面具有其特殊的区位、生态、资源条件。近年来，长岛县围绕建设海洋生态文明综合试验区的总体部署，发挥比较优势，突出海岛特色，在产业振兴、人才振兴、文化振兴、生态振兴、组织振兴 5 个方面，寻找领域突破口，强化创新、攻坚突破，打造乡村振兴海岛品牌。

1. 提升乡村发展质效，促进产业振兴

1)科学指导乡村振兴

一是抓规划的制定。以山东省委省政府《关于推进长岛海洋生态保护和持续发展的若干意见》(以下简称《意见》)，《长岛海洋生态文明综合试验区建设实施规划》(以下简称《规划》)和批复长岛海洋生态文明综合试验区“三位一体”顶层设计为统领，把实施乡村振兴战略纳入《意见》和《规划》同步落实。立足长岛城区乡村地域产业高度融合的实际，聘请同济大学团队开展国土空间总体规划，聘请中国农业大学编制 2018—2022 年乡村振兴战略规划和产业振兴、人才振兴、文化振兴、生态振兴、组织振兴五个工作方案，科学统筹渔村生态建设、产业发展、基础建设等工作。二是抓涉农资金整合。制定了《关于印发加快推进长岛综合试验区涉农资金

统筹整合的实施意见(试行)》,《关于印发长岛海洋生态文明综合试验区2019年度涉农资金统筹整合实施方案的通知》,整合上级涉农资金和县级配套资金8 930万元,其中统筹整合县级配套资金4 494万元,占比为50.32%。所有涉农项目全部纳入乡村振兴资金池。除了专项扶贫资金、村组织运转等约束性资金,其余资金全部根据2019年涉农资金统筹整合方案的制定下达分配资金。三是抓益农信息社建设。投资13.6万元,在全区40个行政村建设益农信息社,让本地海产品“线上+线下”同步进行销售,为渔村群众海产品销售提供便捷途径。

2)大力发展乡村旅游

一是构建全域乡村旅游新格局。运营南北长山环岛慢行旅游服务系统,获批全国海上3A景区,上线运行智慧旅游云平台,省级旅游度假区和国家5A景区规划通过专家评审,获“全球文化旅游目的地”金奖和“2018年度中国十大全域旅游示范县市”称号。二是培植海洋休闲旅游新业态。举办了全国海钓锦标赛、环岛马拉松赛、摩托艇帆船赛事。挖掘“百年渔俗、千年妈祖、万年史前、亿年地质”文化,开发海岛文化演艺项目。三是实施乡村旅游环境提升。建设“王沟”渔家风情园、砣矶石头巷、黑山百年“海带草房”等特色民宿,“渔家乐”项目向各岛屿延伸,经营业户达到1 128户,覆盖了55%的渔村,全县旅游从业人员超过1.4万人,占到总人口的1/3,进岛客源团散比例由十年前的80∶20转变为30∶70,“过夜游”占比由30%~40%上升到60%~70%,人均旅游消费由2017年的1 070元提高到2019年的1 280元。

3)深入推进渔业振兴

一是推进渔业科技化。组织开展水产品质量安全监管和渔养统计、水产原良种场业务、水产苗种产地检疫、水产养殖业绿色发展暨养殖尾水治理、水产品质量安全等基层渔业技术培训,对海带、条斑紫菜、虾夷扇贝、网箱养鱼开展技术指导。进行羊栖菜度夏试验,鲍鱼筏式笼养,绿鳍马面鲀陆海接力养殖等示范合作,科技示范带动作用逐步增强。二是发展海洋牧场。开发生态海洋牧场26万亩,下水海洋牧场多功能平台3座,建成国内养殖规模最大的坐底式“长鲸一号”深远海智能化网箱和半潜式深远海智能化网箱。人工鱼礁、智能网箱、管理平台、监测信息化系统的现代海洋牧场初具规模。三是发展休闲渔业。获批5处省级休闲海钓场和

11 处市级休闲渔业基地，投用海钓船 22 条，审核通过了海上乐园休闲度假有限公司、长岛北方群岛休闲渔业有限公司、长岛兴民渔养专业合作社、长岛新恒基旅游发展有限公司 4 家休闲渔业项目，2019 年接待游客同比增长 80%。

2.打造生态宜居乡村，促进生态振兴

1)推进美丽乡村建设

长岛县每年财政投入 300 万元作为奖补资金，安排 10 个左右渔村，实施“美丽乡村”标准化建设三年计划，推动新一轮渔村基础设施及环境提升工程。全区 A 级“美丽”乡村覆盖率达到 35%，群众生产生活环境得到提升。

2)开展生态环境综合整治

引进裸露山体客土喷播治理新技术，对北五岛、西三岛 8 个乡镇共 17 处、约 5.4 万平方米破损山体实施生态修复和景观提升。岸上实施岸滩整治修复，累计拆除岸线破旧建筑 74 万平方米，整治修复岸滩 20 多千米，减少入海排污口 1 038 处。海上按照“生态优先、规划引导、保障民生”的工作原则，启动近海养殖腾退。陆上建设 10 处地埋式污水处理设施，日处理能力 660 吨，铺设污水管网 70 多千米，实现城乡污水处理设施全覆盖；垃圾处理方面，城区垃圾收集外运，其他有居民岛屿垃圾热能分解处理全覆盖，启动大黑山岛垃圾收集外运试点，逐步解决城区外围岛屿垃圾围岛问题。

3)优化渔村基础设施

长岛县加快拓展立体化、安全便捷的交通体系，加大优化渔村基础设施建设力度。在交通方面，长岛县获批长岛至旅顺航线，完成船舶设计工作；投入 3.3 亿元更新升级 12 艘船舶全部投入运营，运力规模和服务档次达到全国陆岛交通领先水平；实施长岛港交通综合服务体建设，完成 16 个千吨级泊位改扩建主体工程和交通枢纽综合体规划选址等前期工作；启动实施砣矶岛、小钦岛、北隍城岛 3 处渔业安全港和避风锚地建设，为渔船停靠提供安全可靠的防护场所；大修城区外围岛屿县乡公路 20 千米，完善国道交通安防设施和渔村公路安全生命防护工程 35.8 千米。在供水方面，投资 1 亿元新建 10 处城乡海水淡化站、北部岛屿船运淡水项目，

改造城乡供水管网 25 千米，实现有居民岛屿海水淡化设施全覆盖，军民饮水安全得到保障。供电方面，投资 1.2 亿元推进大小钦岛备用海缆敷设等供电项目建设，启动第二座 110 千伏变电站前期工作，建成北四岛微电网，实现了全域“双回路”供电。

3.建设人才聚集高地，促进人才振兴

针对渔村人才年龄结构老化、青壮劳动力缺乏的现实问题，长岛县以育才、引才、爱才为重点，用人才撑起渔村发展的未来。一方面，着力留住“自家人”，建立渔村干部人才库，推行“主职干部一职两备，副职干部一职一备”的考察培养机制，把重视发挥乡村本土人才的作用作为重要举措，建立完善渔村干部后备人才库，做好后备人才的教育培养，让这批人才成为乡村振兴的主力军。同时，做好乡镇事业单位和“三支一扶”人员招聘招募工作。在拟定招考简章时，通过提高长岛籍考生招聘比例、学历降低到专科、不限专业等方式，向长岛籍考生和长岛籍退役士兵倾斜。2019 年 8 月乡镇事业单位招考工作中，共设岗 38 个，其中长岛户籍 16 个，学历条件放宽到大专，综合管理职位不限专业。另一方面，吸引“外来客”。结合山东省委“万名干部下基层”，从省直、市直部门选派 8 名政治素质过硬、业务熟练的干部到长岛脱产挂职，争取青岛农业大学海洋科学与工程学院贝类专家到长岛县挂职试验区管委科技副主任，获批一处“山东省乡村振兴专家服务基地”，引进各类急需人才 45 名，邀请 42 名高层次专家到长岛县开展技术指导服务。完成基层服务项目计划，招聘“三支一扶”大学生 7 人；对 21 名 2016、2017 届服务期满且考核合格的“三支一扶”大学生，采取考核考察的方式公开招聘为乡镇事业单位工作人员。

4.构筑和谐文明家园，促进文化振兴

1)提升综合性文化服务水平

长岛县 40 个行政村建成集宣传文化、党员教育、科学普及、普法教育、体育健身、文化遗产保护等功能于一体的符合省级标准的村级综合性文化服务中心。实施公共文化场馆总分馆建设工程，在基层试点建设公共图书馆、文化馆分馆。推进

长岛新时代文明实践中心建设，建成新时代文明实践中心2处，8个乡镇各建成一处新时代文明实践分中心，40个渔村实现新时代文明实践站全覆盖。

2）提高文化人才服务能力

长岛县建立50支文化志愿服务队，服务范围覆盖所有乡镇渔村。开设公益性培训班，采取巡回指导教学的方式，走进渔村、走进社区开展公益培训活动。组建长岛新时代文明实践志愿服务总队，成立了文艺演出队、礼仪服务队、摄影服务队等8支分队，走进各个文化阵地，为群众带去文化文艺服务。

3）丰富群众文化生活

长岛县协调省市专业院团的支持，开展送戏下乡活动，让渔村群众在家门口就能欣赏到专业院团的文艺演出。开展"一村一年一场戏""一村一月一场电影"的文化惠民活动，满足渔村群众的文化需求。建成农家书屋40个，覆盖面达到100%，2个渔家书屋被评为省级示范农家书屋。依托文化广场、公共文化场馆开展了广场舞展演，春节、元宵节民间文艺展演等文化惠民活动，打造了"魅力长岛消夏晚会"等特色活动品牌。

4）传承和弘扬传统文化

充分挖掘砣矶岛后口村文化历史资源，利用本村诞生过海岛第一个党支部、渔船曾经捕获过外国潜艇侦察设备、参加过海难救助等光荣历史，建成红色文化陈列馆。磨石嘴村利用村民在解放战争期间驾驶风帆船支援部队渡海作战，和平年代民兵和部队一同训练守卫海防等事件，建成渔村红色文化陈列馆，将"长岛渔号"、大秧歌、踩高跷、舞龙舞狮等海岛特色文化表演搬进文明实践中心、实践站。全县拥有国家级非物质文化遗产保护名录1项，省级4项，市级6项。长岛砣矶砚入选烟台市首批"十大县域特色文化产品"。

5.加强组织建设保障，促进组织振兴

1）管好"掌舵人"，优化提升渔村干部整体素质

长岛综合试验区严格落实《关于从严管理村干部的规定（试行）》，深入推进"扫黑除恶"专项斗争，对所有在岗村"两委"干部逐一"过筛子"。区（县）级领导班子成

员每人包1个乡镇(街道、开发管理处),逐村走到、逐一排查,深入摸排掌握村干部不胜任、不尽职等情况。研究出台《长岛综合试验区渔村干部工资报酬管理办法指导意见》,加强渔村干部待遇保障,强化正向激励,鼓励担当作为、干事创业。举办农村负责人培训班、全区党支部书记培训班等班次,加强渔村干部理论素养。选优配强管好用活渔村干部,以懂政策、善经营、会管理的农村干部助推乡村振兴。按照"主职干部一职三备"要求,补齐配强渔村后备力量,逐级健全渔村干部后备力量库。

2)激活"动力源",引领渔村集体经济竞相发展

一是将党支部领办合作社作为渔村基层党建"头号"工程来抓。开展全区党支部领办合作社暨基层党建工作观摩活动,区工委主要领导主持召开交流评议会,明确了村党支部领办合作社落地见效等工作努力方向。二是打造了北城村、南庄村等辐射影响力大、可观摩、可跟班学习的党支部领办合作社示范村庄。深入挖掘宣传北城、南庄成功经验,鼓励乡镇渔村因岛制宜选产业,找到富民增收路子。全区共有26个渔村党支部领办了28家合作社、3家村级公司。全区40个渔村年集体收入平均达385万元,最高达1.1亿元。三是举办了全区党支部领办合作社暨渔村"三资"管理培训班,围绕合作社财会管理对全区乡镇经管人员、渔村财务人员进行专题培训。研究编发《长岛综合试验区党支部领办合作社发展集体经济操作实务手册》等,指导乡村进一步规范合作社运营。

3)备好"生力军",加强渔村党员队伍建设

实行渔村党员积分制管理,确定了不合格党员负面清单,列举出16条"一票否决"项目,从积分标准、操作程序、结果运用3方面量化考评奖惩,逐步建立起科学完善的党员管理考核体系。针对村党员年龄结构老化、3年以上不发展党员等问题,组织实施了渔村领域发展党员三年攻坚计划,确定发展党员具体措施和完成时限,逐级传导压力,落实责任。

案例 6

烟台市高标准党建示范区
——推动基层治理体系和治理能力现代化

烟台市通过强党建带动公共服务下沉，打通治理堵点，提升农村基层治理效能，推动基层村民幸福指数提升，建设党建示范区，助力乡村组织振兴，将党建成果更多地惠及村民。

1. 推进集约式服务，提升基层服务水平

为提升基层服务水平，烟台市农村党建示范区推进集约式服务。在创建之初，烟台市提出“要按照最低 200 平方米/千人的标准建设党群服务中心，原则上面积不少于 600 平方米。”党群服务中心的建立，推动了乡镇党委重心下移、资源下沉、权力下放，直接减少了乡镇的工作量，也缩短了社会治理的有效间距，提高了群众的幸福指数。

招远市按照“1 厅、1 校、13 室”的基本功能布局建设了示范区党群服务中心，统一外观标识，配备便民服务大厅、文体活动室、信访调解室等多功能服务区，构建起区域联动的坚实平台。通过从镇政府抽调人员、设置公益性岗位、选拔优秀大学毕业生、“两委”干部轮班等方式，为每个示范区配备不少于 10 人的专兼职工作人员，保障服务力量。

2.精准透明服务,提升服务效率

在开展党建示范区服务工作前,招远市委组织部牵头,联合民政、人社、卫计等部门以张星镇为样本,以此前群众办理事项为调研样本,事先了解群众办理服务事项的积极性,结果显示全镇群众办理服务事项高达 91 600 多项。根据调查结果,招远市集中 2 个月的时间,协调各部门专门梳理出代办服务类、综合服务类共 94 项便民服务事项,全部下沉到示范区。同时,统一汇编成册,明确每一项的办理条件、申请材料、收费标准、市镇示范区三级联系方式等 9 项信息,实现了一册在手、一窗办理、一次办成。

为提高群众知晓率,示范区安排联户党员为居民发放“一封信”“明白纸”,并在党群服务中心窗口张贴常用“样表”。群众只要到示范区就会有专人指导填写,并于当天携带至镇政府,分类递交相关部门办理,用“干部跑路”代替了“群众跑腿”。地北头王家党建示范区党委书记曹克伟说:“以前机关干部是有事才下乡,或者坐等群众上门办事,现在连人带活都下沉到示范区了,镇政府不再保留其办公场所,干部在群众的家门口办公,在不在岗、在干什么,群众一清二楚。”群众也感受到了示范区便民服务大厅带来的便捷,“我们村离镇上远,为了盖个章需要来回倒 6 趟车,现在不用了,骑个自行车到这儿,一个窗口就能办妥了,省心不少!”

3.开展智慧办公,打造云服务平台

在招远市各农村党建示范区便民服务大厅内,统一配备了“智慧党建云平台”,并与示范区内联户党员手中的智能手机相连接。自示范区成立后,招远市建立了“示范区党委—村党组织—联户党员(网络员)”三级管控的网格化管理体系,利用“云平台”手机客户端,联户党员可以对联户工作中发现的治安、防火、违建、环保等问题随手一拍,就可以轻松上传到示范区“云平台”终端,系统自动精准定位,由示范区党委第一时间统筹解决,平台实时记录办理时间和办理结果,大大提高了社会治理的精准性和高效性。

4.健全社会治理，解决群众矛盾

烟台市发挥党建示范区的组织优势，联村开展民事纠纷调处、利益诉求化解等工作，探索从城区引入社会组织到农村参与社会治理，实现了从分村治理向区域共治、分片连治、综合施治的转变，解决了地域分割带来的矛盾纠纷、利益分化等问题，提升了农村治理的科学化、精细化和组织化程度。

莱阳市沐浴店镇东石河头村、西石河头村由于老一辈人在土地分配、灌溉抢水等问题上的历史纠纷，两个村之间筑起一座围墙，大有“老死不相往来”的架势。事实上时隔多年，两村群众的隔阂早已消失，但由于围墙尚未拆除，走亲访友的群众只好绕弯路远路出行。示范区成立后，东、西石河头村的第一件大事就是把围墙拆除硬化成沿河道路。西石河头村第一书记迟义江说：“老百姓早就想拆了它，拆墙那天不用动员就来帮忙，知道硬化道路还主动清理了周边的障碍。”

“说到信访，头疼脑胀，一有上访，心中发慌”，这是基层干部对信访工作的普遍感觉。蓬莱市北沟镇聂家村一度因国电落户、土地征迁原因多次围堵企业大门。北沟镇党委以北王绪村为中心村成立了党建示范区，设立信访工作室，组建维稳小分队，每10天开展一次矛盾隐患排查，逐一登记、逐户化解。针对聂家村的信访问题，示范区党总支出面联系相关部门、请教法律专家，帮助村里与国电公司签订了共建协议，并协调争取资金帮助村里开展公益设施建设，有效化解了矛盾纠纷，保证了项目顺利推进。

案例 7

烟台市党支部领办合作社
——合作社带动农民致富

近年来，烟台市推行村党支部领办合作社发展新型集体经济，由村党支部成员代表村集体注册成立农民专业合作社，村集体以集体资金、资产、资源入股，群众以土地、劳动力、资金等入股，把群众组织起来抱团发展、共同致富。在党支部领办合作社过程中，各县市区结合各自特点和优势，大胆探索适合自己的路径，趟出各有特色的乡村集体经济发展之路。

1. 栖霞市村党支部领办合作社趟出壮大集体经济新路子

近年来，栖霞市以村党支部领办合作社为切入点，把握“四个关键”、搞好“四个结合”、解决“四个问题”、做到“四个坚持”，持续提升村级党组织的组织力，推动乡村全面振兴。截至 2019 年年底，栖霞市党支部领办合作社已经成为“一号工程”和“富民工程”，全市党支部领办合作社达到 698 家，占栖霞市村落总数的 73.2%，在工作过程中积累了丰富的经验。2019 年栖霞市“村党支部领办合作社趟出壮大集体经济新路子”入选第三届“中国十大三农创新榜”获奖名单，成为全国仅有的 3 个县级获奖单位之一，也是山东省唯一一个获奖单位。

1)把握“四个关键”，全域谋划、全速推进

栖霞市在党支部领办合作社推进过程中，坚持系统谋划、全盘统筹，绘好“路线图”，加强顶层设计，把握“绘好路线图”“组好施工队”“立好军令状”“育好领头羊”四个关键。

绘好路线图。按照2017启动实施、2018典型示范、2019全域推进的思路，先后制定加强村党支部领办合作社意见、全域提升集体经济发展10条措施、全域推进村党支部领办合作社8项措施，分别提出任务目标、方向路径和推进措施。

组好施工队。市级层面，由栖霞市委书记任“施工队长”，召开专题会议安排部署，奔赴一线推动落实。遴选106名党员干部，成立8个工作组，打造“加强连”、组建“尖刀班”；镇级层面，成立16个工作专班，镇街区党（工）委书记负总责、班子成员分兵把口；村级层面，党组织书记既做“当家人”，又做“生产队长”，引导形成“带着群众干、跟着支部走”的局面。

立好军令状。把推进村党支部领办合作社纳入基层党建和农村支部书记考核，逐级压实责任。分期分批组织镇、街党委书记和6个工作组组长到电视台表态发言，晒成绩、亮差距，并跟踪报道、全程督导、严格考核。

育好领头羊。在培养上做文章，除每年定期举办村党支部书记培训班外，还专题举办党支部领办合作社培训班，先后组织133名典型村党支部书记，到浙江大学、青岛农业大学集中培训，对其余的800多名村党支部书记进行差异化培训。

2）搞好“四个结合”，全民动员、全员参与

栖霞市采取会议调度与现场观摩相结合的方式，召开10多次专题会议研究调度、征求意见、交流研讨，坚持逢会必讲、调研必看、谈话必问。将党支部领办合作社工作纳入全市经济观摩，同时组织先进典型上台做报告，让干部在比对中找差距、知不足、明方向。

典型引领与内力激发相结合。采取编发案例选编、拍摄专题片等形式，推广了108个典型案例，以身边事教育身边人；召开千人动员会议，发出《致农村支部书记的一封信》，邀请知名专家现场授课，打破思想藩篱、坚定发展信心、凝聚广泛共识。

工作督查与干部考察相结合。建立村党支部领办合作社专项督查考察制度，组成4个督查考察组，由组织部副部长带队，分片负责、季度轮换，每月至少开展1次，既督查工作又考察干部，传递压力、激发干劲。

线上宣传与线下发动相结合。在栖霞电视台、“果都党建”云平台开设专栏，推送合作社相关信息300余条，开设网上互动专栏，解答群众疑难问题；组织宣讲团走遍 16 个镇街区，开展合作社政策宣讲，向村民发放宣传单页 20 000 余张，提高了思想认同。

3)解决“四个问题”，全域探索、全面开花

围绕解决“地谁来种”问题，发展土地入股合作社。在农村土地“三权分置”改革和农村集体产权制度改革的基础上，党支部发动群众以土地经营权入股成立合作社，合作社有收益后，社员的收益分配比例不低于可分配盈余的 60%。

围绕解决“集体无钱办事”问题，发展劳动力入股合作社。创新劳动力入股方式，让群众“抱团发展”，自力更生，艰苦奋斗，实现劣势变优势、人力变人才的转变，走向共同致富道路。栖霞市亭口镇衣家村在党支部带领下，从群众急盼解决的用水难、行路难问题入手，创新“原始股＋创业股”入社方式，组织全村群众齐上阵。

围绕解决“资金筹措”问题，发展以资金入股的合作社。通过吸引社会资本、社员资金、财政项目资金等多渠道筹集资金，为合作社发展提供支撑。积极探索设置内置金融的方式，在栖霞市蛇窝泊镇东院头村进行了试点。

围绕解决“三资集约利用”问题，发展以集体“三资”入股的合作社。针对自身无实力发展的村，由镇街区牵头成立合作社，将各村集体“三资”折价入股，统一经营管理，收益按股分配到村。栖霞经济开发区党工委牵头成立恒辉光伏发电合作社，筹资 1 100 多万元，利用全区 34 个村的村级场所发展光伏发电项目，村均每年增收近 6 万元。

4)做到“四个坚持”，全力聚焦、全盘保障

围绕“人、钱、政策、规范”等瓶颈制约，栖霞市坚持配套联动、集中解决问题。

坚持人才第一资源。依托束怀瑞院士工作站、苹果产业研究院等，建立前沿智库；精准引进高端涉农人才，建立全国第一个苹果院士工作站，成立青岛农业大学合作社学院烟台分院、乡村振兴研究院栖霞分院；借势创建国家现代农业产业园，发动 260 多名高素质人才返乡创业，入库培养 120 多名农业专家。

坚持资金第一动力。创设公积金制度。栖霞市将惠农项目和部门帮扶资金，以村集体名义折股入社、按股分红，30%收益纳入镇街区公积金账户，作为村党支部领办合作社专项资金，做大蛋糕、放大效益；建立收益预留制度，合作社每年收益先扣除 1%～10%公积金和公益金，再进行分红，确保合作社行稳致远。

坚持政策第一推力。该市整合16个涉农部门职能，制定21条扶持政策，印发操作指南，直观形象、便于操作；连续两轮用足用好包村部门、第一书记帮扶政策，把帮助村党支部领办合作社作为硬性任务，期满未达标的，不脱钩、不撤离，累计帮助120多个村党支部领办合作社。

坚持规范第一保障。开展"10＋N"专项整治，将调研发现的问题纳入栖霞市整改"大盘子"，集中用力、即知即改。本着"管严管好不管死"原则，栖霞还制定村党支部领办合作社财务管理、社务公开2个暂行办法，从源头上解决问题，从制度上堵塞漏洞。针对"财务人员专业能力匮乏"问题，组织开展党支部领办合作社财务人员专题培训，提升业务水平和管理能力。开展示范社创建活动，从现有党支部领办合作社中筛选100个进行重点打造，栖霞积极推进评选市级、省级及国家示范社，带动全面提升。同时探索推行项目统一评估、章程统一把关、合同统一保管、印章统一保存、资金统一管理、物资统一调配、收益统一规范的"七统一"管理模式，确保合作社规范健康、行稳致远。

【案例7-1】栖霞市蛇窝泊镇东院头村：党支部领办合作社发展果业富民强村

栖霞市蛇窝泊镇东院头村共319户、854人，党员44名，"两委"成员5人。2018年9月18日，成立了东院头村股份经济合作社，共核定集体土地总面积2 242.03亩，集体资产（股本）60.1万元，其中成员股本48.1万元，集体股本12万元。2019年5月16日，该村领到了全市第一张农村集体经济组织登记证和第一批集体经济组织成员股权证。

2013年，村"两委"班子牵住农村改革"牛鼻子"，围绕苹果产业做文章，采取"党支部＋合作社＋农户"模式，领办成立栖霞市首家土地股份制合作社——烟台格瑞特果品专业合作社。集体通过流转土地、水塘等资源入社，合作社取得利润后按股分红。自2013年以来，先后建设5处苹果示范园、1处苗木基地，引进3家配套企业，村集体经济由小变大、从无到有，走出一条集体经济"空壳村"的蝶变之路。2016年村党支部被评为"山东省先进基层党组织"，2018年村民人均收入达到1.3万元，村集体收入达到92万元。

强化支部引领，"小农户"变身"大股东"。2012年10月份，村"两委"一班人经过讨论，认为要改变本村落后面貌、重塑支部形象、壮大集体经济，合作社是条好路子。一是创新思路方法。为突破集体一无资金、二无土地两大瓶颈，借鉴资本"众筹”做法，探索成立土地股份制合作社，采用流转土地、现金两种入社方式，1 元为 1 股，每亩地折合 8 000 股、8 000 元，解决发展“第一桶金”问题。二是党员干部带头。立足消除群众顾虑，要求“干部带头入、党员先入股”，党支部书记、村委会主任、其他“两委”成员、普通党员分别率先入股 20 万元、10 万元、5 万元、3 万元。三是凝聚群众共识。按照“入社自愿、退社自由”原则，1 个月内召开 11 次会议，组织 140 户果农筹集 2 200 万股，2013 年 4 月正式成立烟台格瑞特果品专业合作社。四是完善组织框架。村“两委”与合作社“双向进入、交叉任职”，村党支部书记兼任合作社党支部书记、理事长，村委会主任兼任监事长，其他村“两委”成员及个别党员任理事、监事，实现合作社发展与村级事务共同研究、一体推进。

发展苹果产业，“小土地”建成“大产业”。把果业作为主攻方向，逐渐做大做强果品产业。一是实施集约栽培。2013 年，合作社建设 1 处 200 亩苹果示范园，采用国内最先进的矮化自根砧高纺锤形苗木品种和宽行密植种植模式，两年挂果，四年进入盛果期，盛果期亩产 4 000 千克左右，每亩收入约 4 万元，净利润达 3 万元，预计年增加集体收入 50 万元。二是拉长产业链条。抓住栖霞市推进果品产业更新换代的机遇，2013 年合作社新建 100 亩苗基地，成立生物科技有限公司，引进生物农药、菌种、菌肥 3 配套项目。三是放大规模效应。2015 年以来，针对本村成方连片果园供应不足的窘境，同时为了扩大示范园引领效应，合作社采取“走出去”战略，通过租赁方式，先后在周边村新建 4 处苹果示范园，面积达到 3 000 亩，吸引 496 户果农入社，年可增加群众土地租赁收入 500 万元，推动合作社实现“二连跳”。

富民强村并举，“小资本”发挥“大潜能”。东院头村合作社的成立，激活了土地、资金、果农等生产要素和村级发展潜力，推动强村、富民有机统一。一是利润合理分配。合作社每年经营纯利润的 5%作为公积金用于合作社发展壮大，3%作为公益金用于社员培训、困难救助、公益事业等，剩余 92%全部分给社员和集体（其中集体占 16%股份），最大限度让利于民。仿照果农流转土地入社，村集体在苗木基地中，集体土地占股 10%，保证了始终有收入、年年有进账。二是保障群众收益。社员将果园交给合作社统一管理，每年既可获得稳定“分红”，又可优先到 3 个企业和示范园打工赚钱，实现了“交地不离地、收入有保障”，预计年可增加群众收入 400 多万元。同时，入社果农还可享受合作社统一提供的低价农资，每年可减少成本支出 200 多万元。2018 年，社员每股分红 0.5 元，每亩分红 1 吨价值 1 050 元的生物菌肥，合计每亩分红 5 050 元。三是壮大集体经济。合作社建立示范园时，将过去零碎土地整为成方连片大田，增加土地面积 10％左右，增加的面积作为集体土地和一个水塘和周边几亩荒滩一起加入合作社，2018 年村集体分红收益 118 670 元；收回原村集体的 25 亩地种上苹果苗木，自 2016 年每年收入 30 万元左右；在村公共场所建起 120 千瓦的光伏发电项目，每年收入 18 万元左右；集体的废弃厂房和土地入股引进的生物菌肥厂，每年收入 10 万元左右。四是发展民生事业。每年投入 100 多万元，先后组织建设村级组织活动场所、漫水桥、村路硬化、光伏发电、环境卫生整治等惠民实事，村容村貌焕然一新，村风民风明显好转，群众幸福感和生活指数节节攀升，党支部班子凝聚力、战斗力明显增强。

【案例 7-2】栖霞市亭口镇衣家村：支部立下愚公志　誓把荒山变金山

衣家村共 55 户、125 人，党员 14 名，“两委”成员 6 人，土地总面积 1 760 亩，山峦占地 1 290 亩，耕地面积 420 亩，果园面积 350 亩，是中国美丽乡村百佳示范村，省发改委确定的乡村振兴 1 000 个示范村之一。2017 年以来，党支部领办成立“村社一体”合作社，发动群众以劳动力入社，发扬新时代愚公精神，坚持靠山吃山、依山活山，带领群众艰苦创业、自强不息，将荒山野岭变成了“金疙瘩”，闯出了一条不畏艰难、战天斗地的富民强村之路。2019 年，预计村民人均收入达到 1.5 万元，村集体收入可达 20 万元。

支部领办合作社，把群众聚起来。衣家村是典型的人口空心村、经济薄弱村，群众收入低、生活苦。2016 年、2017 年衣家村连续两年干旱，40％樱桃树枯死，全村增收化为泡影。恰逢烟台市委组织部、栖霞市委做出“村党支部领办合作社发展集体经济”的部署，让一直想带领群众拔掉穷根的衣元良找到了目标和方向，村党支部自此觉醒。为摆脱贫困，党支部带领党员干部群众认真学习《塘约道路》，组织外出参观学习，经过讨论决定参照塘约村做法，走“村社合一”道路。2017 年 9 月份，衣家村成立党支部书记任理事长、村委会主任任监事长的“村社一体”的“一点园”果蔬专业合作社，全村 55 户群众有 53 户入社，将群众利益与集体利益紧紧联系在一起，把群众像“石榴籽”一样凝聚在党组织周围。在实践中，衣家村首创推行工票制，实行以“原始股”“创业股”为主，以其他方式为辅的多元化入股模式，解决了土地和资金发展瓶颈，实现了按劳分配、一体发展、共同富裕。“原始股”就是户口和土地在村的村民，只要加入合作社就有一个原始股，所有人都能享受发展红利;“创业股”就是所有加入合作社的社员,按出工量给予工票,满 2 000 元转为 1 个创业股,工票在合作社内部可作为现金使用,可以购买合作社所有生产物资,用完后继续作为股份参与分红。工票和股份连责连利,激发出群众干事创业的内生动力,让群众成为乡村振兴的主人翁。在合作社发展过程中,党支部始终把“共同富裕”放在首位,为兼顾因年龄和伤残而失去劳动能力的村民,以劳动力入股的同时,还按人头计股,村民无论男女老幼,只要自愿加入合作社,都给予 1 个原始股,对参加合作社集体劳动的,按照男性 120 元/天、女性 80 元/天标准发放工票,满 2 000 元可转 1 股,工票可以在合作社内部流通,抵顶购买合作社经营的水资源、管线、樱桃苗等费用,使用完后可以继续留在账上按照股份参与分红,使有劳动能力的“用起来”,劳动能力差的“带起来”,无劳动能力的“保起来”,确保“致富路上不落下一个人”,实现贫困户稳定脱贫。目前,累计投工投劳折合 120 多万元。

集体群众共增收,使村子富起来。合作社成立之初,规定全村老幼病残凡自愿加入合作社的,除享受原始股外,还可参加基础设施建设出工入股合作社,与正常社员共享发展红利,做到“不让一个穷人掉队”“不使一个社员返贫”。2018 年,合作社在环山路沿线栽种“晚红脆”桃树 2 000 棵,相当于增加集体果园 40 亩,预计年可增收 20 万元;利用生态资源优势,发展藏香猪生态立体养殖,猪舍上覆土种植桃树,购买藏香猪 102 头,对接华安星科(北京)信息技术有限公司,研发“北斗”定位系统,实现精准放养、实时监控、信息追溯,提高附加值,预计年可增收 20 万元,目前已顺利产仔 2 窝;依托镇水利联合社,按照 5 元/立方米标准实现全村刷卡浇水并向外村供水,预计年可收益 30 多万元。村集体收入 70%面向社员进行二次分红,30%作为集体收入,预计社员年人均增收 7 000 元,集体可收入 20 多万元。下一步,该村将持续改造水利条件,探索乡村旅游、农家乐、农村电商等新业态新产业,逐步吸收周边村 400 余户、1 800 亩果园加入合作社,真正将“绿水青山”变成“金山银山”。

2. 莱州市聚焦政治、经济引领功能“双提升”,打造党建引领乡村振兴红色引擎

莱州市把党支部领办合作社作为发展集体经济、促进农民增收、提升基层党组

织组织力的有效途径，聚焦政治引领功能、经济引领功能“双提升”。

1)推广“3 种模式”,实现强村富民

截至 2019 年年底，莱州市共注册成立党支部领办合作社 219 个，其中烟台市级 11 个、莱州市级 102 个、镇级 106 个。通过不断探索创新，莱州主要推广 3 种经营模式。

一是集体独立经营。村“两委”成员带头在合作社负责农作物的日常种植管理、经营销售、财务管理等工作。如城港路街道东大原村助民中药材种植专业合作社，栽植 6.5 万株金银花种苗，种苗日常种植管理、经营销售、财务管理全部由村“两委”成员负责。

二是村企合作经营。借助企业的资金优势、技术优势和市场优势，解决村党支部领办合作社资金不足、技术不足、经营经验不足等问题，发展合作经营项目。如山岛街道永盛埠村新永盛农业专业合作社与国企合作，引进了总投资 5 亿元、占地 6 000 多亩的北京嘉禾兴（莱州）现代农业发展产业园项目，建设 1 200 栋果蔬智能大棚，所生产的水果蔬菜全部供应北京“菜篮子”工程，合作社主要负责流转土地、提供劳务服务等。

三是对外承包经营。合作社先统一流转土地形成规模，配套基础设施，新上项目后，再分包给群众。如夏邱镇东草村富泽种植专业合作社，建成 6 个薄膜冬暖式高效农业大棚，并以每个棚 1.3 万元/年的价格返租给社员，每个大棚年净利润达到 4 万元，村集体每年实现增收近 8 万元。

2)搭建“三个平台”,提升村级组织力

莱州市推行党支部领办合作社工作不仅发展了集体经济、带富群众，更重要的是实现了组织群众、发动群众，也增强了党组织的凝聚力、向心力和战斗力。

一是搭建干部干事平台。通过建章立制，明确党支部领办合作社理事长由村党支部成员担任，由党支部主导合作社的发展方向。引导村“两委”成员特别是党支部成员带头入股，激发了村干部干事创业的活力，促使他们主动谋发展、上项目，村民得到了实惠，增强了对党支部的认同感和依赖感。

二是搭建凝聚群众平台。对经营相对成熟的党支部领办合作社，积极引导村民入社，并且提倡个人出资控制在30%以内，防止合作社由“众人社”变成“个人社”，同时用工方面优先雇用本村村民，将群众凝聚在村党组织周围。围绕助力脱贫攻坚，积极引导建档立卡贫困户入社，通过无息借款、发动社会捐款等方式，为贫困户提供入社本金，并为其提供就业岗位，推动贫困户自我“造血”脱贫。

三是搭建村级治理平台。自党支部领办合作社工作推进以来，有相当一部分示范村以党建为引领，以产业发展为基础，在加强基层治理、倡导文明新风方面取得突破。文峰路街道田家村打造了为村庄振兴保驾护航的“三驾马车”：村内老党员组建老干部委员会“智囊团”，为田家村的大事件指路把关；成立慈善义工协会，开展志愿服务活动，引领精神文明建设风向标；创建青年志愿者创业团队，成员由年轻人组成，为村庄经济发展注入新动力、新思想和新血液。

3)落实“三项措施”，科学规范发展

自党支部领办合作社推进以来，莱州市坚持基层实践与顶层设计相统一的原则，多措并举，指导基层解放思想、学通弄懂、真抓实干，走出了一条可复制、可推广的发展道路。一为解开思想疙瘩。莱州市先后组织镇村干部5 000多人次外出观摩学习，开阔视野、寻标对标；邀请专家举办专题辅导4期、1 700多人次；并与青岛农业大学经济学院（合作社学院）签订战略合作协议，长期开展理论指导和干部培训。通过学习，耐心解答广大基层干部“是什么”“为什么”“怎么干”等问题，统一思想认识。二为理顺内部架构。莱州市委组织部牵头，农业农村局、财政局、行政审批局等部门参与，成立了党支部领办合作社工作推进专班，采取“解剖麻雀”的方式，对莱州市219个党支部领办合作社内部架构逐一分析研判。同时，各镇、街党（工）委书记分别召开专题研讨会议，专班成员列席指导，切实打牢发展基础。三为奖补激励制度规范。莱州市建立2 000万元党支部领办合作社壮大村级集体经济专项引导资金，按照“先干先得、多干多得、不干不得”的正向激励原则，分别针对党支部领办合作社的项目投入、实际增收、示范效应3个方面进行奖补。奖补前逐村审核其股权、运营方式、收益模式，严格资金、账务、决策管理，由第三方中介机构出具审计报告，以奖补的方式促进党支部领办合作社规范化运行。

3.蓬莱市构建“四位一体”工作机制，党支部领办合作社全域推进

蓬莱市通过构建调度推进、政策扶持、规范运行、责任落实“四位一体”工作机制，农村党支部领办合作社步稳蹄疾、全域推进。截至2019年年底，蓬莱市500个村已有160个村注册成立党支部领办合作社，107个合作社达到规范建社要求并实体化运行，占总村数的21.4%。

1)建立三级联动调度推进机制

蓬莱市级层面举办专题培训班，借助“仙境党员之家”学习教育智慧平台，一通到底进行动员部署，同时在市级媒体开设“百舸争流”专栏，跟踪刊发镇村经验。镇街层面列为“一把手”工程，强化一个专班、一张作战图、一系列发展规划、一套管用制度“四个一”工作措施。村级层面，党员干部齐行动，以入户走访、召开座谈会等形式进行动员。

2)建立资源整合服务保障机制

整合部门政策资源，蓬莱市财政列支专项资金用于扶持党支部领办合作社，14个涉农部门联合出台《关于支持村党支部领办合作社发展村级集体经济的28条措施》，保证合作社发展“一路绿灯”。

为了统筹干部培训资源，蓬莱市建立农业技术师资力量库，举办农业产业技术培训41场次、5 300多人次，帮助村干部开阔视野、打开思路。同时引进社会服务资源，引荐“合作社+电商、超市、企业”等发展模式，启动联农带农电商服务平台。英格庄大红灯笼、三里沟古槐馒头等38种产品在“蓬莱好品”电商平台上架，黄水河鸭蛋、杏吕绿色蔬菜等20多种产品进驻利群超市，13个村与企业达成长期合作协议，各渠道产品销售额达600多万元。截至2019年，蓬莱市已新上种植养殖项目121个，产品加工项目19个，文化旅游项目25个，实现一二三产业链条式发展。

3)建立多方监管规范运行机制

为了加强制度规范，蓬莱市出台《党支部领办合作社工作指导手册》和《投资管理规范化指导意见》，从源头防止问题发生。同时成立专家顾问团，安排组工干部、

市直部门进村巡回指导，帮助解决问题，引导8个镇街发展区域联合、社企合作联合社。北沟镇蔚阳河联合社6个村集中建设21个高标准农业大棚，可增加集体收入近40万元；南王君顶酒庄与周边5个村实行村企合作，企业出资、群众出工实现合作共赢。另外引进第三方托管，合作社与第三方机构签订协议，对关键环节进行托管；蓬莱市有关部门与第三方机构共同出台《党支部领办合作社财务规范指南》，并对合作社进行中期验收评估。

4)建立评述考核责任落实机制

蓬莱市落实跟踪调度压责，建立周调度、月通报、双月"走看评"现场例会，动态掌握合作社发展情况。同时设立述职考核问责，实行半年书面述职，年终集中审计，镇街工作成果纳入基层党建工作考核，村级考评结果与村干部待遇报酬挂钩，切实把各级责任压实，调动蓬莱市各组织党支部的发展积极性。

4.海阳市党支部的政治引领，实现四方共赢

海阳市徐家店镇岚店村党支部抓住全市推行"党支部领办合作社发展集体经济模式"的机遇，探索经济发展新路径。

1)带领人民群众，自力更生闯事业

没有钱怎么办？没有地怎么办？村民不认可怎么办？村党支部书记王梯宝面对这"灵魂三问"，不等不靠，首先召集村两委开动员会，号召大家出钱入股，村两委成员出资50万元，解决了合作社前期投入资金的问题；挖石方、开荒地，解决了村里土地资源缺乏的问题。启动初期的三个月，两委成员和家属们在山里用塑料布和几根钢管搭起了一个临时"窝棚"，吃在山里，住在山里，硬是"无中生有"平整出了三十亩的种植基地；村民担心亏损，不愿意入社，合作社承诺以每年每亩土地800元租金作为每户的保底收入，即使遇到灾荒之年，也会获得一定的赔偿，消除了群众的后顾之忧。功夫不负有心人，到2019年，梯宝果蔬专业合作社主要发展蓝莓、大樱桃、苹果规模育苗及种植项目，已有大樱桃40亩，吸纳本村及周边入社户数85户，土地达到200多亩；蓝莓以入社和入股的形式吸纳60多户达100多亩。村里另一家由村民自发形成的合作社20余名种植户也被吸引入社。

2)发挥自身优势，多种经营促增收

农业投资是长线投资，风险大，周期长，见效慢。如何才能让土地产生最大效

益，如何才能尽快让村集体和社员们见到“回头钱”？岚店村两委根据自身情况，利用自身优势，以市场为导向，科学论证，合理规划，积极向上级争取政策和资金支持，确定了“科技种地，水果富村”的发展思路。合作社采取“土地流转保底收益＋劳动收入＋盈余分红”的利益共享机制。一期投入资金 60 万元，发展大樱桃、蓝莓、苹果规模育苗及种植项目，2019 年上半年新栽种大樱桃苗 3 000 余棵、发展大青叶砧木 2 000 余棵，并套种红薯、芋头等其他农作物，避免了因果木种植周期较长产生的收益“空窗期”。

为提高村民入社发展积极性，推进和服务农业适度规模经营，扩大合作社规模，村党支部组织广大党员通过无偿为困难群众浇地、喷农药等形式广泛开展志愿服务，同时邀请农业技术人员为村民讲解种植知识，及时全面地落实惠民政策，以专业化贴心服务村民。由合作社提供包括“耕、种、养、管、收、加、贮、销”在内的“菜单式”的土地托管服务，进一步激活土地资源，提升产业规模。为了实现农业生产的专业化、集约化、规模化，合作社配备挖掘机、水泵、微喷等设备。以海阳津成泰农产品发展有限公司发酵技术为依托，收集本村以及周边的养殖粪便进行发酵，作为有机肥料，有效改善周围生态环境，形成一条绿色循环的生态链。

3)打造优质品牌，线上线下搞销路

岚店村的农产品以前主要以传统鲜食销售为主，精深加工基础较为落后，销售渠道单一，无法获得高附加值。村党支部认识到这一现状及存在的问题后积极采取应对措施，岚店村邻近 204 国道，距海阳火车站仅 2 千米，物流运输发达，利用这一优势，合作社设计并注册了“岚果聚”商标品牌，打造并提升产品知名度，增强市场竞争力和合作社的综合经营能力，依托农村电子经济，通过线上网络销售、线下直销深加工农产品，在烟台地区乃至全国拓宽特色农产品的销路。通过冷藏延长销售期，分级包装分销各类市场，冷链物流保障商品优势，满足高端市场需求，走上产业化、标准化、规模化的发展道路。

海阳市梯宝果蔬种植农民专业合作社将党支部的政治引领、合作社的抱团发展、人民群众的能动性融合在了一起，发挥“火车头”的带动作用，致力于将岚店有机水果品牌做大做强，实现了“支部有作为，党员起作用，集体增收入，群众得实惠”四方共赢。

案例 8

莱阳市基层党组织
——党组织领头实现乡村振兴

莱阳市姜疃镇濯村共有 1 636 户、5 000 余人。多年来，在村党委的带领下，通过抓党建、强班子、促发展、构和谐，村庄由过去远近闻名的“脏乱差穷”村发展成为全市农村建设的典型和标杆，先后获评“全国美丽宜居村庄”“中国十大最美乡村”、山东省“先进基层党组织”等 30 余项荣誉称号，走出了一条独具特色的乡村振兴之路。

1. 坚守好信念、打造好班子、健全好机制，以“三个好”引领村庄蝶变发展

乡村振兴，治理有效是基础。农村基层党组织是党在农村全部工作的基础，是党联系广大群众的桥梁和纽带，要抓住组织振兴这个关键，充分发挥农村基层党组织在宣传党的主张、贯彻党的决定、领导基层治理、团结带领群众、推动改革发展等方面的战斗堡垒作用。[①] 莱阳市姜疃镇濯村坚持以党建为引领，充分发挥党组织的战斗堡垒作用和党员的先锋模范作用，带领村民凝心聚力、务实苦干，推动村庄实现“凤凰涅槃”。

---

① 夯实乡村振兴的组织基础——《烟台市乡村振兴战略规划(2018—2022 年)》解读之七。

1）坚定建设美丽村庄信念，始终保持前进的内生力

濯村发展之初，一无区位资源优势，二无集体收入积累，村民多以蛋鸡养殖为主，鸡粪随意堆放。为彻底改变落后局面，村“两委”树立“只要敢追求，只要肯苦干，穷村也能变好村”的坚定信念，将优化环境作为加快村庄发展的切入点，对标华西村、南山村等先进典型，聘请山东省规划设计院对村庄进行了高标准的规划设计，并分批组织群众代表到青岛、威海等地先进村庄参观学习，增强了群众改旧村、建新村的信心和决心。在工作推进上，村庄先从改路、改水、改厕等群众身边的事情做起，让群众切身感受到村庄发展带来的实惠，全面激发起村民建设村庄的热情和动力。

2）建设打造作风过硬班子，切实增强党组织的号召力

为充分发挥表率作用，村“两委”班子坚持“规矩先从自己立”，每早一次碰头会、每月一次党小组长会议、每季度一次党课教育，保证了党员干部思想统一、步调一致。村里制定的村规民约，凡是要求村民做到的，村干部首先做到；村里无论大事小情，村干部都身先士卒、冲锋在前。面对村庄建设之初资金不足的难题，村党员干部主动集资捐助 13 万元，保障了新村建设顺利启动；面对征迁压力，村干部和党员组成工作组，挨家逐户做工作，千方百计说服感化，帮助困难户解决了后顾之忧和实际困难；在村庄建设过程中，党员干部拆、拉、搬、运样样干在前头，用真诚带动群众自发为村庄建设出工出力；在村容村貌维护方面，村庄从来不搞“集中整治”，都是村干部划片包干，每天带着党员群众清扫。党员干部的倾心付出得到了村民的充分认可，多年来班子成员高票连选连任，村庄非常和谐稳定，连续 10 多年没有发生治安和信访事件。

3）不断健全民主管理机制，着力提升组织群众的凝聚力

濯村遵循民主管理、集体决策的原则，所有村级事务决策严格按照会议程序开展，全部记录留痕。少到几元钱的办公用品，大到百万元甚至几千万元以上的固定资产投入，全部公布上墙、公开透明，确保村民真正享有知情权、参与权和监督权。近年来，村庄率先落实村级规范化管理要求，实施农村干部“小微权力清单”制度，村务管理进一步规范化、制度化。同时，村庄还制定了《村规民约细则》，对家庭和睦、邻里相处、夫妻关系和赡养老人等进行了明确规定，并在实践中严格考核奖惩，有效促进了良风良俗的形成和巩固。

2. 坚持现代农业富村、工业经济强村、文化旅游兴村，以“三步走”推动村庄振兴发展

在产业发展路径选择上，濯村从村庄实际出发，通过自主探索，走出了一条农业、工业、旅游业梯次推进、梯次发展的“三步走”乡村振兴道路。

1）实施土地规模流转，大力发展高效农业

立足传统农业村这一村情，村党委从土地入手，着眼于土地经营效益最大化，放宽眼界、打破常规，变土地家庭承包经营为统一集约经营，探索农业生产企业化发展路子。开始之初，村庄将 1 450 亩梨园作为试点，整片租赁给新加坡客商。当年村集体年收入便由原来的不足 20 万元，一下子增加到 150 万元；外商吸纳 300 名村民务工，每年又增收 150 万元，实现了集体经济壮大和村民收入增长的双赢。梨园整体出租的成功，更加坚定了村“两委”和村民农业开放的信心和决心。截至 2019 年，该村 8 900 亩土地全部流转到了集体，引进外资 3.6 亿元，兴建起大梨、葡萄、花卉、苗木等国际一流的果品园林基地，收益达到 7.3 亿元，是土地租赁前的 10 多倍。

2）转变理念强化招商，加快工业强村步伐

土地集体流转，既给村庄带来了原始积累的成功，也带来了剩余劳动力就业的问题。为此，村庄着重推进“工业强村”，投资 1 000 余万元，规划建成了占地 70 万平方米的莱阳市第一个村级工业园，引进了泰康食品、新龙海调理食品等企业 16 家，吸纳劳动力 3 000 多名，村民在家门口就能轻松就业，年增加劳务收入近亿元。在发展村庄集体经济的同时，村庄努力创造条件，积极鼓励村民创新创业。截至 2019 年，全村物流、电子商务、粮食仓储、餐饮服务、饲料等经济项目达到 120 余个，个体经济实现产值 1.2 亿元，形成了干部创事业、客商创大业、百姓创家业的浓厚氛围。

3）培育发展特色产业，打响文化旅游品牌

随着濯村生态环境的持续美化亮化，村庄开始发展旅游业，明确了“一河两带

三山一园”的旅游业发展定位，建设了投资 1.2 亿元的北方植物园。2015 年，村庄整合 3 000 亩苗木基地、60 万株蝴蝶兰花卉基地、10 万株樱花基地等资源，成功举办了首届樱花节，截至 2019 年已连续举办 4 届，累计接待游客 150 余万人次，培育起一条以樱花游为主的特色旅游产业链条。为深入实施乡村振兴战略，加快一二三产业融合发展，村庄正与中国电建集团、中青旅集团等央企开展合作，计划投资 100 亿元打造集生态旅游、休闲观光、高效农业于一体的田园文旅小镇。

3.提升居住质量、提升精神文明、提升村民福利，以“三提升”增强群众幸福感

濯村把改善村民的生产生活条件作为根本出发点和落脚点，从居住环境、精神生活、福利待遇三方面入手，全方位提升村民生活质量。

在居住环境优化上，建设了 200 幢二层别墅楼和 2 200 间住宅房，以成本价出售给村民；建成“三纵十一横一环”的街道格局，硬化路面 28 千米，美化空地 45 亩、绿化苗木 40 万株、种植草坪 8.6 万平方米，安装路灯 1 160 余盏，打造成了“三季有花、四季常青”的花园式村庄。为丰富村民精神生活，投资 2 000 余万元，建成设施一流的农民文化活动中心，建有藏书 3 万册的图书室和电子阅览室，配备各类健身器械和活动室，经常性开展文体娱乐活动，丰富村民的精神文化生活。在福利待遇提升上，村庄组建了 3 个粮油店，村民人手一本粮油证，凭证打粮；每年春节和中秋节，都向村民发放米面油肉等福利；60 岁以上老党员、老村民每年补助 300～500 元；考上大中专院校的学生，每人奖励 1 600～2 000 元。

莱阳市姜疃镇濯村通过打造作风过硬的党组织班子，进行科学的村务管理和民主决策，自主探索走出一条农业、工业、旅游业梯次推进、梯次发展的“三步走”乡村振兴道路，提升了村民的幸福感。

案例 9

烟台市涉农资金统筹整合
——资源支撑乡村振兴

建立财政涉农资金统筹整合长效机制是党和国家支持"三农"发展的重大决策，更是提升财政资源使用效用、打赢脱贫攻坚战、实施乡村振兴战略的必然选择。烟台市积极统筹整合涉农资金，集中支持农业农村重点工作，为打造乡村振兴齐鲁样板全面起势提供了有力支撑。

1. 强化整合主体责任，提供组织保障

烟台市委、市政府印发《关于加快推进市级涉农资金统筹整合的实施意见（试行）》的通知（烟办发〔2018〕36 号），并多次召开工作会议，督促县市区加快工作节奏，抓紧出台实施方案，以保障改革在县级层面贯彻落实，推进资金整合工作的顺利开展；农业农村委员会作为领导机构和第一责任人，按照"统一集中、统一决策、统一分配、统一考核"的原则，强化领导和决策乡村振兴重大专项资金的分配、管理、考核以及绩效评价。目前现市、县两级农业农村委员会及其办公室的组建工作已基本完成，涉农资金整合的主体责任已基本落实，为涉农资金统筹整合提供坚实的组织保障，推动"主要领导亲自研究、委农办牵头抓总、职能部门分工负责"组织领导机制健全，促进各部门协调配合，推动涉农资金统筹工作落实。

2.完善乡村振兴规划，提供政策指引

乡村振兴规划是涉农资金整合的引路标。根据地区乡村振兴规划和发展实际，把涉农资金使用与乡村振兴规划有机衔接，按照"五个振兴"的需要统筹考虑安排年度重点任务和实施区域，才能增强资金安排的集中度和项目布局的契合度，让整合资金使用方向更加明确，资金流动更加畅通。实施乡村振兴战略的主战场在县级，烟台将整合资金切块县级，目前芝罘、莱山、福山等10余个县市区已出台县级乡村振兴规划，烟台全市现已实现整合意见和乡村振兴战略规划基本覆盖，为烟台全面实施乡村振兴战略提供政策指引和资金保障。

3.完善资金分配办法，提供制度支持

烟台现将中央、省、市、县4个级次，涉及19个部门的32项专项资金全部整合，设立"乡村振兴重大专项资金"，并按照"五个振兴"的需要，统筹安排年度重点任务和实施区域。在专项资金方面，中央、省级、市级和县级资金分别占资金总额的25.5%、23.4%、19.2%和31.9%，基本已整合完毕。资金分配上，市级统筹安排项目主要用于保障老岚水库建设规划和前期移民搬迁的顺利实施，以及农业救灾等应急支出。县级资金中约束性任务主要用于专项扶贫，村级组织运转保障和灾后重点防洪减灾工程。除约束性任务外，其余资金全部由县市区根据乡村振兴总体规划，按照"规划一片，建设一片，建成一片"要求，统筹用于支持实施乡村振兴战略。总之，涉农资金基本覆盖水利工程建设、美丽乡村美丽民居、村级组织运转保障和防洪减灾工程等乡村振兴重点工程，巩固脱贫成果和衔接乡村振兴的重点，努力补齐农村的基础设施短板，提升乡村振兴战略的质量，真正实现集中财力办大事，提高涉农资金使用效益，促进乡村振兴战略的顺利实施和效率。

当然，烟台市在涉农资金整合方面，也需要进一步细化资金使用途径。根据整体规划需要，按照"突出重点、补齐短板、整体提升"的原则，合理统筹使用整合资金。与此同时打造整合资金监管数字平台，将各类涉农资金项目纳入各个单位的绩效考核范围，严格做好实施项目的绩效评估，加强检查督促，真正实现集中财力办大事，提高涉农资金使用效益，全力推动全市乡村振兴战略的实施。

参考文献

[1] 于涛.烟台市推行村党支部领办合作社,全面推动乡村振兴[J].经济导刊,2018(12).

[2] 栖霞市乡村振兴工作情况汇报[R],2019.

[3] 栖霞市产业园创建总体情况汇报[R],2019.

[4] 栖霞市蛇窝泊镇东院头村:党支部领办合作社,发展果业富民强村[R],2019.

[5] 栖霞市亭口镇农家村.支部立下愚公志,誓把荒山变金山[R],2019.

[6] 招远市金岭镇大户陈家村典型案例:打造乡村振兴齐鲁样板[R],2019.

[7] 招远市大户庄园农林专业合作社经营发展典型材料[R],2019.

[8] 福山区关于全市乡村振兴五个专班会议贯彻落实情况[R],2019.

[9] 烟台市福山区"一体两翼"抓大产业,四轮齐驱做强品牌,把大樱桃打造成乡村振兴的第一产业引擎[R],2019.

[10] 烟台市福山区创新实施乡村振兴示范样板区[R],2019.

[11] 烟台市福山区创新实施责任督学挂牌督导制度[R],2019.

[12] 烟台市福山区坚持党建引领,推动社会组织有序有效参与社区治理,助推教育事业优质均衡发展[R],2019.

[13] 烟台市福山区门楼镇南庄村:打造乡村振兴齐鲁样板——党支部领办合作社案例/产业兴村典型模式[R],2019.

[14] 烟台市福山区美丽乡村清洁村庄工作开展情况[R],2019.

[15] 祁小青.全区乡村振兴工作座谈会上的讲话[R],2019.

[16] 烟台市福山区2019年上半年乡村产业振兴工作总结[R],2019.

[17] 烟台市福山区乡村振兴工作开展情况汇报[R],2019.

[18] 海阳市实施乡村振兴战略半年工作总结[R],2019.

[19] 海阳市商务局.以改革创新思维推动电商直播与名优产品打造互促共进[R],2019.

[20] 海阳市百年老树结新果传统古村焕新貌——郭城镇山东村乡村振兴典型[R],2019.

[21] 抓住乡村振兴新机遇,书写乡村发展新篇章[R],2019.

[22] 辛安镇向阳村乡村振兴典型[R],2019.
[23] 烟台市莱山区创新“六种模式”,打造乡村产业振兴样板[R],2019.
[24] 烟台市莱山区乡村振兴工作情况汇报[R],2019.
[25] 烟台市莱山区乡村文化振兴工作情况汇报[R],2019.
[26] 烟台市莱山区乡村生态振兴工作汇报[R],2019.
[27] 烟台市莱山区产业振兴专班汇报[R],2019.
[28] 烟台市莱山乡村振兴人才振兴专班工作情况汇报[R],2019.
[29] 烟台市莱山区组织振兴情况报告[R],2019.
[30] 莱阳市农业农村局在全市重点工作务虚会上的发言[R],2019.
[31] 2019年长岛乡村振兴工作总结[R],2019.
[32] 齐抓共管聚合力　乡村振兴结硕果——蓬莱市实现五点突破,跑出乡村振兴“加速度”[R],2019.
[33] 小葡萄酿出大产业——蓬莱市刘家沟镇发展特色产业,助力乡村振兴典型案例[R],2019.
[34] 以基层党建为引领,加快实现乡村振兴——姜疃镇濯村乡村振兴典型[R],2019.
[35] 小草莓激发大活力,小农户转变大产业——兰高镇后霍家村乡村振兴典型[R],2019.
[36] 产城融合　一体发展——龙口市全力打造乡村振兴“齐鲁样板”示范市[R],2019.
[37] 党建创新引领新产业,倾力打造“基础产业＋乡村旅游”特色小镇[R],2019.
[38] 福山区张格庄镇乡村振兴典型[R],2019.
[39] 深化农村综改,激活内生动力——海阳市辛安镇乡村振兴典型[R],2019.
[40] 蓬莱市2019年乡村振兴工作总结[R],2019.
[41] 海阳市以农村综合改革推动乡村振兴[J].改革与制度创新,2019(23).
[42] 中共烟台市委.烟台市人民政府关于加快推进苹果产业高质量发展的实施意见(2020—2022年)(烟发〔2019〕18号)[Z],2019.
[43] 中共招远市.关于印发《招远市乡村振兴战略规划(2018—2022年)》和5个工作方案的通知(招发〔2018〕19号)[Z],2019.
[44] 中共招远市委农业农村委员会办公室1—10月份招远市乡村振兴工作情况通报[J].招远农业农村,2019(1).
[45] 中共龙口市农业农村委员会.关于成立龙口市乡村振兴齐鲁样板示范区创建

工作领导小组的通知(龙农委发〔2019〕2 号)[Z],2019.
[46] 中共黄山馆镇.关于成立乡村振兴齐鲁样板示范区创建推进小组的通知(黄发〔2019〕46 号)[Z],2019.
[47] 中共福山区委　福山区人民政府.关于加快推进乡村振兴战略的实施意见(烟福发〔2018〕号)[Z],2019.
[48] 中共福山区委　福山区人民政府.关于加快推进乡村振兴战略的实施意见[Z],2019.
[49] 烟台市福山区委农村工作领导小组.2018 年乡村振兴战略十大重点工作安排通知[Z],2019.
[50] 烟台市中国社科院农村发展研究中心.关于提供乡村振兴战略有关材料的函[Z],2019.
[51] 中共烟台市莱山区委　烟台市莱山区人民政府.莱山区乡村振兴战略规划(2018—2022 年)和 5 个工作方案的通知(烟莱发〔2018〕75 号)[Z],2019.
[52] 中共海阳市委　海阳市人民政府.关于印发《海阳市乡村振兴战略规划(2018—2022 年)》和 6 个工作方案的通知(海发〔2018〕29 号)[R],2019.
[53] 中共蓬莱市委　蓬莱市人民政府.关于印发《蓬莱市乡村振兴战略规划(2018—2022 年)》和 5 个工作方案的通知(蓬发〔2018〕17 号)[Z],2019.
[54] 蓬莱市人民政府办公室.关于印发蓬莱市人居环境整治攻坚活动实施方案的通知(蓬政办〔2019〕1 号)[Z],2019.
[55] 蓬莱市农委.关于成立乡村振兴五个专班,抓好工作推进落实的通知(蓬农委发〔2019〕1 号)[Z],2019.
[56] 中共蓬莱市农委.蓬莱市 2019 年涉农资金整合使用方案(蓬农委发〔2019〕2 号)[S],2019.
[57] 中共蓬莱市委农业农村委员会.关于印发《蓬莱市农村人居环境整治攻坚活动督查方案》的通知(蓬农委办发〔2019〕7 号)[Z],2019.
[58] 蓬莱市农村人居环境整治考核办法[S],2019.
[59] 栖霞市委组织部.栖霞市关于推进乡村组织振兴工作方案 [R],2019.
[60] 烟台市委党校课题组,中共烟台市委党校.关于我市乡村产业振兴的调查及建议 [R],2019.
[61] 烟台市委党校课题组.关于我市乡村人才振兴的调查及建议 [R],2019.
[62] 烟台市委党校课题组.关于我市乡村生态振兴的调查及建议 [R],2019.
[63] 烟台市委党校课题组.关于我市乡村文化振兴的调查及建议 [R],2019.

[64] 烟台市委党校课题组.以组织力提升促乡村全面振兴——烟台市党支部领办合作社的实践和启示［R］,2019.
[65] 莱阳市深度拓展农业产业化,夯实乡村振兴物质根基——乡村产业振兴路径浅析［R］,2019.
[66] 海阳市商务局.以改革创新思维推动电子商务进农村综合示范项目落地［R］,2019.
[67] 产业报国,惠利民生——鲁花高油酸示范发展推广案例［R］,2019.
[68] 龙口市黄山馆镇乡村振兴齐鲁样板省级示范区创建方案［R］,2019.
[69] 长岛海洋生态文明综合试验区乡村振兴战略规划（2018—2022 年）［R］,2019.
[70] 烟台市福山区乡村振兴工作座谈会建议方案［R］,2019.
[71] 烟台市福山区乡村振兴战略规划（2018—2022 年）［R］,2019.
[72] 海阳市乡村振兴战略规划（2018—2022 年）和 6 个工作方案［R］,2019.
[73] 莱山区乡村振兴战略规划（2018—2022 年）和 5 个工作方案［R］,2019.
[74] 蓬莱市乡村振兴战略规划（2018—2022 年）和 5 个工作方案［R］,2019.
[75] 栖霞市乡村振兴战略规划［R］,2019.
[76] 打造乡村振兴齐鲁样板中的烟台篇章——《烟台市乡村振兴战略规划（2018—2022 年）》解读之一［R］,2019.
[77]《烟台市乡村振兴战略规划（2018—2022 年）》解读之二［R］,2019.
[78]《烟台市乡村振兴战略规划（2018—2022 年）》解读之三［R］,2019.
[79] 让人才在农村大显身手——《烟台市乡村振兴战略规划（2018—2022 年）》解读之四［R］,2019.
[80]《烟台市乡村振兴战略规划（2018—2022 年）》解读之五［R］,2019.
[81] 留住鸟语花香和田园风光——《烟台市乡村振兴战略规划（2018—2022 年）》解读之六［R］,2019.
[82] 夯实乡村振兴的组织基础——《烟台市乡村振兴战略规划（2018—2022 年）》解读之七［R］,2019.
[83] 把乡村建成幸福美丽新家园——《烟台市乡村振兴战略规划（2018—2022 年）》解读之八［R］,2019.
[84] 刘敏.城乡融合视野下农村人居环境治理的目标与措施研究［J/OL］.农业经济,2020(03):33-35.
[85] 吴一鸣.小农户衔接现代农业的现实路径与政策导向［J］.农业展望,2020,16

(01):28-34.
[86] 肖卫东,杜志雄.农村一二三产业融合:内涵要解、发展现状与未来思路[J].西北农林科技大学学报(社会科学版),2019,19(06):120-129.
[87] 任志宽.新型研发机构产学研合作模式及机制研究[J].中国科技论坛,2019(10):16-23.
[88] 杨文娟."三大工程"推进企业和谐发展[J].中国农垦,2019(09):47-49.
[89] 李斌,黄改.产业立体网络平台体系:青年发展与乡村振兴的基础逻辑[J].中国青年研究,2019(09):31-37.
[90] 何晓.以人才振兴促乡村振兴问题思考[J].农村.农业.农民(B版),2019(08):19-21.
[91] 李欢欢,石晓华.传统小农户和现代农业的融合机制研究[J].现代农业科技,2019(16):209-211.
[92] 温少欣,赵瑞君,刘建军,等.招远市"新六产"新模式探析[J].现代农业科技,2019(15):240,251.
[93] 本刊记者.农业农村部:下一步农村集体产权制度改革重点做好四方面工作[J].农村经营管理,2019(05):15.
[94] 龚毓烨.乡村振兴急需人才类型分析[J].求知,2019(04):22-24.
[95] 许正斌,施春风,马连营,等.蹚出一条具有自身特色的改革之路——关于陕西、河北农村集体产权制度改革情况的督查[J].农村经营管理,2019(03):32-33.
[96] 张友.眷恋乡村情,融合谋振兴——记山东省招远市大户陈家村党委书记、招远市新型职业农民陈松海[J].农民科技培训,2019(01):36-38.
[97] 袁金辉,乔彦斌.自治到共治:中国乡村治理改革40年回顾与展望[J].行政论坛,2018,25(06):19-25.
[98] 李啸浪,陈宁,宋雪,等.基于半夏优势特色产业的曲线回归模型构建与脱贫对策研究[J].贵州农业科学,2018,46(11):168-172.
[99] 孙卫东.着力满足新型农业经营主体金融需求[N].金融时报,2018-10-29(011).
[100] 杨虎军.陕西佳县农村集体产权制度改革探讨[D].西北农林科技大学,2018.
[101] 中共中央 国务院印发《乡村振兴战略规划(2018—2022年)》[N].人民日报,2018-09-27(001).

［102］ 张亚玉．乡村振兴视阈下农村实用人才队伍建设研究［J］．科学大众（科学教育），2018（07）：150-151．
［103］ 潘陈祥，池雷钧，王学锋．瑞安市农业物联网发展现状、问题及对策［J］．浙江农业科学，2018，59（06）：1060-1062．
［104］ 邹学校．科技支撑园艺产业兴旺引领乡村振兴［J］．湖南农业科学，2018（06）：124．
［105］ 石其鹏，罗世娇，邹刚，等．全域生态保育，还原“金山银山”［J］．走向世界，2018（26）：28-31．
［106］ 何菲．供给侧改革背景下招远市一二三产业融合发展现状及对策研究［D］．烟台大学，2018．
［107］ 缪凯，许敏．农业供给侧结构性改革下达州市经济作物产业发展的战略思考［J］．长江蔬菜，2018（07）：4-5．
［108］ 陈泓祎．供需视角下福建高校农业科技成果转化的影响因素研究［D］．福建农林大学，2018．
［109］ 刘彦随．中国新时代城乡融合与乡村振兴［J］．地理学报，2018，73（04）：637-650．
［110］ 王景新，支晓娟．中国乡村振兴及其地域空间重构——特色小镇与美丽乡村同建振兴乡村的案例、经验及未来［J］．南京农业大学学报（社会科学版），2018，18（02）：17-26，157-158．
［111］ 周华强，邹弈星，刘长柱，等．农业科技园区评价指标体系创新研究：功能视角［J］．科技进步与对策，2018，35（06）：140-148．
［112］ 陈锡文．实施乡村振兴战略，推进农业农村现代化［J］．中国农业大学学报（社会科学版），2018，35（01）：5-12．
［113］ 周立，李彦岩，王彩虹，等．乡村振兴战略中的产业融合和六次产业发展［J］．新疆师范大学学报（哲学社会科学版），2018，39（03）：16-24．
［114］ 王亚华，苏毅清．乡村振兴——中国农村发展新战略［J］．中央社会主义学院学报，2017（06）：49-55．
［115］ 蒋希昭．金融机构推进“两权”贷款试点工作的实践与思考——以溧阳邮储银行为例［J］．金融经济，2017（16）：148-149．
［116］ 常菁，黄海滨，罗军，等．高新技术企业在供给侧改革中的作用与政策建议［J］．现代商贸工业，2017（18）：94-96．

[117] 吕道飞.夯实产业基础,打造优势品牌——烟台市福山区大樱桃产业发展的实践与探索[J].果农之友,2017(06):40-42.

[118] 卢宪英.以开放促农业供给侧结构性改革的思路与建议[J].国际经济合作,2017(05):26-30.

[119] 邹光盛.借鉴台湾经验,培育新型职业农民[J].海峡科学,2017(05):62-67.

[120] 孙晓静.栖霞市苹果电子商务发展的调查报告[J].果农之友,2017(01):36-38.

[121] 刘晓星.技术集成示范引导流域水体还清[N].中国环境报,2016-10-31(006).

[122] 李维梁,高雅.供需协同的产业创新生态系统构建及对策研究[J].华东经济管理,2016,30(11):180-184.

[123]《农村实用人才和农业科技人才队伍建设中长期规划(2010—2020年)》解读[J].农村工作通讯,2011(20):11-16.

[124] 付姓.土流网:让农民生活更美好[J].农村经营管理,2016(08):30-31.

[125] 张靓,董恒进,郜琳,等.居民就诊意愿与基层医疗服务能力研究——以浙江兰溪为例[J].卫生经济研究,2016(08):19-22.

[126] 关于引导农村土地经营权有序流转,发展农业适度规模经营的实施意见[N].唐山劳动日报,2016-05-05(005).

[127] 崔金栋,于圆美.基于多主体协同创新的产学研联盟运行机制研究[J].科技管理研究,2015,35(22):26-31.

[128] 梁枢.我国体育用品技术创新的产学研模式研究[D].山东大学,2015.

[129] 曹茸.加快人才驱动推动人才强农[N].农民日报,2015-04-16(003).

[130] 张孟福.潍坊市农民合作经济组织建设研究[D].山东农业大学,2015.

[131] 张红宇.新常态下现代农业发展与体制机制创新[J].农业部管理干部学院学报,2015(01):6-16.

[132] 王淑先.泰安市农业龙头企业发展问题研究[D].山东农业大学,2014.

[133] 韩长赋:改革释放种业活力[J].种子世界,2014(07):68.

[134] 高鸿翰.烟台市政府出口农产品质量安全示范区建设研究[D].大连海事大学,2014.

[135] 王仁庆.把智慧和力量凝聚到创新驱动上来[N].太行日报,2014-01-15

(005).

[136] 刘俊海，徐海燕.坚持重典治乱的法治原则，打造《食品安全法》的升级版[J].食品科学技术学报，2013，31(05)：1-7.

[137] 王刚.青岛市海产品加工业发展现状及其对策研究[D].中国海洋大学，2013.

[138] 赵丽敏，廖桂平，陈艳，等.村级电子政务现状及发展对策分析[J].农业工程，2012，2(09)：16，23-26.

[139] 孙玉变，胡昊，惠立涛.基于产业链理论的农产品流通骨干企业促农增收研究[J].安徽农业科学，2012，40(13)：7956-7958，7961.

[140] 杨凤书，高玉兰，卢小磊，等.完善以不同主体为依托的农业社会化服务的对策分析[J].经济研究导刊，2011(15)：37-38.

[141] 陈大胜，孙方弢.构建江苏沿海防护林补偿制度初探[J].山西农业大学学报(社会科学版)，2010，9(05)：556-560.

[142] 艾莲.乡土文化：内涵与价值——传统文化在乡村论略[J].中华文化论坛，2010(03)：160-165.

[143] 舒波.中国农村土地流转及其金融支持研究[D].西南财经大学，2010.

[144] 徐雯斐.由传统渔业向现代渔业的转型研究[D].兰州大学，2009.

[145] 王洪帅.济南市森林资源现状分析与评价[D].山东农业大学，2007.

[146] 马琼.基于增长极理论的农业科技园区布局研究[D].山东农业大学，2007.

[147] 加强土地整理，推进村庄整治[J].浙江国土资源，2005(10)：13-14.

[148] 中央农村工作领导小组办公室.《乡村振兴战略规划(2018—2022年)》[J]，2018.

[149] 湖南省农业委员会经济作物处.坚持绿色精细高效，推动产业转型升级[J].湖南农业，2018(8).

[150] 柏德玟，冯海强.坚持高效生态和特色精品，扎实推进果菜茶绿色发展[J].农业与技术，2018(8).

[151] 初本德.落实科学发展观，外汇管理支持辽宁老工业基地全面振兴[J].中国外汇，2008(021)：59-61.

[152] 汪昭军，马瑞峻.基于SWOT分析的精确农业发展战略研究[J].世界农业，2013(2)：29-33.

[153] 郇庆治. 强化对社会主义生态文明理论基础的研究[J]. 中国周刊:英文版,2016(001):24-25.
[154] 杨帆. 打好农业污染防治攻坚战,突破化肥减量提效,着力农药减量控害[J]. 种子科技,2015(05):37-38.
[155] 栾江,田晓晖,仇焕广,等. 农业生态补偿政策的国际经验及其对中国的启示[J]. 世界农业,2018,472(08):6-12,23,214.
[156] 戚道孟,王伟. 关于中国农业生态环境保护的立法思考[J]. 中国发展,2008,8(001):39-43.
[157] 李光晨,范双喜. 园艺植物栽培学[M]. 北京:中国农业大学出版社,2001.
[158] 胡和平. 农艺节水技术在农艺发展中的应用探究[J]. 农技服务,2017,34(013):177.
[159] 佚名. 从夏秋伏旱谈茶园管理[J]. 中国茶叶,1991(04):32.
[160] 林建材,李晶晶,赵利华. 烟台苹果解题[J]. 农产品市场周刊,2009(23):36-37.
[161] 陈志勇. 推进病虫害专业化统防统治工作的实践与思考[J]. 中国农业信息,2010(10):38-39.
[162] 郑学军. 探讨畜牧技术推广体系改革与建设的新思路[J]. 基层农技推广,2016(5):12-13.
[163] 孟华涛. 浅析国家强农惠农资金管理的制度设计[J]. 农村经济与科技,2013,024(005):163,168.
[164] 姜晓辉. 招远市农业信息化与大数据应用的调查与思考[J]. 信息技术与信息化,2017(9):143-144.
[165] 杨玲,张梦飞,郭征,等. 推进农产品质量安全追溯体系建设的思考[J]. 农产品质量与安全,2018(002):45-48.
[166] 李丹. 探讨我国循环经济的发展模式[J]. 赤子,2013(12):174.
[167] 刘爱梅,杨轩嘉. 中国农村改革40年:基本轨迹、基本经验与未来走向[J]. 中国发展,2018,018(006):60-66.
[168] 李新一. 畜牧业供给侧结构性改革分析[J]. 中国畜牧杂志,2016(14):39-44.
[169] 远德龙,宋春阳. 畜禽粪污资源化利用方式探讨[J]. 畜牧与饲料科学,2013(10):97-100.

[170] 新华社.国务院关于坚持农业农村优先发展做好“三农”工作的若干意见[J].今日农药,2019,240(03):6-12.

[171] 杨邦杰,高吉喜,邹长新.划定生态保护红线的战略意义[J].中国发展,2014,14(1):1-4.

[172] 姜大明.政府工作报告——2010年1月25日在山东省第十一届人民代表大会第三次会议上[J].山东省人民政府公报,2010(3):4-13.

[173] 周生贤.建设美丽中国,走向社会主义生态文明新时代[J].环境保护,2012(23):8-12.

[174] 李卓.当前村干部廉洁观现状及培育对策研究[D].四川师范大学,2017.

[175] 刘晓雪.新时代乡村振兴战略的新要求——2018年中央一号文件解读[J].毛泽东邓小平理论研究,2018(03):13-20.

[176] 庄丽丽,何维华.山东蓬莱葡萄酒产业发展现状及展望[J].中国园艺文摘,2010,26(01):47-48.

[177] 赵昕,朱连磊,丁黎黎.创新驱动发展战略下海洋生态文明建设的实现路径[J].海洋经济,2017,7(01):46-54.

[178] 王文雅.深度贫困地区脱贫攻坚内生动力研究[J].决策咨询,2018(02):42-46.

[179] 贾丽达.生态型田园城市绿地系统规划研究[J].江苏商报·建筑界,2013(017):259-260.

[180] 王涌.山东长岛特色旅游资源研究[J].地域研究与开发,2000,19(1):73-75.

[181] 王燕.以智慧旅游平台推进烟台乡村旅游发展的研究[J].农业经济,2019(08):64-66.

[182] 刘振晓.将生态文明理念注入美丽乡村建设——山东省烟台市实施生态文明乡村建设的实践与思考[J].农村工作通讯,2017(05):56-57.

[183] 刘泉红,张敏,于力平.强基固本,全面推进乡村振兴——对山东省烟台市乡村振兴基层实践的若干思考和建议[J].中国物价,2018(011):3-6.

[184] 王澄宇.党建引领乡村振兴的实践探索——烟台市党支部领办合作社的调查[J].红旗文稿,2019(03):35-36.

[185] 刘迎华.乡村振兴战略下山东乡村旅游提质增效路径研究[J].烟台职业学院学报,2018,24(04):7-12.

[186] 张鑫佳.实施乡村振兴战略　建设生态宜居乡村——以莱阳市为例[J].烟台职业学院学报,2017,23(04):1-4.

[187] 李倩.坚持农民主体地位,加快实施乡村振兴战略[J].河北农机,2019,249(03):15.

[188] 鲁烨,金林南.新乡村经济:农村全面小康建设与政治生态重塑——关于大学生村官制度黏性与情感黏性的文本分析[J].北方论丛(4期),2016(04):135-139.

[189] 陈文胜.乡村组织破题新农村建设[C]//湖南省经济学学会年会暨科学发展观与湖南经济协调发展研讨会,2008.

[190] 刘合光.乡村振兴的战略关键点及其路径[J].中国国情国力,2017(12):35-37.

[191] 李清荣.试论乡村振兴的战略关键点及其路径[J].中国市场,2018(19):32-36.

[192] 马玉佳.探讨乡村振兴战略的关键点、发展路径与风险规避[J].房地产导刊,2019(011):10.

[193] 许安拓,梁洁.财政助力乡村振兴战略的实现路径[J].财政科学,2018(7):15-23.

[194] 杜育红,杨小敏.乡村振兴:作为战略支撑的乡村教育及其发展路径[J].华南师范大学学报(社会科学版),2018,232(02):77-82,193.

[195] 费新.扩大消费需求是实现我国内外部平衡的根本举措[J].科技管理研究,2009,29(3):35-37.

[196] 韩培武.积极战略的华美一跃——一位县级市财政局长的见证[J].新理财:政府理财,2010(12):48-49.

[197] 彭兆荣.乡村振兴战略中的“乡土性”景观[J].北方民族大学学报(哲学社会科学版),2018(3):22-27.

[198] 张晓林.乡村振兴战略下的农村物流发展路径研究[J].当代经济管理,2019(4):46-51.

[199] 孙美璆.乡村振兴战略下乡村文化重构路径研究[J].现代农业研究,2018(11):22-23.

[200] 马历,龙花楼,戈大专,等.中国农区城乡协同发展与乡村振兴途径[J].经济

地理，2018(4)：37-44.
[201] 王春顺，娄方平，李国泰. 新时代我国体医融合双元创新发展研究[J]. 体育文化导刊，2019(05)：6-11.
[202] 周炫. 乡村振兴战略视角下提升文化自信的路径探析[J]. 云南农业大学学报(社会科学)，2019，13(01)：31-35.
[203] 吴理财，魏久朋，徐琴. 经济、组织与文化：乡村振兴战略的社会基础研究[J]. 农林经济管理学报，2018，17(04)：470-478.
[204] 霍军亮，吴春梅. 乡村振兴战略背景下农村基层党组织建设的困境与出路[J]. 华中农业大学学报(社会科学版)，2018(3)：1-8，152.
[205] 聂继红，吴春梅. 乡村振兴战略背景下的农村基层党组织带头人队伍建设[J]. 江淮论坛，2018(05)：39-43.
[206] 徐安. 新型农村社区多元共治的困境与出路[D]，2018.
[207] 袁妙彧. 社区居家养老服务困境与多元共治发展路径——基于武汉七个城市社区的调查[J]. 江汉大学学报(社会科学版)，2015，32(04)：29-33，123.
[208] 王进，禹潇. 中间性组织嵌入农村社会治理的困境和出路[J]. 延安大学学报(社会科学版)，2016，38(5)：60-64.
[209] 张照新，吴天龙. 培育社会组织，推进“以农民为中心”的乡村振兴战略[J]. 经济纵横，2019，398(01)：35-41.
[210] 豆书龙，叶敬忠. 乡村振兴与脱贫攻坚的有机衔接及其机制构建[J]. 改革，2019(01)：19-29.
[211] 马福贵，唐太明. 发挥土地资源最大效益，助推乡村振兴战略实施[J]. 青海国土经略，2018(02)：26-27.
[212] 李周. 深入理解乡村振兴战略的总要求[J]. 理论导报，2018(02)：43-44.
[213] 吴佳倩. 乡村振兴战略背景下生态宜居建设的问题及对策研究[J]. 农村实用技术，2019(06)：3-4.
[214] 李凤. 实施乡村振兴战略，加快推进农业农村现代化[J]. 农村经济与科技，2018，29(08)：232.
[215] 张晓山. 实施乡村振兴战略的几个抓手[J]. 人民论坛，2017(33)：72-74.
[216] 樱子. 中共中央　国务院印发《乡村振兴战略规划(2018—2022年)》[J]. 中国勘察设计，2018(10)：8-9.

[217] 徐海丽.广西实施乡村振兴战略的统计监测指标与方法[J].改革与战略,2019(6).
[218] 吴维海.地方乡村振兴战略规划编制与实施路径[J].新时代学刊,2018(1):34-38.
[219] 张树俊.推进结构调整　发展创新型农业经济——河横发展生态农业旅游的调查与思考[J].合肥学院学报(社会科学版),2011,28(06):13-17.
[220] 姜长云.实施乡村振兴战略需努力规避几种倾向[J].农业经济问题,2018(01):8-13.
[221] 张祝平.乡村振兴战略之举[J].哈尔滨市委党校学报,2017(06):5-8.
[222] 薛秀娟.补齐乡村振兴的"精神短板"[J].人民论坛,2018(05):140-141.
[223] 郑瑞强,翁贞林,黄季焜.乡村振兴战略:城乡融合、要素配置与制度安排——"新时代实施乡村振兴战略与深入推进农业供给侧结构性改革"高峰论坛综述[J].农林经济管理学报,2018,17(01):1-6.
[224] 贾双跃.更好发挥社会参与主体在乡村振兴中的作用[J].中国党政干部论坛,2018(08):60-63.
[225] 曾衍德.加快发展现代种植业助力乡村振兴战略实施[J].中国农技推广,2018,34(02):3-8.
[226] 王艳伟,王景峰.实施乡村振兴战略,加快产业兴旺发展[J].内蒙古统计,2018(01):12-14.
[227] 沈月,张佳琪.实施乡村振兴战略的路径探析:基于三产融合的视角[J].北方论丛,2019,274(02):14-18.
[228] 张明湘.实施乡村振兴战略的目标原则及路径探讨[J].淮南职业技术学院学报,2019,19(02):131-132.
[229] 沈立宏,李锦华.发展特色优势产业,助推乡村振兴[J].农村工作通讯,2018,723(07):2,17-19.
[230] 詹懿.乡村振兴战略:内在逻辑与实施路径[J].重庆理工大学学报(社会科学),2018,32(09):71-78.
[231] 吴棉国,巫望群.乡村振兴战略中优化产业发展的对策研究[J].发展研究,2018(8):73-77.
[232] 尚朝阳.让特色产业成为乡村振兴"加速器"[J].农民科技培训,2018(04):

34.

[233] 祝春秀.坚决打赢深度贫困地区农业产业扶贫硬仗[J].农民科技培训,2017(12):39.

[234] 叶新太.勠力发展“三品一标”,推进农业产业兴旺[J].农村.农业.农民(B版),2018,476(01):31-32.

[235] 车红莉.乡村振兴战略背景下产业兴旺之路探究[J].北京农业职业学院学报,2019,33(01):36-41.

[236] 孙蕾.后脱贫时期实现乡村振兴的路径探索——以岳西县为例[J].安徽农业科学,2018,46(34):218-220.

[237] 李含琳,李楠.构建“农业三大体系”是实施乡村振兴战略的关键[J].甘肃农业,2018(02):21-23.

[238] 张天佐.坚持农业农村优先发展,构建实施乡村振兴战略政策体系[J].当代农村财经,2018(5):2-6.

[239] 彭海红.实施乡村振兴战略:理论依据、现实要求与实现路径[J].经济研究参考,2018(37):77-80.

[240] 方晓红.实施乡村振兴战略的几点思考[J].经济研究导刊,2018,371(21):32-33,66.

[241] 陈涛.社会工作在乡村振兴中大有可为[J].中国社会工作,2017(34):30.

[242] 曾颖.乡村振兴,大有可为[J].民族画报,2018(04):26-27.

[243] 杭标.农村改厕工作中的困难与对策分析[J].中国初级卫生保健,2008(3):68-69.

[244] 崔洪刚.聚焦民生,注重实效,全面实现农村无害化卫生厕所全覆盖[J].山东经济战略研究,2017(11):37-38.

[245] 沈永春,戴俊玉,郑惠民.找准聚焦点助力乡村振兴[J].农业发展与金融,2018(09):40-42.

[246] 陈晓萍.城乡融合助力乡村振兴[J].时代金融,2018,703(21):225-226.

[247] 张萌,张秀平.以人才振兴助力乡村振兴[J].合作经济与科技,2019,603(04):111-113.

[248] 汪婧,王素琴.农业产业化联合体激发乡村振兴活力[J].农村经济,2019(06):40-42.

[249] 裘冬梅.凝聚党员力量,助力乡村振兴[J].前进论坛,2018(09):32-32.
[250] 牟燕红.实施乡村振兴战略的对策探讨[J].农业开发与装备,2019,206(02):136,140.
[251] 保国钰.乡村振兴战略视角下的村镇规划问题研究[D],2018.
[252] 赵慧峰.改善人居环境、建设美丽宜居乡村是乡村振兴的关键——评《河北省实施乡村振兴战略推进美丽宜居乡村建设研究》[J].农业经济问题,2018(05):143-144.
[253] 杨苹苹.乡村振兴视域下生态宜居乡村的实现路径[J].贵阳市委党校学报,2017(06):59-62.
[254] 黄硕.改善乡村环境助推乡村振兴——乡村生态宜居建设的思考[J].老区建设,2018(05):43-45.
[255] 廖秀妮.乡村振兴战略:新时代"三农"问题的新突破[J].农家参谋,2018,585(11):54,89.
[256] 王继锋.乡村振兴战略下的乡村规划问题及对策研究[D].河南大学,2018.
[257] 秦中春.实施乡村振兴战略需要把握的工作重点[J].紫光阁,2017(12):21-23.
[258] 闫周府,吴方卫.从二元分割走向融合发展——乡村振兴评价指标体系研究[J].经济学家,2019(6).
[259] 苑体强.实施乡村振兴战略中村民自治的空间和作用[J].农村工作通讯,2017(12):22-23.

后 记

党的十九大报告指出，农业农村农民问题是关系国计民生的根本性问题，必须始终把解决好"三农"问题作为全党工作的重中之重，实施乡村振兴战略。烟台市委、市政府出台《烟台市乡村振兴战略规划（2018—2022年）》，在发展目标中明确指出，高质量高水平全面建成小康社会，高起点高标准推进乡村振兴，形成乡村振兴的烟台特色、烟台样板、烟台亮点。2018年，烟台市建立了乡村振兴战略"1+1+5"政策体系。

为及时反映实施乡村振兴战略进程中的成绩、困难、问题以及努力方向，探索乡村振兴烟台模式及经验，烟台市农业农村局委托中国农业大学，围绕"产业振兴、人才振兴、文化振兴、生态振兴、组织振兴"5个方面，对烟台市乡村振兴战略实施进程和实施成效进行整体综合评价。《烟台市乡村振兴蓝皮书（2019）》是评价项目的主要成果。在项目推进过程中，烟台市·中国社科院农村发展研究中心与中国社会科学院农村发展研究所（简称"农发所"）进行了多次沟通，农发所所长魏后凯、农发所农村环境与生态经济研究室主任于法稳等给予了具体指导和帮助。为保证项目顺利实施，2019年9月，中国农业大学和烟台市·中国社科院农村发展研究中心共同组建课题组和蓝皮书编委会办公室。

为了全面反映烟台市实施乡村振兴战略效果，中国农业大学吕建军教授课题组于2019年10月下旬开始，先后多次分头深入烟台市及12个县市区的乡镇，进行各个专题的研究调研工作，召开多次座谈会，挖典型、找亮点，听取基层干部和群众对农村改革的建议，系统掌握了烟台市乡村振兴战略的第一手资料，为本书的撰写提供了生动、翔实的典型事例。中共烟台市委办公室，市政府办公室，市委组织部、宣传部，烟台市农业农村局，中国农业大学烟台研究院，各县市区农业农村局等参加了课题调研及资料收集工作。在调研数据资料的基础上，于2020年1月中旬编写完成了各个部分的初稿。在新冠肺炎疫情期间，课题组分别于2020年1月底和2月初通过网络主持了对书稿的两轮讨论和修订工作。

本书编撰工作由吕建军、王涛、刘振晓总协调，负责主持确定研究思路、制定本书大纲、具体组织课题调研和本书的撰写工作以及书稿终审，并和参与编写的各位同志合作完成各章内容的写作。各部分具体分工情况是：

第1篇　烟台市各区县乡村振兴评价，由吕建军、郝信波、郭书颖、韩雅茹、孙璐、王雨璇、曾梦杰、高笑宇进行数据收集、分析、研究和写作。

第2篇　烟台市乡村振兴专题研究，由吕建军、李兴佐拟定提纲，孙雪雁、丛磊、林富强、姜希玉、廖波、曾梦杰、王雨璇、郝信波、孙文颖、高青青参与了初稿编写，程小珂、姜梓涵、薄雨馨参与了资料收集工作，王涛、郭书颖、韩雅茹、孙璐、高笑宇、王立杰、李光毅、王彦波、刘芳园参与了书稿修改整理和校对工作。

第3篇　烟台市乡村振兴典型案例研究，由吕建军、刘振晓、李兴佐、孙雪雁、丛磊、郝信波参与案例选定和资料收集工作，郭书颖、韩雅茹、孙璐、王雨璇、曾梦杰、高笑宇、王立杰、朱祚均、王艳火、史一珺、姜雪娇、孙茂昌参与了书稿整理编写和校对修改工作。

全书中涉及烟台市各县市区的数据由各县市区农业农村局提供或审校。

为了按时完成任务，在书稿的后期修改和定稿期间，有关部门和单位高度重视，很多同志放弃了正常的节假日休息，夜以继日地开展工作。此外，烟台市各部门、各县市区为本项目的顺利进行提供了多方面的支持和帮助，在此一并表示衷心感谢。

乡村振兴战略问题涉及面广，本课题对烟台市乡村振兴战略的研究成果还是初步的，加之各章节编写者来自不同的部门，立足点不完全一样，并且时间仓促，各篇章之间在内容上存在重复、交叉和疏漏在所难免，欢迎广大读者批评指正。中国农业大学出版社为本书的出版提供了大力支持，在此表示感谢。

吕建军

2020年3月